2012

„... what ever it takes ..."

Christian Seegert

Phantastisches Tagebuch - Band 7.1

Bibliografische Information der Deutschen Nationalbibliothek:
Die Deutsche Nationalbibliothek verzeichnet diese Publikation
in der Deutschen Nationalbibliografie; detaillierte bibliografische
Daten sind im Internet über *dnb.dnb.de* abrufbar.

Impressum

Band 7.1 (2012)
© 2019 Christian Seegert, Ritterhude, *cseegert.tbc@web.de*
Alle Rechte liegen beim Autor.
Herstellung und Verlag: BoD – Books on Demand, Norderstedt
Satz & Layout: Martin Labedat, Northeim

Phantastische Tagebücher
Bisher erschienen:
Band 1 (1985–1989), Band 2 (1990–1994),
Band 9 (2017), Band 10 (2018[1]) und Band 11 (2018[2])
In Vorbereitung sind die Jahre 2013 und 2014

ISBN: 9783752894431

Vorwort

Vor sieben Jahren entstand der Text – es war die Zeit des Aufbruchs der EU in das rettende Desaster! Als diese komplexe Institution aufgerüstet wurde – Maschine mit dark rooms, den tausend Finanzwegen, den Haftungsfreistellungen von Tätern und unter dem großen Schwurbeln beteiligter und der beiden hierzulande führenden Politiker. Da finden sich Skandale, die keiner mehr weiß, die große Enteignung der Nationen, was Staats- und Verfassungsrecht betrifft – und der Weg ins Transferregime, nachdem die Schleusen bereits 2010 geöffnet wurden.

Und was könnte das Jahr schöner veranschaulichen als die Aktion des italienischen Kapitäns, der doch nur winken wollte – und dabei den prächtigen Dampfer auf Grund setzte. – Auf Grund ist nicht gesunken! Anders als der Käpptn geht MARIO D. nicht als Erster von Bord sondern daran, den Laden wieder aufzurichten, flott zu machen. Das geht aber nur, indem die Regularien (extra für Deutschland gemacht!) von Bord, sorry, vom Tisch gewischt und durch prozessierenden Anbau von Instituten, Fonds und Räten ersetzt werden. Die Regeln können Sie in Berlin auf dem Kudamm studieren.

Was ist, in Anlehnung an BERTOLT BRECHTS demagogisches Wort über die Gründung einer Bank, was ist der gröbste Verfassungsverstoß gegen den enteignenden Raubbau des EU-Regimes an der verfassungskonstituierten Souveränität der unterworfenen Völker! – Wie lächerlich dagegen die heutige Aufregung über diese oder jene Milliarden-Volte im Frankfurter Turm oder den Diesel-Wahn in Straßburg-Brüssel, nur noch von abstoßender Eilfertigkeit hierzulande übertroffen.

Debatte? Keine, in der grundversorgten Öffentlichkeit. – Widerstand? Eine Handvoll, die wieder und wieder vor das Verfassungsgericht ziehen. – Profiteure? In stetig wachsender Zahl. Soviel Bestechungsgeld war nie, nun, hier stehen ganze Staaten an der Kasse, das fordert außergewöhnliche Einsätze. Solche Lastzüge von Barem befeuern in den Zielgebieten ganz natürlich Korruption und Verbrechen, dem gilt auch der spürende Blick. Dabei bleibt auffällig der rote Faden, was diese Seite der Gesellschaft betrifft. Das Gröbste wird versammelt.

Auch kenne ich kein Halten, was den Arbeitseinsatz betrifft – und das kostet. Bei alledem, auch ohne den Status des Vielfliegers – der Planet bleibt ein Hingucker! Also wenig Sport, viel Spiel und reichlich Spannung. – Dazu wiederkehrende Rückblicke auf das Jahrhundert, welches nur kalendarisch vorüber ist. Gelegenheiten bieten sich zuhauf. Das Staunen kommt aus dem Detail, das Lernen auch – wenn ihr darauf noch Wert legt.

Ritterhude, Januar 2020

2012

1.1.   Bei den Nachbarn umstanden wir den Auftritt von ACDC. Da würde ich hingehen, wenn die noch können: so ein brillierender Wahnsinn – großartig. – Auf der Straße trafen wir uns zu den Salven aufs Neue Jahr, haben noch die Vorausschau des flüssigen Bleis verfolgt und gingen zu Bett. Die Nacht verfolgt mich den ganzen Tag.

Die vier Formate für das Cycladen-Thema sind hergestellt (Seite 9), der Auftrag auf das erste (2700 vor) fertig, das dritte (1000 nach), ‚Mittelalter‘, gewinnt Kontur, das zweite steht unter dem Bogen christlicher Reduktion auf Schuld und Kasteiung, das letzte hat bisher nur die Idee sparsamer Bekleidung: Bigotterie, Gleichstellung der Geschlechter, Mann und Frau als soziale Einheit, so unscharf ist das. Alle vier, „Geschichte der Cycladen“, behaupten einen Zeitraum von 4000 Jahren.

2.1.   Zeit, viel Zeit, ich drehe die Zahlen des letzten Jahres, es hat gelohnt. – Das Format ‚Clint Eastwood‘ erscheint plötzlich fertig und kommt an die Wand. – Auf den Leserbrief antworten Leute.

Clint Eastwood, Acryl auf Holz (50 x 50 cm), verkauft

3.1. Ein Bundespräsident baut sich ab: in den Anrufspeicher der „Bild"-Zeitung soll er Forderungen und Vorschriften gestellt haben! Jetzt stehts in der Presse. Ihm fehlt die Mitte, er ist kleinlich, bieder und gebärdet sich plötzlich wie ein Putin, das paßt nicht. Es charakterisiert das politische Umfeld, daß auf ihn zurückgegriffen wurde, ein armer Mensch wie Barschel, der bei lebendigem Leibe verrottet. Der politische Grabgesang ist förmlich.

> „CHRISTIAN WULFF kann sie nicht, die Rolle, für die er ausgewählt wurde. Verglichen mit SARKOZY, der mit Drohung nicht geizt, die körperliche Unversehrtheit seiner Gesprächs-, besser Zuhörpartner, zu beeinträchtigen. – Hier haben wir das genaue Gegenteil",

so das Briefing des Handelsblatts. – Erinnerung an die alte Bundesrepublik mit dieser Kredit-von-Edith-Geschichte.

IAN KERSHAW umfaßt auf 700 Seiten (inklusive) das letzte Jahr des Naziregimes. Ich kann mich wie immer nicht frei machen davon und fange an. – Die Biographie ROBERT OPPENHEIMER liegt schon länger, THOMAS PYNCHONS drei Bände ohnehin.

Ein Anruf endet mit Auftrag.

4.1. Achttausend Jungen und Mädchen preßte das System, diese Dunkelmännerorganisation, in den Stasi-Zuträgerdienst, unkontrollierbarem Eigensinn „entgegenzuwirken", erläutert ein Ex-Führungsoffizier. Die so Mißbrauchten schweigen.

Jahre nach der Beseitigung des Regimes zeigen die Farben des Arbeitsmarktes, auf die Bundesländer gelegt, die andauernde Teilung. Der wirtschaftlichen Ruinierung der Flächen des Ostens 1946 nach Ukraine-Muster 1928 folgte die Zerschlagung der sozialen Strukturen, die Zusammenpferchung der Bauern unter der Rattenfängerlosung „Junkerland in Bauernhand" in Kolchosen, die Enteignung und Vertreibung der Selbständigen. Zurück blieben Massen ohne Eigentum, ohne Motiv, vollgestellt mit Parolen. Das war Entfremdung des eigenen Lebens im umfassendsten Sinn. Dagegen waren MARX' und ENGELS' Konstrukte der Entfremdung im kapitalistischen Arbeitsprozeß Fingerübungen.

Der seit Tagen tosende Sturm wird Andrea genannt. Das hilft dem Wetterdienst, nährt ansonsten Mißverständnisse. Die Eichen am Bahndamm neigen sich gefährlich zur Seite. Nachmittags um 3 ist es dunkel und ein Zug feinsten Materials rollt geräuschlos drunter weg.

Wieder kommt eine Einladung zur Teilnahme an einem *„event, featured by 28 prestigious galleries at the culture coast of Florida, Sarasota."* – In welchem Postkorb bin ich da gelandet, ich schreibe zurück – ohne Abenteuer keine Überraschung. ,*Your pictures are a lot of sophisticated, Mister, we don't like it'*. Eine stille Arroganz treibt mich. – Marion provoziert, ich möchte alles unterbrechen. Sie weist das von sich, sowohl als auch, wenn Sie verstehen, was ich meine. Das passiert mir oft.

Abends „Die Firma" mit GENE HACKMAN, TOM CRUISE (da ist er nicht fertig), jung aber energisch, von 1993. Eine Jeanne Triplehorn, mir unbekannt, ebenfalls stark und umwerfend schön.

Im Traum kam mir Jochen zu Pferde entgegen, im Galopp. Wir hatten keinen Kontakt. Wir haben keine getrennten Wege, ist mein Gedanke.

GABOR STEINGART kommentiert vollendet die Schlagzeilen des Handelsblatts, heute das Interview mit dem Bundespräsidenten. Die investigative und moralinsaure Attitüde der Journalistin gerät zur Peinlichkeit und stabilisiert seine stupende Haltung.

Die FDP liegt in Umfragen bei 2 (zwei) Prozent.

8.1. Moral kommt aus Gier, die unter Kontrollverlust rast. Sie ist daher vorzugsweise Männersache und benötigt Opfer. Nach der

Selbst-Kasteiung sind das vorzugsweise Frauen. Die Ultras, die Jenseitigen, fraktionieren in allen monotheistischen Religionen zum Terror, aktuell in Israel, in vielfältigen Varianten weiter östlich. Der heißt auch Frömmigkeit. Mithin ist das Begehren die Ursache und Treiber dieser Projekte.

Figur: Halma Mann + Frau – Attraktion
Kompensation 1 – Moral, Religion,
Kompensation 2 – Krieg, Mord & Totschlag, Brandschatzen.
Da ist der Grund für mein Bretter-Quartett mit den vier Damen, cycladischen Fundstücken nachgebildet.

KIELMANNSEGG resümiert die politische Kartellbildung im Thema Europa und das Ende des ‚aufgeklärten Absolutismus‘ – ohne Aussicht auf Besserung. – Erheiternd dagegen der Bericht der Staatssicherheit von 1969, tituliert: „Die Auswirkungen des Happenings auf die Gesellschaft". In diesem Motiv war auf den sozialistischen Flächen Ungarn führend, ohne Absicht auf Illegales, bis sie vor den wachhabenden Organen kapitulierten. Als Dokumente sind die interpretativen Übungen der Spitzel unterhaltsam, als Voodoo, als Groteske des Gesehenen, vielleicht einfach als Annäherungsversuch eines Ordnungshüters.

9.1. GOODLUCK JONATHAN mahnt zur Ruhe angesichts des muslimischen Furors der Boko Haram in Nigeria. Er ist schließlich der Präsident.

Ich fahre zum Sport, eigentümlich versammelt, danach zum Alex vor dem Dom. Dort treffe ich die Personal-Chefin von Coca Cola-Nord. Wir kennen uns. Aber die internen Verhältnisse haben sich geändert. – Zur Probe in letzter Minute.

10.1. ANGELA MERKEL kommt von ihrem Franzosen und verkündet die nächste Auszahlung an Griechenland. Die investigative Troika folgt solchem Anliegen der Absolutisten. – Diese Eile macht erpressbar und Griechenland droht mit Pleite, wenn das Geld ausbleibt. Europa wird zum Schwarzen Loch, dessen Zentrifugalkraft zum Fluchtmechanismus wird.

8

Post auf meinen Leserbrief – in die Stadt zum Coaching – der Gewerbesteuerbrief der Gemeinde veranschlagt drei Jahre – die Entsorgungskosten der Wasserwerke erreichen das Doppelte der Verbrauchskosten. Die gemeindlichen Wasserspiele katapultieren den Preis in die europäische Spitze.

Zuletzt ins Hamme-Forum zur Startkonferenz des lokalen Unternehmensverbandes. Die Bürgermeisterin läßt es sich nicht nehmen und trägt vor: alle öffentlichen Dächer tragen Foto-Voltaik-Platten. Ich schnalle mich an.

11.1.   Mir schlagen Großkataloge ins Haus, einer mit 336 Seiten Lebendgewicht richtet sich an den Betriebsrat meiner Firma und bietet Hunderte von Seminaren an, meist im Wochenumfang, darunter Rhetorik und Mobbing, in Aufbaustufen Teil 1, Teil 2, Teil 3, jeweils 4-lagig, Verzeihung, (das war Toilette), 4-tägig zuzüglich An- und Abreisetag, zu Preisen um 1000 € zuzüglich Reise, Unterbringung, Verpflegung und MWSt. – Als Ein-Mann-Unternehmen wehre ich mich gegen die Einrichtung dieser Institution. Gleichwohl werde ich bisweilen im Werbeanruf gefragt, ob ich der Vorsitzende sei. Bin ich, aber der Große! Und zum Glück der einzige – schon das ist kaum auszuhalten.

Solarenergie liefert 3% des Stroms, Lieferanten kassieren 50% aller Fördergelder fürs Erneuerbare, tolles Geschäft, vom Berliner Teatrium beschlossen. Doller könnte es der öko-sozialistische Block nicht treiben. Kassiert wird direkt am Kunden, wie Umsatzsteuer.

Das „Reddito metro" ist in Italien ein Maßstab zur Umrechnung von Lebensstil, Ferienwohnungen und Luxusautos in minimal zu deklarierende Einkommenssteuer. Damit wurden in Cortina d'Ampezzo die Fahrer von 251 Luxuswagen per Anhalter zum Jahresende konfrontiert. Gut ein Drittel von ihnen hatte 2010 wie 2009 Jahreseinkommen unter 30.000 € erklärt. Das ist pfiffig und eleganter als Kavallerie. Über die Menge zu applizierender Nullen wird später entschieden.

12.1. Ein Staatssekretär ressortiert das hohe Wachstum des BIP zu den großartigen Erfolgen der Regierungskoalition. Solche Einschätzungen legen den nicht zu bremsenden Einfluß der Politiker für das Gedeihen des Landes nahe. Ein Abstand bleibt.

Ich verfahre mich zum dritten Mal nach Habenhausen zum Coaching, danach zügig nach Bremen-Nord, abends wieder in die Stadt zum Gehirn-Vortrag. – Zurück unter Chorälen von Cristobal de Morales, dem portugiesischen Manieristen. Es ist wie ein Prozeß der Einbalsamierung. Ich kenne das alles nicht, behaupte es aber, zwingend, chromatisch (?), konkord. – So eine Art Wink der Ewigkeit. Der Unterschied zum Kommunismus, der Blut frißt, so EUGEN RUGE, der läßt auch das sprechen:

„Kurt singt leise:
so aus Lenin'schem Geist,
wächst, von Stalin geschweißt,
die Partei, die Partei, die Partei."

13.1. Familientreffen bei Kraft Foods. Marion kauft alles. Ich spreche mit der ehemaligen Kollegin über Chancen einer Ausstellung.

Später Tee im Wintergarten, hinter uns zieht ein Autozug nach dem anderen zur Küste, es ist mit Händen zu greifen. Marion möchte einen Abzweig für solche Preziosen einrichten.

THOMAS QUAST gibt auf. Seine Biographie beeindruckte mich vor Jahren.

Eurobonds sollen das Mißtrauen bannen. Wer seine Führer kennt, weiß: aus Staatsschulden- und Zahlungsbilanzkrise wird Währungskrise.

Ein Aktienbrevier zitiert zum 10-jährigen Bestand dieser Währung den seinerzeitigen Finanzminister GIULIO TREMONTI.

Der habe die Startfeier mit den Worten abgelehnt, das sei etwas für „fahnenschwingende Primaten, Gesundbeter, Schamanen (mein Titel von Nr. 93 von 2011, siehst Du später!), Wundermacher und Bankiers." – Köstlich. – Und dann die wohlfeile Klage über die Dominanz der Wirtschaft. Die Primaten der Politik (schon wieder köstlich!) wollen frei sein in ihren Spielen, frei von Regeln, wie die Herrschaft in Brüssel. – Sie wünschen sich in schöner Politbüro-Phantasie die erste Geige. Wies klingt, hören ja die Anderen. Und drankommen tun sie eh wieder.

KARL KROLOWS „Gewißheit" geht mir unter die Haut, es ist schrecklich, eine Abrechnung, die sich auf eine Feststellung zurückzieht, bitter, weil es am Ende so ist. Ohne Aussicht, da helfen kaum Freunde.

Guido kommt aus Birmingham, von Platz 8 des Elvis-Contests und tritt in Schwanewede auf. Ich muß hin und wir fahren. – Er macht es gut, Baßstimme, sehr breit. Die Kneipe ist ein Chaos, kein Licht, die Leute quatschen. Um Mitternacht zurück.

15.1.   SONNTAG
Wir haben ein fröhliches Familienfrühstück, fahren sodann zum Neujahrsempfang nach Hamburg, Haynstraße. – Max fehlt, schade, aber lustig wird's wie immer, der 6er-Tisch geht nochmal anständig durch Sekt und Schnittchen, dann brechen wir ab wegen Tatort. Marion muß fahren, der Film bleibt mir fremd.

Nach dreijährigem Aufenthalt in der Ukraine trägt JONATHAN WIDDER seine Schlußfolgerungen vor: „Deutschland kann mehr". Er empfiehlt Audrey Hepburn in ‚Frühstück bei Tiffany'.

Und wer ist das: „Dess der Suizid einen positiven Nettonutzen stiftet, ist bei Protestanten wahrscheinlicher als bei Katholiken. Die sind bei Selbstmord auf dem direkten Weg in die Hölle. – Andererseits, wer will eigentlich in den Himmel! Dort solls fad sein." – Bestimmt so ein Bayer.

Die 500-Euro-Scheine in Spanien kursieren immer noch unter „Bin Ladins". Dabei ist das Land schon weiter!

Die Konzernchefs von Volkswagen heißen liebevoll „Spaltmaß-Fetischisten", sie lenken Deutschlands Superstar, mit Gewerkschaft und Politik am Tisch. Tja, wegen ihres „Managements by Angst" muß man sich entscheiden. Es kann nur einen geben. Die Verwandtschaft fürchtet den Patriarchen (75) und kuscht. Fragil, fragil – und beeindruckend wie ein Märchen aus der Vorzeit.

16.1. Aus *„Towards a Gentler, Kinder German Reich?" – The Realpolitik behind the European FinCrisis"*, erschienen im Small Wars Journal, Nov. 2011, formuliert Tony Corn weiter. D. in seinem Eurowahn in Form imperialer Wirtschaftsdominanz sei wieder mal, will sagen wie vor 1914 – ganz großes Geschütz, auf dem Holzweg, nämlich davon besessen, zwischen den USA und China das für Europa, den Euro-Raum, maßgebende Strukturelement zu spielen. Zwar seien in China mit FRIEDRICH LISZT und CARL SCHMITT zwei Deutsche Lieferanten von Theorie und Praxis, maßgebend sei aber die Demographie – soweit übereinstimmend mit der Orientierungsachse bei GUNNAR HEINSOHN, aber doch dem imperialen transatlantischen Blick folgend. Statt aus Griechen Deutsche zu machen und die Leistung der deutschen Diplomatie in die „Ecke aufgeblasener und sadistischer Schleifer" zu schicken, sollten die Deutschen mehr Kinder machen, schließt der Autor, nicht ohne Bezug auf die Habsburger Monarchie. – Diese Kombination von Qualitäten kommt mir etwa in Gestalt des derzeitigen Außenamtschefs wirklich nicht in den Sinn *(Anm.: GUIDO WESTERWELLE)*. Das ist der andere Blick, die andere Basis – der des Wettbewerbers auf dem Parkett der Welt.

China: zu den europäischen Theorielieferanten gehört ein weiterer, dessen Lektüre ‚das Politbüro dringend empfiehlt', so Mark Siemons: ALEXIS DE TOCQUEVILLES ‚Der alte Staat und die Revolution'. – Denn die Freilassung kapitalistischer Wertschöpfung unter Parteiaufsicht gebiert einen Rausch, welcher der frommen Denkungsart marxistischer Kader so recht ins Gebein fährt, sodann deren Taschen füllt. Korruption, Bestechung und Machtmißbrauch zeigen die Kehrseiten des plötzlichen Reichtums selbst im Zentrum der Macht und wachsende Distanz zu den Massen – und der private Reichtum liegt zu 41 Prozent in den Händen von einem Prozent der Familien. Plötzlich steht das Land auf einer Stufe mit Familiendiktaturen rund um den Globus. Kampf gegen die Korruption kündigt Xi Jinping an – ein zweischneidiges Schwert in der Diktatur.

17.1. Im hundertsten Jahr der großen Kollision mit dem Eisberg setzt ein Kapitän das ihm anvertraute Kreuzfahrtschiff mit 5000 Leuten darauf gegen einen ufernahen Felsen, es kommt zur Ruhe bei 80 Grad Krängung. Die Leute sind von Deck gerutscht, die Rettungsboote klemmten. – Es heißt, der Käpptn tats für einen Freund, der winken wollte – und ging als einer der ersten von Bord.

Costa Concordia liegt

IRIS BERBEN in der besten Rolle, „Wer liebt, hat recht", da steht sie drin, umgeben von Großartigkeit, die das Leben überschreitet. Es erfordert Kaskaden, bis der Boden erreicht ist. Dazwischen nur Liebe, nein Hoffnung, Erwartung, Haltung – die Toskana ist einfach zu schön.

Warum sind wir zu Pragmatismus nicht fähig, hängen uns ans Prinzip, hängen uns dran auf – weil wir uns im Spiegel nicht ertragen könnten?

18.1. Ich assistiere ehrenamtlich zu Klagen gegen den Konkursverwalter des Bremer Schmuckstücks Beluga vor dem Arbeitsgericht. Die Sache ist jedoch „masseunzulänglich". Beide Seiten verabreden sich neu.

Als wäre jeder besser als der letzte Film CLINT EASTWOODS: der über EDGAR HOOVER, jenen Jäger alles Unamerikanischen, erfährt eine abgründig packende Besprechung.

19.1. Es häufen sich Abbildungen mit Objekten in 45-Grad-Stellung, mal ein Schiff, eine Bank. Zeit für ein Format „100 Jahre 45 Grad".

Um 16 Uhr ist der Himmel schwarz, Sturm fegt übers Glasdach. Um halb fünf reißt der Horizont auf, weißgelbliches Licht erleuchtet matt den Platz.

Kleiner Aufschrei, als die Geldgeber GEORG PAPANDREOU angreifen. Der will das Volk übers Finanzpaket für das Land abstimmen lassen. Nostalgische Ideologen sehen einen klassischen Fall des Antagonismus von Volkssouveränität und dem Diktat des Kapitals. Volksabstimmung in Sachen öffentlicher Finanzen allerdings verbietet die griechische Verfassung. Sie bleibt auch aus, ein populistischer Bluff des Staatschefs.

Ein Tag ohne Termin, Telefonat für eine Mediation, klappt vorzüglich. Die vierte Cycladic Queen kommt in Stein. Das Haus im hellen Schein der Nachmittagssonne. Das angerichtete Essen geht gut über den Tisch. Exzerpt einer weiteren Präsentation übers Gehirn. – Marion gibt ihren Widerstand auf.

21.1. SIMON LORD WOLFSON, Baron von Asplay Guise und Oberhausabgeordneter, hat 250.000 Pfund ausgelost für das beste

Konzept zum Ausstieg Großbritanniens aus dem Euro. Überraschend müsse das passieren, meint die Zeitung, „zum Beispiel von Karfreitag bis Ostermontag".

Derweil stimmt <u>Kroatien</u> über den EU-Beitritt ab, viele haben Angst, aber das Geld lockt. In den Büchern der Ratingagenturen steht das Land knapp über Ramschniveau. Was haben die in Brüssel vor? Eine Union der verschuldeten & korrupten Ratlos-Republiken, genährt vom Politbüro. Ungarn liegt um die Ecke, es ist schon weiter.

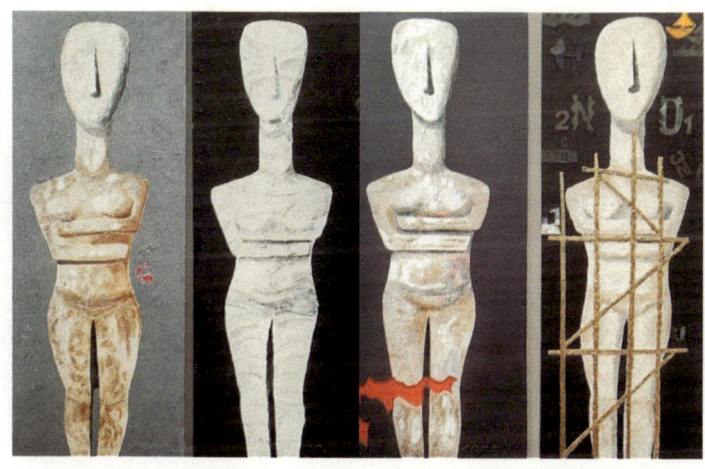

2700 v. Chr.   Zeitenwende   1300 n. Chr.   2000

Geschichte der Cycladenkönigin – je 100 x 40 cm, Acryl auf Holz

22.1.   SONNTAG
Regen, Arbeit am Quartett der Königinnen, abends zum Gottesdienst mit Marions Chor, Predigt und Gesang gefallen mir, ich stehe mit ernstem Gesicht dabei. – GÜNTER JAUCH lädt zum „Wulffen-Abend".

Meine Freude übers Abschmelzen der Kredite, schon kurz vor dem Unterschreiten der Million. Was, wenn sie getilgt sind – dann ist das Leben vorbei. Geldgeschäfte sind zuverlässige Gradmesser, Stundenuhren des Lebens. Ich packe die Auszüge weg. Die Rabbinerin hat recht, Schulden gehören zum, ja sind Leben.

23.1. Die „Ereignismeldungen" des Reichssicherheitshauptamtes über den Massenmord der vier Einsatzgruppen seit dem 22.6.1941 werden dokumentiert, der Genozid in Litauen, das Leben eines Aktivisten, der zuvor Musikinstrumentenbauer war, in Waldkirch im Schwarzwald. Keinesfalls ungewöhnlich, resümiert WOLFRAM WETTE, denn unter den 200.000 Massenmördern fanden sich Zahnärzte und Opernsänger, Lehrer und Juristen, eben hinreichend Feinsinnige.

Abends fahre ich mit Jonas zum Probenraum. Dort warten die Rollen der letzten Stücke, Neurosenkavalier und Physiker. Im neuen gebe ich den Vater und Jonas den Sohn, das sind die schon gut durchgearbeiteten Familienverhältnisse auf der Bühne.

EUGEN RUGE ist am Ende harte Kost in der hohen Vereinzelung der Familiengeschichte. „Der Kommunismus ist wie der Kult der Azteken: er frißt Blut". Dieser Satz begleitet die Lektüre, färbt sie ein und durch. Es ist, als sollte ich den Text fressen, das Buch. Tatsächlich wird die Schilderung der Umstände, der Verrichtungen so dicht, daß ,kein Entkommen' scheint. – So bin ich gestern durch die bald 20-seitige Herstellung der Klostergans mit Rot-, später Grünkohl und Thüringer Klößen, halb und halb, gestiegen, zum wiederholten Mal. Dabei läuft das Leben dieser Weihnachtsgesellschaft ab, gefiltert durch die abnehmende Wahrnehmung Irinas, die eine Flasche Kognak leert, während sie vom ,Ausverkauf der DDR' hört, wie das! Da war doch nix, immer Warteschlangen, leere Regale, und immer im Wechsel mit den gespeicherten Erlebnissen. Das abnehmende Licht ist auch das langsame Sterben. Besoffen rutscht Irina schließlich vorm Herd ab, die helfende Hand wehrt sie matt und entschieden ab: „fass mich nicht an, Du Aas". – KARL MARX meinte früh: man muß den versteinerten Verhältnissen nur ihre eigene

Melodie vorspielen, um sie zum Tanzen zu bringen: auf der Feier seines 90. Geburtstags fängt Wilhelm irgendwann an, den Song von der Partei, der Partei, die hat immer recht, zu winseln – und alles stockt, hört und fällt klatschend ein, bevor die Rede zur Verleihung des 19. Ordens weitergeht – am 1.10.1989, die Steine der Staatsgrenze rutschen bereits.

Ich schreibe ‚Tagebuch 1990' (guxdu Band 1) – so, wie es da steht, soll es bleiben, das ist hart.

Abends zur Patriotischen Gesellschaft in Hamburg zum ‚Seitenwechsel'. Ein Manager berichtet über eine Woche in der Psychiatrie mit Drogenabhängigen.

Ein Bericht über in Afghanistan traumatisierte Soldaten dramatisiert die Zurichtung junger Männer bis zum Totalausfall unter zivilen Bedingungen.

26.1. ROLAND BARTHES: Mythen des Alltags, 1957 Frankreich, 1964 D, 2011 Neuausgabe: feuilletonistische Qualitäten *versus* terminologisches Trockenfutter, lässige Gallizität des Textes *versus* deutsche Methodenschärfe, Fukushima *versus* Frauen-Fußball-WM, Alltagszeichen *versus* Travestie des Sinns, Semiologie *versus* Paranoia.

Genauso endete eine Tagung aus Anlaß des 70. Jahrestages der Wannseekonferenz, als „typisch deutsches Selbstgespräch", in dem die Frage, wann es genau begann und wer den Startschuß gab, strukturbestimmend und erkenntnisableitend blieb. Wir sind blind, schon lange, befangen, weil wir uns den Tatsachen nicht zu stellen vermögen. So geht das Graben weiter, eigentlich das Wiederholen, denn neue Fundstücke gibt es immer – nur, was tun damit. Sie werden kartografiert, nummeriert und in beschriftete Schachteln verpackt, das Geschehene archiviert. Wie Schiffe versenken. – So machen wir weiter, kein Fund wirft uns um, aus der Bahn, spornt vielmehr an, bestätigt, da ist noch mehr, weiter – so. Vergangenheit überwältigen durch Abheften – Ordnung muß sein. „Der Deutsche ist ein Abgrund – halten wir daran fest", kapitulierte THOMAS MANN. Soll ich mir ,Die deutsche Seele' (TH. DORN, R.WAGNER) reinziehen? Oder die ,Diktatur der Kleinbürger' von JOSKA PINTSCHOVIUS, den mir der Galerist aus Baden-Baden so ans Herz legte!

Das anhaltende Ausgraben immer neuer „Geschäfte" des Bundespräsidenten, neuestens ein sog. „Nord-Süd-Dialog-Event Niedersachsen-Baden-Württemberg" hebt das Motiv ans Licht: die marode gefahrenen Haushalte ebnen den Weg ins Sponsoring und verführen auf schmalem Grat zur Korruption. Dazu die Eitelkeit.

Die Mediation bereite ich *last minute* vor, wir fahren nach Lesum, wo der Pastor die christliche Skifahrt versammelt und über allerlei Vorbereitung informiert.

Im Fernsehen „Das große Fressen" von 1973.

27.1. Zur Mediation ins Marriott mit zwei Damen, ein unterhaltsamer Tag, abends liegt die nächste Anfrage im Postfach.

MARCEL REICH-RANICKI spricht zum 67. Jahrestag der Befreiung von Auschwitz im Bundestag, von dem Tag, als er vom Ghettokommandanten HERMANN HÖFLE mit der Übersetzung der Beschlüsse zur Deportation ins KZ beauftragt wurde. HÖFLE, Tarnname Germann, den er 1945 nach westlicher Grenzquerung ablegte, kam in Salzburg zwei Wochen in Haft, ,entschlug' sich im Wege des Rechts zur Aussageverweigerung und kam frei. Daher hatte seine Tätigkeit in einer der vier Einsatzgruppen unter ODILO GLOBOCNIK einstweilen keine Chance auf Beachtung, so THOMAS HARLANS Heldenfriedhof.

28.1. 10 Uhr Daimler, 10.30 Audi, 11 Uhr BMW, 11.30 VW, 12 Uhr BMW-Mini, 12.30 …, so geht das über den Tag – ich sehe jedesmal hin, Inhalation der produktiven Unruhe des Landes, Freude über den Zugbetrieb am Garten vorbei. Die Autozüge sind die leisesten, das erhöht die Sympathie. Das Ausland wird darin schon was zum Meckern finden! Dabei ist es nur Nachfrage.

Die Chancen auf eigene Steuerquellen des EU-Apparates steigen. Beharrlich und parallel zur Ausweitung der Geldströme nach Südeuropa wird am Einsehen der Steuerschuldner gearbeitet. Ihnen fehlt jede Übersicht, da Regeln und Zusagen über Begrenzungen im Winde verwehen. Der Apparat festigt sich, ihn kippt kaum ein Erdbeben.

30.1. Griechenland appelliert an die Würde, längst sei es Protektorat. Die Wut ‚der Italiener' auf ‚die Deutschen' wächst sprunghaft. Denn Letztere dominieren aktuell die Troika. Die Formulierung der Kanzlerin, hier handle es sich um eine Frage von Krieg und Frieden, nimmt Konturen an: es wird der größte Ruin ohne Waffen. – Die Europäer von Beruf, wahrscheinlich eine begriffliche Maskierung, ignorieren tiefe Lebenswahrheiten, Märkte, Meinungen und schichten Dämme auf: Tresore voller Papiergeld. Sie errichten ein Informationsministerium zu Propagandazwecken. – Was geschieht hier!

- Erst wird eine Wohlfahrtspolitik seltenen Ausmaßes und mit ausuferndem Themenagglomerat losgetreten, – Verschuldung,
- dabei gehen Kernaufgaben staatlichen Auftrags den Bach hinunter, – Haushaltsdisziplin, Finanzmarktregulierung,
- darauf der Markt: Vertrauensverlust, Abzug, Kollaps. Jetzt tönt es: Bannung der Macht der Märkte, – Wahlkampfparolen als perfekte Maskierung
- Ziel wird nun die Überwindung der Märkte durch den Primat der Politik. Inkompetenz wird zur Staatsdoktrin, Weg in den Abgrund.
- Isso!

„Ich komm nächstes Jahr wieder – zur Laudatio, wenn das Absagen nicht zur Pflicht wird", beendet OTFRIED FISCHER seine Danksagung am Ende der Karnevalssitzung nach RÜTGERS und KTvG. Er ist vom Schlaganfall gezeichnet. Mitten drin steht immer das Ende.

IAN KERSHAW sieht Struktur und Mentalität charismatischer Herrschaft als entscheidendes Merkmal des Hitler-Regimes.

Diese stärkste Bindungskraft liegt seiner Darstellung des letzten Kriegsjahrs zugrunde.

HEIKE GÖBEL, Exponentin ordnungspolitischer Beobachtung des Auflaufs, liefert eine Philippika an den *peuple*, der sich gerade, als Elite getarnt, in Davos illuminieren läßt. Dort gibt peinliches Gejammer den Ton an: keine Orientierung, ja keine Perspektive in einem System, das alles Mögliche reich macht, China eingeschlossen. Verharren in den erodierenden Komfortzonen.

2.2. Bisweilen fällt der Kommission etwas auf: was denn das „Bürgergeld" solle, wenn doch die Nachfrage nach Arbeitskräften im Vordergrund stehe. – Die Politiker handeln eben wie Drogensüchtige. Sie haben nur ein Problem: Beschaffung, wofür jedes Argument recht ist. Danach folgt reine Bedürfniserweiterung auf 1000 Parallelstrecken, organisierter Stimmenkauf.

Die Ritterwürde wurde dem Ex-Chef der Royal Bank of Scotland entzogen, weil die Bank staatlicher Rettung unterstellt wurde. Der Beschluß vollziehe Volkes Abneigung gegen Banken, heißt es weiter, „wie Lynchen durch den Mob auf dem Marktplatz", meint ein Beobachter.

Nach der Zeitungslektüre im sonnig-warmen Wintergarten sinniere ich: was für ein Planet, und ich in der Gelegenheit ihn zu bewohnen, voller Gelegenheiten, dazu der unendlichen Erinnerungen an frühere – ob den Orient-Expreß, die Kreativität der russischen Surrealisten, DANIIL CHARMS, verfolgt und im Krieg verreckt, ob Barcelona, die 5. oder der Karneval in Limoux. Oder Indien, grade kam ein Bericht von der Schwester, eine Mischung von abstoßend und anziehend.

3.2. Wohltuend, den Kursen zuzusehen. Hoffentlich hält Israel noch ein paar Monate still – und Griechenland auch. Und Portugal auch. Und die Irren im Iran, Amerika tauschte grade seine Träger in der Straße von Hormuz.

Täglich melden sich sechs Prozent in den Bremer Behörden krank, das Doppelte des Bundesdurchschnitts aller Branchen, und es würde schlimmer, warnt die Finanzsenatorin, psychisch und so. Was denn so belastet, bleibt im Dunkeln. – Meine Sammelmappe Bremen ist ein Giftschrank. Wofür ich den noch brauche, ist mir nicht klar. Ich sammle, also bin ich.

Määänzer Fastnacht und die Rückblenden ERNST NEGER: *heile, heile Gänsche', es is bal widder guhd ...*, ich erinnere mich und verstand nichts damals, heute sehe ich die tiefe Verbindung mit dem Auditorium, wenn er das sang. Jeder hatte seine Geschichte aus den Trümmern der Stadt.

,Der Pianist' von ROMAN POLANSKI (2002).

... Ich werde Sie einschließen, also seien Sie so leise wie möglich. Niemand wird merken, daß Sie hier sind. ... ich habe ihm einen zweiten Schlüssel gegeben. Er gehört zum Widerstand, ein guter Mann. – Nach zwei Wochen: ah, Sie leben ja noch, ... das muß ich Ihnen erzählen, die Alliierten sind in Frankreich gelandet und die Russen sind bald hier.

Dann die Totale in eine endlose Straße, ein Ruinenfeld. Also totaler Ruin, den die Nachkriegszeit Warschaus aufnimmt, die das zerstörte, füsilierte und gemordete Juden- und Bürgertum programmatisch für obsolet erklärt. Das Jahrhundert war ein Räderwerk.

Ein schöner Abend im Wintergarten, die Freunde des Kochkreises bringen Vorzügliches, Vor-, Haupt- und Nachspeise, die Damen genießen es, wir auch, nach Mitternacht.

5.2. SONNTAG, klirrend kalt. – So auch tags drauf, der Finanzhorizont bleibt stabil. Abends besuche ich Jonas und wir fahren zur Probe. Der Regisseur stellt Tournee in Aussicht.

7.2. Ich ziehe durch die Stadt, vereinbare vier Trainings bei der Sparkasse, erlebe einen Mitarbeiterkonflikt hautnah, ein klarer Mangel an Spiegelneuronen, der den Kontakt zur Umwelt blockiert.

Den Bericht über RUDI ASSAUERS Selbstverlust verweigere ich, warum ist der ein Muß, wie die Reporterin meint? Vielleicht ist meine Zeit noch nicht heran.

ANTONI MARQUÉS de TÁPIES (88) starb.

9.2. Nach dem Rassenwahn, dessen Untergangsexzeß 1944/45 IAN KERSHAW ausbreitet, gefolgt vom Klassenwahn des Herrn Niemand, der schließlich doch die Absicht hatte, eine Mauer zu bauen, hat sich der vergleichsweise friedliche Klimawahn etabliert. Der Totalitarismus hat sich zivilisiert und unterwirft mit völlig neuer Beflaggung Menschen und Institutionen. Ohne geht es wohl nicht – bei uns.

Den Parteien fehlt das Bewußtsein ihres Verfassungsrangs. Sie verpassen ihre Grundaufgaben: Haushaltsstabilität ohne kontinuierlichen Verschuldensaufbau, Infrastruktur, Bildung. Ihr Gleichmaß an Europaflüchtigkeit gibt Grundprinzipien demokratischer Verfaßtheit (Wahlmandate, Budgetsouveränität) an das absolutistische Politbüroregime in einem undurchsichtig verlaufenden Prozeß ab. – Die SPD plant ein Anti-Banken-Wahlgetöse für 2013, mit wem wohl? – Der Berliner 5er-Block sollte auf Kommentarebene zurückgestuft und ein Exekutivverfahren auf Expertenebene installiert werden.

Vorbereitung und Inszenierung des neuen Stücks im Postamt 5 sind Knochenarbeit. Das Foyer macht großen Eindruck in der zehn Meter hohen Industriehalle, mit Feuerkörben und Decken wird die Kälte gemäßigt. Das Stück schwerfällig, aber viel Kontur im weiteren, unterhaltsam. Nicht allein das, zwei schöne Frauen stehen im Zentrum, ich folge schamlos ihren Leibern, von der Unmöglichkeit der Möglichkeiten getrieben. Als Kristina aufs Sofa fällt, … unerträglich leicht. Ich bin auch eine Sau, natürlich.

Das dritte Scheitern einer „Europäisierung Deutschlands" nach dem untauglichen Einsatz einer übergreifenden Währung sieht ein Kommentar. Klima- und Energiepolitik, ebenso Außen- und

Verteidigungspolitik markierten als Antikriegs- und Pro-Klima-Phantasmagorien erneut Elemente eines deutschen Sonderwegs. Die Bändigung will nicht gelingen.

Der ungarische Präsident von 1990 GÖNCZ wird 90 Jahre alt. Sein Lebensweg zwischen Diktaturen, Besatzungsmächten und Aufständen geht nahe. „Und so hat das ganze Volk gelitten".

10.2. Der Foodhunter in China: Apfelstücke, Klarapfel, Fruchtsäure soll die Anisbasis custrieren (?), Hummerschwanz ...?? David Lars, Australiene, in Shanghai: „mal sehen, ob die Fruchtsäure mit der Wunderessenz zusammengeht", sagt der *foodhunter*. Er versiegelt seine Funde, „thanks very much Anthony", der freut sich schon auf die nächste *foodhunter-mission*, quer durch Chinas Provinzen. – Welche abenteuerliche Intellektualität, aus der Steppe ein Geheimkraut zu bergen und im Labor zum Blühen zu bringen.

11.2. Sonne, kalt, Jonas zieht um, alles steht voll – und dann klingelts: die Zeugen Jehovas, das ist grade keine Hilfe! Wir haben Umzug, Samba in Bremen, ja! Emma in Simbach und der Hund steht und guckt – und einen Gott habe ich auch schon, schwer genug! Sorry!

„Niemand hat die Absicht ...", wird der Finanzminister illustriert, der grade dem portugiesischen Kollegen wohlwollende Prüfung zusagte. Der will Geld. Derweil läßt Griechenland drucken, was es zur Begleichung offener Rechnungen braucht. Der Neubau der EZB wird so hoch, weil in jedem Stockwerk andere Finanzierungstöpfe stehen, vom erforderlichen Stauraum für Staatsanleihen abgesehen. – Für sowas kämen Private ihr Leben lang nicht mehr aus dem Knast.

MANFRED KRUG und WOLF BIERMANN über Ausweisung und Flucht, die Stasi dokumentierte ohne Pause.

12.2. Sonntag + Zeitung: fast 1,8 Tonnen des Grundstoffs für Ritalin landet jährlich in den Körpern von Kindern. Interessanter als die Krankheiten sind die Diagnosen: für Jungen heißen sie ADHS, nicht auszusprechen! Für Erwachsene gilt Burnout. Beide Zuschreibungen gelten dem männlichen Geschlecht. Programme für Frauen gehen hingegen in die Dutzenden, seien sie finanzieller, ideologischer und sonstiger Art. Beim Mann reicht die Krankschreibung.

„Selten sieht die Gegenwart so vergangen aus wie im Schnee."

Über den Tag auf Montage in den Präsentationen, abends zu den Bremer Stadtwerken, die haben eine halbe Stadt für sich. Da gibt's einen tollen Vortrag, alte Kolleginnen und einen Nachbarn, der auch coacht, dazu Sekt und Schnittchen und mehr noch.
Die Referentin teilt die Generationenabstände nach Jahrzehnten, das ist eine radikale Verkürzung, Indizien zunehmender Beschleunigungen, die mehr zu trennen scheinen als zu verbinden. Schleichender Prozeß, etwa Jonas (21) heute in der Probe: was ist denn eine Altkleidersammlung? – Das Stück ist wohl zwanzig Jahre alt.

15.2. Bremen bekommt die „Grüne Karte", weil keine Stadt ihre sogenannte Umweltzone so gründlich kontrolliert und daher mit 5464 Bußgeldbescheiden an der Spitze steht. Der Geschäftsführer der sogenannten Deutschen Umwelthilfe – wem wird da geholfen! – beklagt Kontrollverweigerung anderenorts und droht flächendeckendes Einklagen an. Die ärmsten Städte können es doch auch. Eine knappe Demonstration des grünen Kerns. – Wer möchte in dieser Mischung aus Schuldensozialismus und öko-neurotischem Kontrollwahn leben! – Die Wohnung bleibt vermietet, wir ziehen da nicht hin! – Es kostet mich einen Leserbrief, damit die Energie ihren Weg findet. Die Zeitung druckt ab.

16.2. Auf 10 Billionen wird das Vermögen der Deutschen geschätzt, ich fürchte, das spricht sich bis Berlin rum.

Der Staatsanwalt ermittelt, beantragt die Aufhebung der Immunität – nachmittags tritt der Bundespräsident zurück. Die öffentliche Zelebration eines persönlichen Desasters, ungeachtet der Details denke ich ständig an Barschel. – 29.8.2013: gestern wurde Anklage beschlossen ... – Nun wird es wohl JOACHIM GAUCK.

18.2.   Marion räumt um, nachmittags kurze Unterbrechung – abends fahren wir zu einem langwierigen Geburtstag nach Fischerhude. – ‚Gran Torino‘, zum dritten Mal. Der Ausdruck dieses Mannes.

Der Chef des IFO-Institutes erklärt: wir sitzen in der Falle – Staatsgerichtshof, sage ich! – Halb Europa steht im Ruin und Draghi garantiert – irgendwas. – Viele Stunden vor dem Bildschirm gesessen.

20.2.   GAUCK ist der gemeinsame Vorschlag, das erfüllt mich mit Befriedigung, dieser Mann des Widerstands. Die Kanzlerin kann sich auch disziplinieren, naja, wenn die Optionen schwinden. – CLAUDIA ROTH halte ich aus. – Aber Tränen habe ich auch, funktioniert der Instinkt der politischen Klasse doch noch? – Das Handelsblatt sendet einen ergreifenden Kommentar zur Gauck-Kandidatur. Mir wird es leicht ums Herz, welches Bild habe ich von dem Mann!

Marion verkleidet sich als Hexe und fährt zur Schule. – Ich fahre zum Sport, später Treffen mit einem Trainer, sehr gegenseitig. Jonas kommt ins Café und wir fahren zur Probe. Die wird laut und herzlich.

KERSHAWS letztes Jahr, das Durchhalten und seine Motive: da ist der „Triumpf des Willens“, ein nahezu automatisches Pflichtgefühl, Führerglaube, unbeugsame Haltung mit Angst vor dem Ende, verzweifelte Weigerung nachzugeben, eine Gehorsamsachse im Rücken. Fragen an den Führer, was er denn zu unternehmen gedenke, tägliche Fragen nach und Glaube an Wunderwaffen, die das Kriegsglück wenden und natürlich: Frauen und Kinder schützen würden. 600.000 desertierten im Februar 45. MARTIN BORMANN deklamiert im Parteirundschreiben: „Es gibt nur eine Möglichkeit, am Leben zu bleiben:

die Bereitschaft, kämpfend zu sterben und damit den Sieg zu erzwingen." – Der Satz ist das Psychogramm einer Nation.

HEINRICH HIMMLER spricht: „starke Herzen tragen über Masse und Material", an die Verteidiger von Berlin: jedes Haus eine Festung. MARTIN BORMANN: die Standgerichte, insbesondere die fliegenden, seien eine Waffe zur Vernichtung aller Volksschädlinge. Im Falle innerer Unruhen solle die Reichskanzlei verteidigt werden – es ist Februar 1945! Ein deutscher General in britischer Gefangenschaft hingegen: „Dieses Volk kann nur in Ehren untergehen." Immerhin, der Mann weist einen Weg. – Warum es nicht nur keinen Aufstand gab sondern das Mitmachen, bis die Invasoren das Aufhören erzwangen, buchstäblich vor der Reichskanzlei, denn noch im U-Bahn-Tunnel wurde „zurückgeschossen", das illustrieren schon die Zitate. Die militärische Elite war über Ehre, Eid, Pflicht und Gehorsam in Gefolgschaft gefesselt. Widerstand nach dem 20. Juli kaum organisierbar unter dem schnell dichtschließenden Terror und dem Kampf ums Überleben.

21.2.   L.earn-Workshop in der Sparkasse im kleinen Kreis, ich bin platt, Capuccio und weg.

Die Zeitung ist voller Gauck, es ist, als bräche ein neues Zeitalter an. – Das kann nicht sein, denn kurz drauf rollt der Finanzminister (Verzeihung, das ist unflätig) vor die Kamera und erklärt schon wieder: es ist geschafft. Er meint diese Sache mit dem Euro, unvorstellbar, daß ihm jemand glaubt.

22.2.   Einer der vollen Sparkassentage, neuer Auftrag, Termin verpaßt. – Abends: ‚Das Beste kommt zuletzt', auch zum dritten Mal.

23.2.   Um 6 Uhr raus, 7 Uhr Hotel, 8.30: Start in einen SAP-Workshop, zu dem ich die Musik liefere, ich bin geschafft. – Schlafe auf der Hotelbank ein, zur Probe, danach wieder fit. – Jonas schäkert mit dem Regisseur, Brigitte gibt die Putze dramatisch gut, zumal im Punkte-Dirndl, das schlägt jedem Faß den Boden aus. – Aus Hamburg wird erneut ein Auftrag an Bord signalisiert, wir werden sehen.

Amerikanische Soldaten haben beim Aufräumen in einem amerikanischen Stützpunkt Koranbände verfeuert – das Land steht in Flammen: „Tod Amerika ..." – Dabei sollte der Westen Frieden und Demokratie dorthin bringen, kommentiert der Deutschlandfunk. Wenns sonst nichts ist, ich bin fassungslos.

24.2. New York: Promi haut Promi, im Meatpacking-District forcieren der Sohn von Caroline (von Monaco), sekundiert von Starros Niarchos, dem Dritten (in echt! Erbe griechischer Reedereien) und einem Vladimir Restein Reitfeld (Söhnchen der Vogue-Chefin und Kunsthändler) das Durchbeleidigen eines gewissen Adam Hock (Geschäftsmann, wichtiger aber: Football-Spieler) so lange, bis der zuschlägt – nicht zuletzt, weil sein 500 $-Wodka den zu gesprächigen Kontrahenten die Zunge gelöst hatte, ohne daß er eingeladen hätte. – Während die so Behandelten den Schönheitschirurgen konsultieren, sitzt Hock im Knast, bis Sal Strazzullo (Fragen?) seine Mandantschaft da rausholt. Die reizvollen Begleiterinnen, Treiber des Ereignisses, gedulden sich. Macht ja nichts, sie wirken einfach weiter auf die Umgebung, bis es wieder Zoff gibt.

Derweil treibt der Fanatismus der EZB den in Griechenland zu allen Verstiegenheiten, für die das verlaufene Jahrhundert die Folien liefert. WOLFGANG SCHÄUBLE hingegen plötzlich in frenetischer Klarheit, also knapp unterhalb des BILD-Aufrufs: „Verkauft doch Eure Inseln, ihr Pleite-Griechen." – Parlamentssprecher PETSALNIKOS hat einen Ordner angelegt, worin alle Schmähungen aus dem deutschen Raum abgelegt sind. Er studierte hier. Da muß nur noch die EU-Banderole rum mit dem Titel: die Früchte der Friedensdividende, womit die Kanzlerin den Wahnsinn zu schmücken pflegt.

Im Konzerthaus am Berliner Gendarmenmarkt standen Kerzen. Die Kerze des ermordeten Blumenhändlers, die Kerze des ermordeten Änderungsschneiders, die Kerze des ermordeten Gemüseverkäufers, ...

ZDF: Pink in Sydney – es ist nicht zu beschreiben, die Frau, die Gruppe, der Gitarrist, die Bühne, die Performance des Ganzen – ich sitze fassungslos davor, in einer Sehnsucht, die zieht – unfaßbar!!! Das ist noch dreimal komplexer als ACDC, beides steht an.

Danach: ‚Das Leben der Anderen' – nur tonloses Hingucken, ich bin nicht geeignet, mir fehlt jeder Abstand, immer mitten drin, kein Überblick – das Bügeln gibt Orientierung … IM Martha – Ende des UV Laslo HGW 15.15, wer ist HGW 20?, trägt Zeitungen aus, ULRICH MÜHE stirbt kurze Zeit später. – In Berlin geht nichts verloren – keine Bomben, keine Aufmarschplätze, keine Stadtplanungen können zum Verschwinden bringen, was hier passiert ist. Eine Straße genügt, und alles ist gegenwärtig. Und dann stehen sie da, bezahlen – „es ist für mich" – und gehen zurück, auf die Straße, wo alles sichtbar ist. Berlin ist die Stadt der Täter, ihr Reflex, das sehe ich in den Kulissen jedes Films, der dort spielt, selbst auf dem Kunstrasen in Mitte.

Der Innenminister empfiehlt den Austritt aus dem Euro –?–, das muß der Grieche sein, er will mehr Geld.

27.2.   Wenn alle aus dem Haus sind, lege ich mich für fünf Minuten und genieße mein Dasein. Das ist wohlige Ganzkörperpackung, wie Glückskeks, wie es eben grade ist – wenn Sie verstehen, was ich meine: lege Deine Steine so, daß sie kleinen Gewinn bringen, lerne Text, genieße, was ist – mehr ist nicht, anders ist nicht. Der nächste Abschied kommt.

28.2.   Die zweite Tranche Griechenland geht durchs Parlament, ohne Kanzlermehrheit, wer weiß, wo die ist!, aber mit Hilfe des oppositionellen Blocks der Europaflüchtlinge. Das ganze Haus ist auf der Sehnsucht nach dem Nirwana endloser Flächen zum Regeln und Finanzieren unterwegs – ohne verantwortlich zu sein oder auch: gemacht zu werden. – Das ist vornehme Ruinierung der Institutionen! – Das Verfassungsgericht befindet heute darüber, ob zukünftige Transfers allein von einem 9-köpfigen Gremium des Parlaments in geheimer Mission beschlossen werden können. Das ist verfassungswidrige Ruinierung der Institutionen! Was die sich nehmen lassen, wurde in Amerika einst revolutionär beansprucht, die Budgethoheit. Aber das ist veralteter nationalistischer Kram, gell Frau Grün! – Welche Unterwürfigkeit.

29.2. Alt – weiß – männlich geht es zu bei der Oscar-Verleihung. Wem sowas auffällt, was denkt der? Vielleicht: sind das die Richtigen, ich bin ja auch das alles! Schon gerät die vokalische Gebärde ins Rutschen – dieses Plädoyer für eine andere Verteilung, soll die nur ein schlechtes Gewissen beruhigen, ist etwas falsch? Wo soll begonnen werden? Es gibt ja alles, aber wie kommt es an seinen Platz, den richtigen und – wer sorgt dafür, stimmt das ab? Ohne Chance, so scheint es – was also soll der Satz!

Abenteurertum sei ihr verboten, sagt die Kanzlerin zur Begründung des 2. Griechenlandpaketes (voller Geld), und zwar durch ihren Amtseid. Das ist ein Steilpaß – wenn man diese Politik aus der aufklärenden Position des Kopfstands betrachtet. – So laufen die Spiele der Jubel-Europäer: die Notenbanken fluten die Flächen mit Geld kurz über dem Nulltarif, die Hedge-Fonds sammeln das ab, das Zeug liegt schließlich auf der Straße, risikofrei. Zwei Billionen sind schon vom Winde verweht. – Bis die Anklagen der nahen Zukunft wieder erklingen, seitens unserer Märchenonkels, der Clubs der Ruinierer: Banken und Hedgefonds, die dritte!

– „wer einmal auf dem Friedhof liegt ...", besser als „früh sterben hält jung".

1.3. Nun ist meine Türklinke des Grand Hotel Heiligendamm in die Insolvenz gegangen, die verbliebenen zehn Prozent sind nach dem Kapitalschnitt auch verschwunden. – Ein neuer Investor wird's nehmen, die Alteigentümer stehen hinterm Zaun. Bei wirtschaftlicher Betrachtung ist das alles nachvollziehbar, will sagen, ich habs verstanden, warum auch diese 30 weg sind. Mein dickster Ordner heißt „Vermögensabwicklung", den Rest wird SCHÄUBLE abrufen. Schön, daß ich meinen Frieden mit dem Geld gemacht habe, einem meiner ärgsten Feinde im früheren Spiegelkabinett.

Die alten Europäer in der Wagenburg – die Zeitung bringts auf den Punkt, jene ,ungerührte Seelenlage' des HELMUT KOHL paraphrasierend, dem seine Jünger mit stupenden Worten und Taten folgen. Bis die Trennung der „nordeuropäischen Turbo- und der südeuropäischen Feudalstaaten" von den Märkten durchgesetzt ist, unter allerdings desaströsen Kosten für die nordischen Sozialstaaten. Dann ist der Eid vorbei und es kommt zum Schwur, oder wie geht die Mär! Es ist ein bißchen wie Frühjahr 45, als alle es denken, und keiner es wagt – dem Untergangswahn des Führers entgegenzutreten. Obs heute der ideologische Starrsinn eines Sklerose-Europäertums oder schlicht eine Verschwörung ist, wird sich zeigen. Vielleicht ist das eine die Tünche des anderen. Es ist jedenfalls mehr als allfällige Eitelkeit, mehr als ANKE ENGELKES Schlachtruf: Lassenses krachen.

The *Talking Radio: Gee, gee, jo, jo, La, la – lets go Jeronemo …*, das macht wenigstens Sinn, unglaublicher *sound*.

Kanzlerin & Finanzminister im Comedian Stadl: die Pleite steht nicht am Horizont sondern im Plenum! – Wir überweisen so lange, bis uns was Anderes einfällt. Zeit = Geld, stimmt hier 1:1.

4.3.   Der Stasi-injizierte Antifaschismus erfährt eine plastische Illustration in der Ohrfeige der BEATE KLARSFELD, die sie Kanzler GEORG KIESINGER vor 44 Jahren verabreichte. Die Kandidatin für das Amt des Bundespräsidenten wurde seinerzeit von ALBERT NORDEN betreut, allerdings trotz Drängens nicht finanziell. – Komplett wird das politische Schmierentheater durch die Autobiographie eines Kiesinger-Freundes im besetzten Paris und späteren SED-Kaders. Der beschreibt KIESINGER als Konservativen, der 1942 fragte, wo sich denn ein Mutiger fände, „der diesen Verbrecher über den Haufen schießt".

5.3.   Der Auszug unseres lieben Sohnes zeitigt Folgen. Ich räume in meinem engen Eck- und Arbeitszimmer und fördere Materialien aus der eigenen Adoleszenz zutage. Dokumente des letzten Jahrhunderts, vom Schwimmpaß, dem 2. Preis im Deutschland-Wettbewerb über skurile Klassenfahrtberichte

‚Unter Dämonen‘, Acryl auf Holz, Collage – 50 × 40 cm – 2011

bis zur Abiturprüfung und -rede, den Start-Vorlesungen an
der Frankfurter Universität 1966, der Erklärung meines
Kirchenaustritts und – bereits ein Jahr an der Uni Marburg
immatrikuliert – einem Amtsärztlichen Zeugnis, worin die
Kreismedizinalrätin attestiert, ich sei zum Studium an der
Staatlichen Hochschule für Musik und Theater Hannover
„noch ausreichend geeignet". – Da offensichtliche körperliche

Gebrechen meiner Erinnerung nach nicht vorlagen, muß die Frau Mitte 1968 tief geblickt haben. Rückblickend erscheint mir die Formulierung angemessen, ich hätte das Studium antreten sollen – es hätte nichts geändert, fürchte ich. Mein Auftritt mit GEORG BÜCHNERS Wozzek im Jahr zuvor an der Essener Folkwang-Schule lag noch eine Stufe unter dieser Bewertung. – Von dieser allgemeinen Wirrnis war auch der Universitätswechsel geprägt: Immatrikulation dort 4.10.67, Exmatrikulation 12.2.68, Immatrikulation Frankfurt 19.4.68, sechs Monate in den Diensten der Deutschen Schlafwagen-Gesellschaft, Exmatrikulation Frankfurt 24.9.68, sodann nach Marburg mit Bart, ohne Überzeugung. Immer noch anstrengend, das zu notieren.

7.3.   Der Halbschlaf ist göttlich. Er erschließt Räume, zeigt die Dinge in sonst nicht verfügbarem Licht, die Autofahrt meines Vaters 1937, das Leben 1990 mit BERND SCHMELTER und BERND M.

Das Schlußwort von IAN KERSHAW faßt das Geflecht von Charisma und Unterwerfung, projizierter Sehnsucht und Verbrechensteilhabe und Fanatismus als Komplex für das Verstehen zusammen.

Weiteres Fundstück: WOLFGANG ABENDROTHS Kondolenz vom 2.8.1973 an ALBERT NORDEN, dem Zuständigen für die West-Betreuung im Politbüro, das Ableben von WALTER ULBRICHT am Vortag betreffend. Nichts Neues und dennoch die Notiz wert festzuhalten, wie anders die Dinge rückblickend „aussehen":

– der Mord an RUDI DUTSCHKE war stasi-inszeniert
– die Ohrfeige für KURT GEORG KIESINGER war ZK-unterstützt
– die Rolle WOLFGANG ABENDROTHS war – vereinbart.

Und ich bin allem gefolgt:
– dem westdeutschen Militarismus und seinem „West-Berliner" Ableger,

- dem Altnazi als Kanzler,
- dem Repräsentanten eines sozialistischen Ideals, fast charismatisch im Auftritt in Marburg, zu jenem Zeitpunkt bereits Parteimitglied. – Und meine wenigen Publikationen habe ich auch gefunden: bis 1991 habe ich diese Tendenz in den ZK-finanzierten Zeitschriften publiziert. Dann war ich 46.

Bei Credit Suisse werden im Einzelfall Kunden auch schon ab 250.000 genommen, da ist Bankhaus Plump ja großzügiger.
- Ich fahre zur Probe.

Beginn der Biographie von ROBERT OPPENHEIMER.

8.3. Wieder Wildnis im Tag! Gespräch mit Filialleiter wegen Coaching, zurück zur Zentrale, mit dem neuen Kollegen zu Lülli, der ist fertig, kompliziertes Gespräch, was soll ich raten? Nichts, sage ich mir. – Dann ein Anruf von ‚Kärcher' wegen eines Trainings auf See. Das fühlt sich an wie Vollast. – Wir holen die Skisachen ab, mein Herz klopft. – Auf der Staffelei steht ein riesiges Format, leer.

9.3. Die Union mahnt die SPD, dem Fiskalpakt zuzustimmen, Gemeinsamkeit der Verantwortungs- und Europaflüchtlinge.

DOMINIC STOIBER, Sohn von EDMUND, hat eine Föderalismuskommission eingesetzt. Soweit, so gut. Er hat promoviert, über Föderalismus und so. Seine Arbeit wird überprüft, wegen möglichen Abschreibens. Seine Schwester hat auch promoviert, worüber, steht da nicht. Ihr wurde der Titel aberkannt. Sie klagt. – FDP-Politiker verloren den dritten Titel in Folge. Leistung lohnt sich wieder.

Abends setze ich mich aufs Rad, um im Nachbardorf zur Kochgruppe zu stoßen, das führt in die Irre. Ich fasse mich jedoch und erreiche die Herren beim Sekt, so geht das bis nach Mitternacht. Der Rückweg ist einfacher, er schwankt jedoch. Zwischendurch steige ich ab und wittere.

11.3.   Strengste Disziplin beim Geburtstagsempfang der Nachbarin.

12.3.   „22 Jahre nach dem Ende der DDR haben wir wieder eine Einheitspartei", formuliert der Chefredakteur des Handelsblatts. Ein beherzter Schritt in Richtung meines „Berliner Kartells". – Rücken kratzen an der Türzarge hilft.

14.3.   Fünf Gespräche in der Sparkasse, die vierte ist Russin, 22, schwarzhaarig. Ich treibe sie, das lenkt ab. Danach noch eine resolute, ebenfalls Bezaubernde, die ihren Fragebogen vergessen hat, aber sitzenbleibt und sich nach 60 Minuten auf das nächste Gespräch freut. – Es ist unerträglich. – Folgt ein Kommissbrot, Basisarbeit. – Marion baut mit mir den neuen Schreibtisch auf. Wie ich Dich liebe. Es ist erträglich.

15.3.   Wieder geht's durch die Filialen, 1 x Abschluß, 11 x schieben – anhalten, ausatmen, besinnen. – Zurück zum Tee, Text lernen, das endlose sechste Bild, Pressekonferenz vor der Premiere organisieren und abends zum Bankhaus. Mein Ex-Deutsche Bank-Berater hat mich geladen und läßt sich vertreten. Ich lausche dem Chefvolkswirt von Warburg, der Eignerin von Plump, zu Status und Aussicht. Beim Büffet gebe ich zu bedenken, daß ich der Eintrittshürde von einer viertel Million nicht ganz folgen kann. Macht nichts, wir kommen ins Gespräch, er aus dem Osten, „Oma, du brauchst nicht mehr flüstern, das ist vorbei", sagte er – und ein IM in der Familie observierte die Gattin.

Das System war infamer noch als jenes der Nazis, deren Terrorismus des letzten Jahres wohl alles sprengte. Beim linken Antifaschismus wirds mir speiübel, womit die Kandidatin jener Partei morgen antritt, grade noch am Holocaust-Gelände posierend, bis eventuell rauskommt, daß die Ohrfeige für Kanzler Kiesinger 1968 ein mit 2000 Mark unterstützter PR-Gag des Politbüros war. Das hindert GESINE LÖTZSCH nicht. Sie hält ihr Weltbild eben durch. Ich muß mir auch noch die Stalin-Biographie des JÖRG BABEROWSKI besorgen, muß ich nicht? Meine dunkle Seite verlangt danach.

„Der Tod ist die beste Erfindung, er schafft Platz für Neues". Im siebten Jahr seiner Erkrankung starb STEVE JOBS; ich folge dem Film staunend. Aus diesen verdammten amerikanischen Garagen kam das alles. Die sind ja nicht anders als deutsche, halt! Doch: sie haben Fenster, für die keine Einbaugenehmigung erforderlich ist. Das ist der Vorteil, der weitere nach sich zieht. – Marion droht mit Schlägen, wenn ich nicht sofort aufhöre zu heulen. Ich bleibe, was ich bin.

19.3. Es ist vollbracht, ließe sich formulieren: zwei Vertreter des ostdeutschen Protestantismus, von der Diktatur geprägt, besetzen die höchsten Ämter. Wie der Kehrreim dazu geht, suche ich nicht zu ergründen. – Dann gibt's noch GESINE LÖTZSCH aus Berlin-Platte, vom Milljö genährt und so in der Welt wie CLAUDIA ROTH, die schreit. Weiter Frau KRAFT, die in NRW scheitert und aufsteht mit ihrem Schuldensozialismus, die FDP sagte immerhin nein, die Linke auch, ihr wars nicht doll genug. ANGELA MERKEL hat programmatisch integriert, was Mehrheit sichert, so den Ökologismus, das Gleichberechtigungs- und Gleichmachgeflecht. Sie steht ‚in persona' weit heraus.

So schreibt die Zeitung in glänzenden Worten: ein Geschenk inmitten des strapazierten Politikbetriebes des Landes. Geschenk des Mannes GAUCK, der mit 50 Jahren erstmals frei wählen durfte und schwor, es nie zu vergessen. – Bei Stadtrundgängen des HANS-DIETRICH GENSCHER in Halle 1987 wurden 47 Stasis verdeckt postiert. Die fertigten Minutenprotokolle, wie Minutenschnitzel.

20.3. Um 6 Uhr nach Bad Zwischenahn zum L.earn-Workshop. Die roten Fingernägel der gebürtigen Polin führen mich durch den Abend. Ihre finden in *Murphys Corner* statt.

21.3. Nach dem Abschluß in Eile zum Probenraum, Fototermin, 6. Bild.

MARGOT HONNECKER hat geschrieben, über die Lehrer und ihr Glück im Sozialismus, wogegen der Krankenstand hierzulande die Brutalität kapitalistischer Vergesellschaftung zeige.

22.3. Um zehn ist Pressekonferenz in Ritterhude, Vorstand des Union-Theaters, Regie, Jonas und ich auch. – Dann weiter mit der Sparkasse, ich spreche mit dem neuen Kollegen, der fährt voll ab, liebt Porsche über alles, hat etwas bessere Preise. Jedem ein Porsche, könnte ein Ziel sein, wenns denn das Letzte und das Beste ist. – Abends „Basta", a-capella, gefällt.

23.3. Die Nachbarin fährt uns abends zum Bus, wir gehen auf christliche Skifahrt nach <u>Saas Fee</u>, alle vier dabei. – Beim Ausstieg auf dem Schweizer Parkplatz morgens bin ich berauscht, wieder hier zu sein am Autobahnrand, der schönen Raststätte mit den imposanten Preisen. Seit den 80er Jahren fahre ich diese Strecke. Es geht hoch in den Berg, wir setzen uns an den Pistenausgang, trinken etwas zu heftigstem Reggae.

25.3. Meine Rot-Grün-Blindheit gibt den Karten ein gleichförmiges Aussehen, trotzdem wurde ich zum Wizzard-Spiel zugelassen. – Also in die Ausrüstung und auf den Hausberg vor das Schauspiel von Viereinhalbtausendern, die am Platz stehen, weiß, Gletscher, gleißende Sonne. Der Berg ist der Berg, ist der Berg, mehr fällt mir nicht ein.

Gruppenarbeit knapp über dem Anfänger-Status, dort hole ich alles nach, was bereits 1998 beinahe zur Sperrung des Skigebietes geführt hat. So mißlingt der Einstieg in den Tellerlift, der Ausstieg ebenso. Immerhin, seinerzeit schlug ich nicht nur lang hin, der Teller ging in hohem Bogen ab und erschlug fast den Mann in seiner Hütte. Der klappte beim nächsten Abgang die Läden zu. Das bleibt jetzt aus. Auch auf dem Lernhügel hauts mich um. Nachmittags gewinnen Sicherheit und Wagemut bereits die Oberhand. Das ist nicht weniger gefährlich, aber mit einem besseren *feeling* verbunden. An einer Holzwand raste ich, Marion sonnt sich irgendwo im Berg, und gleite dann auf 1500 Meter zurück.

26.3. Es ist phantastisch, obwohl drei Stunden Training reichen, Pause in gleißender Sonne. Darauf Lift nach Hoh Saas, 3200 Meter. Das freundliche Personal zeigt mir den Ausgang. –

Nachmittags mit 12er-Pack in die Gruppe zum Feldschlöß-chen-Ensemble, bis die Sonne hinter den Berg geht.

Auch hier erreicht uns das Bundesfernsehen mit dem provozierenden Titel: „Wie kann Deutschland wieder gerechter werden!" – Dafür zahle ich monatlich als Privater und als Geschäftsführer Gebühren, also zweimal! – Starker Dialog beim Abendbrot um die Unterscheidung von Beitrag, Gebühr und Steuer. Da hat sicher der ex-Bürgermeister wieder die Finger im Spiel. Der Weg des Geldes ist immer der gleiche, oder?

Es ist dieser Gegensatz von ruinösen Organisations- und Handlungsstrukturen im Großen und dem enervierenden Detaillismus, mit dem sich die Leute täglich rumschlagen. Wie hoch ist der Freibetrag eines Abgeordneten, wogegen der Private jeden Cent darlegen und nachweisen muß! Das ist dieses Wasser predigen und Wein genießen, die Großzügigkeit im Umgang mit fremdem Geld gegen die Verfolgung jeder Abweichung bei denen, die das gewählt haben. Das unübersehbare Kleinwerk in allen Poren des Lebens, die schon verstopft sind, wird mit einem flächenabdeckenden Apparat von Erfassung, Kontrolle nachfragend, fordernd, eintreibend begleitet. *Mußja*, murmelt der Rechtsstaatsvertreter. – Für die Griechenland & Consorten Tranchen im Hundert-Milliarden-Bereich hingegen möchte die Kanzlerin gerne ein Neuner-Gremium abstimmen lassen. Das ist schon parlamentsverachtend, auch wenn die werten Mitglieder keine Ahnung haben, was sie abstimmen.

Ski gut, Schulter und Knie führen, vorübergehend. Wir fahren hoch vor den Gletscher. Die Après-Ski-Sitzung der ganzen Gruppe ist es wert, größtmöglicher Austausch und Spaß.

Was wieder? Umbau der Frau zur Gleichberechtigungsmaschine, als Soldatin, Gleichgestell, Quotient, *mainstreamed*, klingt wie masturbiert.

GÜNTER EDERERS Traumlandbuch ist ungesund vor dem Einschlafen: das Systematische dieser prozessierenden Mischung von Dummheit, Ignoranz und im günstigsten Fall Inkompetenz und Unfähigkeit verschlägt den Atem. Dabei nichts Großes, Respekteinflößendes sondern Mediokres im Spiegelkabinett von Eitelkeit und Chuzpe, flankiert und befeuert vom Pressebetrieb, der seinen Spaß haben will, weil verkaufsfördernd. – Der Mensch ist eben so!

In der Figur des JÖRG ASMUSSEN, der im Schwarzen Loch angekommen ist, wurde bereits vor Jahren der Verschmelzungsprozeß der großen Parteien sichtbar. Der war deutlich, verhinderte Regeln und Regulierung, ermunterte zum Ramschkauf unter der Ankündigung wegzusehen!, saß in den Kontrollgremien der Casinos, organisierte die Entschädigung der Vabanqueure aus Volkseinkommen, abgezweigtem oder zukünftigem. Da steht das Volk auf der Bühne, aber ohne Text, dafür gibt's 7 Falltüren, Zugseil zur Regie!

Das Euro-System hat all das mächtig beschleunigt. Differenz bleibt eine Frage der Oberfläche, der Form, der Pose, weil daran viele Existenzen hängen – und ein Parlament zu befüllen ist. Gleiches spielt sich innerhalb der Parteien ab. Im Prozeß der Entkernung der CDU durch ANGELA MERKEL (Auftrag?, Verschwörung?, Machtinstinkt?) wurde diese Amalgamierung als Sozialdemokratisierung wahrgenommen, es war ebenso Ökologisierung, in der Energiewende gradezu Programmübernahme. Im „Primat der Politik" gegenüber den Märkten schließlich forcierte sie Zentralisierung, ausgreifenden Regulierungsanspruch.

Im gigantischen Zugriff auf das Volksvermögen zum Erhalt und der Verklammerung des Euro-Raumes wird das plastisch. Das ganze Projekt bis in seine aktuelle Wahnsinnsphase – ist kein Udo in Sicht! – wird zur großen Totale, in die selbst das Finanzkapital eingebunden wird, seis profitlich, repressiv oder in Notstandsverpflichtungen. Der Apparat brüstet sich in kontinuierlichem Rechts- und Verfassungsbruch. Die letzte Instanz, der *Oigeha*, ist Teil des Systems, schöne Inklusion. – Was im Politikbetrieb also Standard ist, das Agieren mit fremdem Geld ohne Verantwortung und Haftung für Vorsatz und Verschulden, wird der Finanz„industrie" geradezu angedient. Die nimmt dankend an und – mit wachsendem Risiko – besteht auch darauf, beharrt: Vergesellschaftung bitte! – Abstand, Nähe und Vergleich mit dem abgegangenen DeDeError-System bietet sich an, die Neuauflage der Pahl-Rugenstein-Edition aus den 70er Jahren wäre angezeigt.

Was ist eine gute Werbung? „Klappe Stinker!" zum Beispiel, für Snickers, oder gegen das aufwändige Gebahren so eines Verfassungsorganvertreters. So ein Werbespot könnte trocken in so eine larmoyante Wortrieselei eingeblendet werden – aber zack!, hätten wir einen Fall der Verunglimpfung. – Dabei führen sie sich schlimmer auf als jeder Monarch, lassen jeden Respekt vor fremdem Geld vermissen, legen eine Selbstbedienungsmentalität an den Tag, nach der Melodie, is ja unsers von Amts wegen!, nutzen jede Möglichkeit zur Schaffung neuer Sitz-, Ruhe- und Dotierungsflächen, um sich zur rechten Zeit in den (v)erdienten Pensionärsstatus abzuseilen, alles Bückware! Möglichst noch im Ausland, damit die Folgen vergangenen Tuns ihm nicht die Tränen in die Augen treiben, mithin den Blick in die Abendsonne trüben. – Meine Spuren von Raserei haben wieder Ausgang.

Abends zeigt mir Marion Bilder aus dem Gebirge, wir machen eins von uns: „Oh, ich seh aus wie ein Schwein", bemerkt sie. Ich bin entsetzt – und begeistert. – Es folgt der sms-Einakter:

JONAS: 22.51
Kann ich ahnen, daß Du mich so vermißt! – Ich saß am Steuer, da darf man bekanntlich keine sms schreiben. Ich war heute beim Frisör, habe meinen PC verschenkt, geputzt und mit Mo CL geguckt. Mir geht es ziemlich gut. Proben werden immer besser. Papa soll Text lernen!!! Noch wichtiger, nicht verletzen.
MARION: Welches Steuer!?!
JONAS: Kreuzfahrtschiff! Die brauchten Ersatz, hab ich gesagt: Auto-Kreuzfahrtschiff? kann ich auch! Nebenjob, Kapitän, macht Spaß.
JONAS: Ach Mutter (Name geändert), ich fahre dein Auto natürlich für Dich … das stand weinend in der Garage, da ich so ein netter Mensch bin, fahre ich das ein bißchen …

Ja, was gibt's noch, wir denken uns ein Pistenspiel aus, in dem die Erlebnisse zu Punktabzug führen, zum Beispiel diese:
- Du läßt Deinen Helm im Lift liegen,
- Du steigst in den Lift, aber in die falsche Richtung (senil verpeilt),
- Du mußt das dritte Mal Pipi,
- Du gehst das 3. Mal verloren,
- Du verpaßt die letzte Abfahrt (also das ist ausgedacht),
- Du fängst an zu packen, wenn alle schon zum Gruppenfoto gehen,
- Du fährst auf 3500 Meter und gewinnst nur im Wettschlafen,
- Du fällst aus dem Tellerlift – Strafe: 3 x Transportband fahren.

Abends machen wir Musik, Eric Gitarre, ich mit ‚Lonely Boy' und ‚Hit the Road Jack'.

31.3.   Früh hoch, die Koffer gefüllt, letztes Frühstück. Der Riesenreisebus steht schon, Gruppenfoto mit fliegendem Koffer, der arme Maarten – den haben sie mit dem Hubschrauber aus dem Berg geholt und der Mutter Ratenzahlung eingeräumt – zurück geht's durch die feine Schweiz, die glückliche, denke ich: der Autobahnkilometer kostet hier zwar das Dreifache wegen des wechselhaften Untergrunds. Dafür mußten sie im letzten Jahrhundert aber alles auch nur einmal bauen.

Bei uns war das öfter, weil wir das Land in kurzen Abständen an den Abgrund und drüber hinaus getrieben haben. Erst 1914 – 18, dann orientierungslos, klassenkampfmäßig polarisierend und revanchegetrieben, bis die Nazi-Dompteure das zusammenführten und den Exorzismus professionalisierten. Als die halbe Welt verwüstet und das Land so kaputt, wie nur möglich – der Führer beging leider erst in letzter Sekunde Selbstmord, Herr DÖNITZ und die meisten Generäle, alles andere auch, bewegten sich keinen Schritt aus der Gefolgschaft, DÖNITZ fragte aus Schleswig Holstein dreimal nach, bis der Tod des den Eid haltenden Führers „amtlich" war. –

Und so ging die Chose weiter. Dem Naziwahn und -terrorismus folgte Kommunismus im Ostteil. 12 + 40 = 52 Jahre Diktatur, wie geht das? Was kommen da für Menschen raus? Wenigstens im Westen verhalfen Produktivität und Kreativität des arbeitswütigen Volkes zu Wohlstand und Herauswachsen aus dem komatösen Charisma. Aber das unverdaute Alte führte bald wieder zur Rennerei. Während hier das Rot frohlockte, wurde im Osten im Namen der Farbe rot alles dem Experiment des neuen Menschen unterworfen. Das Volk-Ost wurde in Stadt, Land, Fabrik und nach Feierabend neu kaserniert, was störte, wurde enteignet und vertrieben, alles grade erlebt, das Land unter neuen Parolen dichtgestellt, alles wie gehabt. Widerstand erstickte oder trieb in die Fangzäune des Regimes, lief am Ende gegen die Mauer. Nach vierzig Jahren, war der dritte Ruin des Jahrhunderts perfekt. Die neue Grundsanierung wurde aus dem Reichtum finanziert, wenngleich die Karten gezinkt waren.

Die politische Klasse erstickt das Land. Es hat Hunderte von Milliarden gekostet, um das Entwicklungsprinzip von Angebot und Nachfrage durch klientel-, d.h. profil- und stimmenorientierte Subventionierungskaskaden außer Kraft zu setzen. So konnte etwa ein Wohnungsmangel von einer Million in 1990 in einen Wohnungsleerstand von einer Million 1996 durchsubventioniert werden. Diese Treiber der Staatsverschuldung wurden schließlich durch das politische Projekt „Kunstwährung Euro" abgelöst, womit das 21. Jahrhundert mit einem neuen gigantischen Ruinierungsprogramm startet. – Das alles hat die Schweiz nicht.

Nicht wissen, nicht können, nicht wollen, ignorieren, wahrlügen … sich verpissen, so könnte der Inkompetenzbogen aussehen. GÜNTER EDERERS Buch provoziert, die Abfolge von Politiker-Zuständen zu überprüfen. Es gibt aber auch viele andere, aber auch nichts zu ergänzen, Verfeinerungen führen vom Profil weg. Ich bin so, typisch „Rentner", Zitat meines Sohnes. Dabei arbeite ich wie Hund.

2.4. „Die DDR war schön!", MARGOT HONNECKER schwärmt im Interview in Chile: „wenn man über die Mauer wollte, mußte man doch damit rechnen!" Sie liebte die geschlossene Gesellschaft.

3.4. „Mein Vater, der Junggeselle", Text, Text, zu Jonas, nochmal Text. Es wird auch stabiler, wenns eng wird auf der Probebühne. Er hat einen so anderen Zugang, was soll ich ihn beneiden! Mein Weg ist die Anstrengung. – Die Lokalpresse mischt mächtig auf.

Zum 30. Todestag der ROMY SCHNEIDER stellt sich vieles anders dar.
Zum 35. Todestag von SIEGFRIED BUBACK bleibt Elend zurück.

4.4. So wie gestern am Ende des 5. Bildes haben Vater und Sohn nie beieinander gestanden. Der Sohn, einen Kopf größer, hat den Vater umfaßt. – Dafür wird aus einer leichtfertigen Zusage eine Rundfahrt Ritterhude – Worpswede – Hemelingen – Brill, hundert Kilometer für einen Zahnarzttermin. – Vor der Premiere kochts in der Presse, so viel Ankündigung und Schwärmerei war nie.

Anruf aus dem Hamburger Chemiewerk, ich staune, sie freut sich – das wird was.

5.4. Um 10.00 Uhr startet der Deutschlandfunk tatsächlich mit den Worten, ob es uns erlaubt ist Tiere zu ermorden. Jawohl, § 211 StGB anziehend!, und sonstwas anzustellen auf diesem Planeten. Mein Staatsfunk-Reflex geht sofort auf May-Day, May-Day – meine Monatsgebühr für groben Unfug. – Ich wechsle auf DLF-Kultur und treffe dort auf ein Interview mit ANDREAS PLATTHAUS. Der FAZ-Redakteur zerlegt grade mit 400 Anschlägen/Minute, gleichwohl magisch agil formulierend, den letzten 84-Zeiler von GÜNTER GRASS (84) nach dem Muster ‚Denn sie wissen nicht, was sie tun'. Und wenn es soweit ist, dann leben wir unsere letzten unerledigten Geschäfte aus, so muß dieses Bekennerschreiben des deutschen Dichters wohl aussehen. FRANK SCHIRRMACHER, auch in diesem Thema sehr profund, hat auch noch eine Breitseite zu Papier gebracht. – Ab in die Filiale zum Coaching, danach zum Sport.

6.4. Ich pflüge durch die Zeitungen, deren Zahl den Urlaubstagen entspricht, eine Not, der ich gehorche. Bleibe an der Hommage zu MARTIN WALSERS (85) hängen, seinem Satz: „Die Bücher sind immer schon fertig, sie müssen nur noch geschrieben werden." – Ich multipler Etwas-Könner, zu den Songs von Elvis überprüfe ich Höhen und Tiefen, noch geht es.

Das Wrack der Titanic erscheint kurz vor dem hundertsten Jahrestag am 14. April, wie es heute am Boden des Atlantik liegt. Ohne das Heck formt der Schiffskörper ein riesiges Grab mit den Einlässen für die Schornsteine. Ich lege es zu den Utensilien des Formates „45 Grad". – Abends wird das Drama dokumentiert, diese Wege ins Sterben. Ist es Suche oder der voyeuristische Blick, welcher die Zukunft, das Ende kennt und – rückblickend – die Ereignisse interpretiert.

8.4. Gestern Abend hatten wir Osterfeuer in der Tonne, das wurde ein wenig Rabatz, wegen der vielen Schnäpse. Der Garten sieht aus, als seien die Vandalen durchgezogen, waren die eigentlich schlimmer als wir?, alle Stühle umgeworfen, die Bank auch, das Leergut verteilt, wie nach überhastetem Aufbruch.

Unter den „neuen Sachbüchern" resümiert JÜRGEN KAUBE viel ‚subventionierte Harmlosigkeit', vertane Zeit, drittmittel-subventionierten Manierismus. Das ist am Ende subventioniertes Denken – erst Mittel eintreiben, vorher fang ich gar nicht an. Das Gefühl beschlich mich ungelenken Universitätsadepten schon in den 80er Jahren. Da waren Kollegen zwischen Lissabon und Rom unterwegs, um Erasmus-Programme anzuzapfen, welche mit festen Fragestellungen wedelten, lange bevor dies mit dem CO_2-Wedel endgültige und globale Form annahm. – Ich fand nur das Geld gut, was sie dafür taten, verstand ich nicht. – Ich kann doch nicht für Geld denken, doch! – Heraus kommt, so Kaube, nutzloser Reichtum. Die Speicher sind voll, keinen interessiert es.

Der Kinderschutzbund geht sogar von drei Kindern pro Woche aus, die an den Folgen von Mißhandlungen sterben.

Wir waren beim Gottesdienst – und er war mir nahe, hinter der schwarzen Wand von HOLGER (1,95 m), BIRGIT hatte eine gute Predigt. Plötzlich kenne ich die Pastoren im Gebiet, und gehe hin.

11.4. Die 18-Uhr-Nachrichten des Deutschlandfunks vermelden an dritter Stelle, die Organisation „Umwelthilfe" bezichtige den Discounter Aldi, die Kunden mit ihren Plastiktüten an der Nase herumzuführen. Die vermoderten nämlich gar nicht zu 100 Prozent. – Das klingt nach Heimtücke, die Priorisierung der Themen tut ein übriges. Die unerhörte Nachricht wirft mich fast von der Straße, dafür meine Gebühr. – um 21 Uhr skandalisiert das Erste die Leiharbeiterlöhne der Autobauer, die bei bummeligen 30.000 € verharrten, die der Stamms hingegen bei 60! Ein Vertreter der IG Metall erklärt dem Außer-sich-Reporter die arbeitsvertraglichen Verhältnisse. Das hindert nicht den Fortgang großer Empörung. Dafür meine Gebühr. – Das „Haltet den Dieb" der sich bestens selbst-versorgenden Mittelklasse. – Toll wird die Mechanik dieses Nachrichtensystems erst, als im Kontext der Leiharbeiter-Welle eine Befragung vermeldete, im Lande seien wohl 35% der Arbeitenden dieser Fron ausgesetzt! In echt sinds kaum 2. So wird das Volk codiert, dafür meine Gebühr.

13.4. OLAF HENKEL wütet im Handelsblatt, der DAX rutscht, die Autozüge Richtung Küste sind weit in der Überzahl. Ich fälle einen Baum, die Axt springt zurück – der Stamm prüft die Axt. – Der erste Tag auf der Bühne am Bahnhof. – Ein Paket

Hausarbeiten aus Hamburg liegt in der Post. – Das weiße Format, 120 x 96 cm, bietet sich an für einen Reigen von Untergängen, „100 Jahre 45 Grad". La *femme cyclade* Nr. 4 wird eingerüstet, golden.

15.4. SONNTAG
Die EZB-Angestellten wünschen Inflationsschutz für ihre Pensionen. Dafür haben sie diverse Gewerkschaften, denen es ein Anliegen sein wird. Da werden deutsche Rentner mit 0,25 % Zuwachs im Juli Augen machen, was so im Zentrum Frankfurts Spezielles geschieht. Exterritorialität macht immun. Die Abwicklung dieses Monsters wird unbezahlbar werden. – Freunde in Worpswede feiern Geburtstag im Hexen-Café.

16.4. „Gericht stoppt Tempo 50 an Uhu Schutz-Radar". Das ist zu großes Kino, nicht verfilmbar. Das ist das Schöne an all den Gut-Themen, dem Klima-, Umwelt-, Natur-, Tier- und sonstwas-Schutz: es sind Blaupausen fürs Abkassieren. Dann lieber ANNETT GRÖSCHNERS Berlin-Roman „Walpurgisnacht". Dort schiebt eine Zigeunerin ihr Kleines durch die Klappe eines Altkleidercontainers. Kurz drauf kommts mit einem Sack Klamotten wieder heraus. Das könnte ein Reißer für die Sozialindustrie sein, erstes Programm, versteht sich.

Der nordkoreanische Baby-Doc beißt sich beim rhythmischen Klatschen immer noch auf die Zunge. Es gibt Leute, an denen scheitert jede Fortbildung. Der ahnte, daß das Ding nicht fliegt. – Als Trost fünf FERNANDO BOTEROS in der Zeitung.

17.4. Nach meiner gestrigen Katastrophe ging heute ein vorzeigbares Spiel über die Bühne, Generalprobe ist morgen. – Reinhard ruft an, der VV bekäme nur gutes Feedback über mein Coaching, ob das denn mit dem Geld stimme. Unter Tränen stelle ich fest: nein, ich liege unter Markt! – Mimi ist „quietschvergnügt" im 91.

Format 4 der Cycladen-Rutsche hat ein Gerüst: „Einhegung" könnte das Ganze heißen.

ROBERT OPPENHEIMER, Sub-Chef des Manhattan-Projekts, agierte tatsächlich im Dunstkreis der KPUSA. Die Strecke von der Beobachtung über Verfolgung zum Wahn erscheint nachvollziehbar. Und die Brüder haben ja alles geklaut!

Nach zwei Coachings parke ich den Wagen und lege mich auf den Bühnenboden. Die Generalprobe hats in sich, die Applausordnung verläuft sich im Bühnenbild.

Selbstmorde in Italien nehmen zu, OLAF HENKELS Desasterberichte werden wöchentlich korrigiert. – Und in diesem Komplex von Ruinierung der Währung, der Ökonomie, der sozialen Verhältnisse, des verachtenden Umgangs mit Recht & Gesetz, mit Verträgen, der Verfassung … in diesem Komplex exponieren sich die Fraktionen des Bundestages: sie wollen dem Präsidenten dieses Organs der Verfassung das Recht zur Erteilung des Rederechts beschneiden. Er sollte auf Schweigepflicht umstellen. – Das Nomenklatura-Dasein des Brüsseler Schwarzen Lochs ist einfach ein schlechtes Vorbild. – Einakter Parteienbeschimpfung!

19.4.   Premiere in der Lagerhalle, der Stolz bei Vater und Sohn ist wechselseitig.

20.4. Der Rechnungshof Bremen: 40.000 Stellen umfaßt der <u>Bremer</u> Apparate-Komplex. Die Stellen sind guten Teils zu hoch bewertet, die Leute überbezahlt. Dazu kommt, so sei angemerkt, der Verlauf der Pensionsansprüche, auf die das ja einzahlt. – Wie verläuft Derartiges nun im Sande. Die Pensionszahlungen springen jährlich bereits im Dreieck. Aber der Kollaps dieses Griechenland-Ablegers – grade tue ich dem Land Unrecht – wird durch das Geflecht von Mischsystemen zur Haftungsvermeidung und Risikoverschiebung innerhalb der – können Sie folgen?, einfach hinterherstapfen und die Nase verschließen – vieldimensionalen Finanzierungsmatrix, der Kollaps also wird in feinseidenem Siechtum aufgefangen werden können.

Das macht ja Europa so attraktiv. Alles Zukunft, frohlocken die Gegenwärtigen, aber das Klima retten, das soll ganz fix gehen.

– So genießt die Mittelschicht, die rüstige und frühpensionierte mit den großen Zeitfenstern, die sozialverpflichtige, die ökologisch-nachhaltige und umverteilige die Fruchtschnitten ihres Sozialstaates. Hat das ein Geld gekostet, die Stimmen zu bekommen, die Apparate auszustatten, ein Auge nach dem anderen zuzudrücken, Obacht: woher also kommt Blindflug? vom Augen-zudrücken! wenn die Fraktionen sich bedienen und Kritiker zur Stillhalte bewegen. Aber fixe Sprüche über Berlusconi vom Stapel lassen!

Abends gutes Spiel, viel Wucht, kaum Löcher, begieriges Publikum – goil! Zurück aufs Land zur Pastorin, die Geburtstag feiert, lauter nette Pastoren, sodaß wir erst um drei – hicks – wieder auf der Straße sind. Keiner liest uns auf, so laufen wir.

21.4.   Ich dreh am Rad, schlechtes Spiel, keine Stabilität! ernste Worte der Regie, wo ist die Spielfreude?? ja wech! Nur Text, völlig fad.

22.4.   Besser, Jonas meint, das Beste, eigenartige Nähe zu ihm – der kann ja richtig trösten! Ein nie gehabtes Beziehungsspiel. Mein Sohn, schamhaft stolz.

23.4.   Um 7 Uhr zum Workshop nach Bad Zwischenahn. Mein Trainingspartner ist in Aufregung, eine sehr schwer erreichbare Gruppe. – Der DAX fällt.

„Samstags hauten wir auf den Putz, sonntags gingen wir spazieren und die Woche arbeiteten wir" – am Bombenprojekt in Los Alamos, banaler geht es nicht.

Beim Palaver nach dem Abendessen sagt einer, der Tierschutzverband habe bei einer Sparkasse Guthaben von 150 Millionen liegen. So ist das in vielen Abteilungen der Natur-, Tier- und Sozialindustrie, denke ich. Aber an die Tür kommen und wie räudige Hunde betteln.

24.4.   Auch der zweite Tag planmäßig abgefahren, ich fahre den Gong zur Sparkasse zurück und lege mich hinter der Bühne ab. Danach das beste Spiel bisher, Leute kommen und herzen mich – endlich hat ers geschafft!

25.4. Schreibtisch sortiert, Klage in Achim, Blödbommel, sonstwas, Sand fegen, 16 Grad, Wärme auf der Terrasse, Sport und auf die Bühne, auf dem Weg zu durchgehendem Charme, noch nicht ganz verbunden. – Mit Jonas zurück, der Farben holt, der FC Bayern siegt im Elfmeterschießen. – Nochmal feedback von Reinhard, bevor er seinen *direct* feuert, tragisch, gestern erzählte er mir noch ausgiebig sein Drama – ohne Lösung.

Heute ist der Tag des Baumes, gebührenfrei.

27.4. Die Ambitionen der Parteien seien größer als ihre Glaubwürdigkeit, resümiert das Handelsblatt. Es zählt, was ankommt. Märchen sind beliebt.

Da sitzt Mr. CHARLES TAYLOR (65) im Anzug, weißes Hemd & Schlips, eingekleidet in feinstem europäischem Zeug und wartet auf das Urteil wegen Verbrechen in Sierra Leone, in der Regel ist das Massenmord, ethnisch, auch Völkermord. „Was er im eigenen Land tat, steht dem in nichts nach", leitet die Zeitung ein. Die europäische Verkleidung nutze nicht.

Und daß das Parlament mit dem Ja zum ESM-Vertrag das Land zur Plünderung durch das Brüsseler Politbüro, via EZB, freigibt und zugleich den ortsfesten Kern der Verfassung ansticht, wird zwar als Leserbrief annonciert, interessiert das auf Rechts-, Vertrags- und Verfassungsbruch eingespielte Berliner Ensemble wenig. Spot: alternativlos, unsinkbar!

Ein wunderbarer Bericht von JACOB STROBEL y SERRA über Kiew. Dort ist die Seele gefährdet, man muß die Reichen meiden, will man sich nicht leichtfertig ihren Bewachern aussetzen. Das Endspiel der Europameisterschaft im Fußball ist dort angekündigt.

Wir treffen uns vor dem Fernseher um 11 Uhr, wo eine reizvolle Kochsendung zum Ende kommt und gehen nach wüstem Abschluß auf dem Sofa zu Bett, ich spare mir jedes weitere himmlische Wort, Schatz. Dein Leib raubt mir die Sinne.

29.4. SONNTAG
Herrschaft über die Kinderbetten ist ein uralter Gedanke allen Linkens, staats-souffliert, „Erziehungsgeld" steht gegen die Kita, so addieren sich Regierung & Opposition.

30.4. HANNELORE KRAFT ruft die SPD als Partei der Kümmerer aus. Das ist perfekt. Im Coaching ist der Kümmerer der perfekte Projektor. Wie sagte schon SIGMUND FREUND: „Projektion ist das Verfolgen eigener Wünsche im Anderen." Oder wie der Hess': *die Loid möhsche halt, wemmer sisch kümmerd, gell!*

1.5. Ein wunderbarer Tag, wir radeln zum Schützenplatz, nach fünf Bierchen zurück, auf die Liege, Tee, abends Salat und Käse auf der Rampe in warmer Sonne. Im Theater sitzen dreißig Leute, das ist knapp, wir müssen durch. Gut.

2.5. Raus in die Stadt zum Coaching, die Hände überm Kopf zusammengeschlagen, nochmal, nutzt ja nix! Nachmittags beim Personalchef, Vorlage is nix, wie immer, seine Geschichten haben die maximalen Ausschläge, das braucht Geduld, alle sollen mitreden. An die Schlachte zum Aufwärmen, hinter mir sitzen 3000 beim Fensterln & Paulanern, zum Theater und raus. Wieder 100, aber wenig Rührung.

3.5. Nach Hamburg ins Chemieviertel Eimsbüttel, der HR-Master hört aufmerksam zu und ordert drei Veranstaltungen, sein Chef, Militär, lächelt. Zurück an die Schlachte, kurze Begegnung, auf die Bühne, gute Arbeit, nachts endet es an der Kante. Du bist ein erotischer Rausch.

6.5. SONNTAG
Ich fange mit den Klausuren an, zweimal ‚mangelhaft', das liegt nicht an mir! – Nachmittags letztes Spiel, volles Haus,

sehr gut. – Mimi ist am Telefon ein Glanz von Unterhaltung, fünfzig Minuten lang.

Der Partei-Rebell KUBICKI schafft es in Schleswig-Holstein.

7.5. ANDREA YPSILANTI will in Hessen bleiben, versprochen! Dort will sie im „Institut für solidarische Moderne" gegen den Neo-Liberalismus wettern. Was das ist, bleibt ihr möglicherweise so verborgen wie mir das Verständnis dieses Institutsnamens. Es gilt die Freiheit des Weltbildes oder: fromme Einfalt findet ihre Schäfchen, gemeinwohl-garantiert und finanziert. Mir sind die Panzerknacker lieber, die tragen die Augenklappe als Zeichen ihres Berufsstandes wenigstens sichtbar. Und das Bankenplündern verliert ja viel vom schlechten Ruf, seit die Institute mehr oder weniger unsinkbar sind, auch staatsknete-gesichert, wie ihre Kritiker. Was ist das für eine Gesellschaft, Schmierenkomödie. – Dazu paßt die Piratenpartei. Die trägt das Beutemachen auch im Namen. Das Entern fremden Eigentums gehört zum Initiationsritus: Freiheit des Zugriffs im Netz. – Ins solidarische Institut gehört unbedingt CLAUDIA ROTHS Textbaustein „menschenverachtend", KATJA KIPPING ist ohnehin Vorstandssprecherin. Es sieht stark nach *sozzjalischdscher* „Geldwäsche" aus, newwa Genossn.

> The British ordinary Freak Show in search of
> the Frankenstein Area: Miss Soko, Miss Ypsilanti, Mr Seehofer
> inviting to the Face Book Party, expensive junk sponsored
> bei Frank ʻen Stein. – (Sorry, drehe am Rad).

Es treibt in Überforderung, joints sind keine im Haus. Gleichwohl, es könnte was Wahres dran sein.

Mit den Bauleuten die Bühne im Hamme-Forum eingerichtet. Sieht aus wie ein Picasso, die Kollegen werden staunen, das Stück haben sie ja im Kopf.

8.5. – 67. Jahrestag, wie mein Leben.

9.5. Über den Roten Platz knallen die Stiefel von vierzehntausend Rotarmisten, dazu schweres Gerät.

Die Klausuren sind korrigiert, schlechtes Ergebnis – ich werde das nicht mehr machen. Ich ziehe die Rehbar in der Ottenser Hauptstraße vor, sehen, was sich so an Ansehen noch schaffen läßt. – Frank von der Agentur ruft an, am Flughafen werde ein Trainer für die Managementgruppe gesucht, ich hätte einen Ruf. Je nun. – Ich schicke ein Angebot ins Chemieviertel Hamburg raus. – Am 1. Juni ist Mediation in Köln. – All das verstört mich, jenseits der Eitelkeit. Es stimmt und ist nicht wahr. Den Katalog zu MARCEL DUCHAMP ziehe ich vor. Alles, was ich anfange, könnte gut werden. Oft ist es so. Inzwischen. Meistens.

10.5. Coaching in Vegesack, mittags Klausurnoteneingabe. – Nachmittags fehlt Jonas auf der Bühne, der Zug fährt nicht, dann fährt er doch, aber vorbei, Jonas fährt zurück, die Zugtür blockierte. Abends ein gutes Spiel, die Hamburger begeistert, andere auch. Das ist sehr viel. „Bei HR <Mondelez> krieg ich das gleiche feedback wie von Dir, Papa", er bekommt viel, zu viel und muß früh Größe beweisen. Ich bin zuversichtlich, viel zu stolz. – Die Abrechnung der Karten mißlingt, so ist das beim Theater.

11.5. Sparkassentreff ‚On the Business'.

Abends setzen wir einen fulminanten Abschluß im Hamme-Forum, fast 100 und viermal Vorhang. So ist das bei Heimvorteil, dennoch, es waren noch mehr auf der Bühne als nur Familie Seegert! Um 2 Uhr zu Hause.

12.5. Der Abbau der Bühne gelingt über den Vormittag – warten, nach Hause, wieder hin … Jonas findet den nächsten Zug über ‚App', 9 Minuten, Papa! Ich staune und gebe Gas, auf die Sekunde. – Nach Hause und … unglaublich. Schatz!

Am 30.6.1968 starb FRITZ BAUER, Freund der Ermordeten. – Die Freunde der Täter lancierten diesen Text am 27.3.1968 durch den Bundestag:

„Bestimmt das Gesetz, daß eine Tat, die sonst eine Ordnungswi-drigkeit wäre, bei besonderen oder persönlichen Eigenschaften oder Verhältnissen des Täters eine Straftat ist, so gilt das nur für den Beteiligten, bei dem diese Merkmale vorliegen. Fehlen beson-dere persönliche Eigenschaften, Verhältnisse oder Umstände, wel-che die Strafbarkeit des Täters begründen, beim Teilnehmer, so ist dessen Strafe nach den Vorschriften über die Bestrafung des Ver-suchs zu mildern."

LEONARDO da VINCI malte das Portrait der Ginevra de' Benci mit 26 Jahren, ich bin erschüttert.

Am Freitag, vor dem letzten Vorhang, raunt Jonas mir zu: wenn wir zu zweit gehen, trage ich Dich nach vorne. – Die Bühne ist Freiraum, wie aus dem Leben herausgeschnitten.

MARCEL DUCHAMPS juvenile Motivationen im München von 1912 führten zu ‚revolutionärer' Sublimation in großen Forma-ten. Ich bin immer noch auf dem Weg zum Format „100 Jahre Untergang, … Neigung 45 Grad". Der Ton des Berichterstatters nervt gleichwohl: die weibliche Sexualpsychologie sei in Mün-chen erstmals zum Brenn-(sic!)-punkt der Malerei geworden. Wer bitte! Sie liegt neben mir, ohne jede Komplikation, es reicht auch vollkommen.

14.5.   … fallende Kurse, die Frisöse schneidet mein Haar ab.

15.5.   Bis über die Ohren reich, das nimmt den Schlaf. – 6.30 hoch, mit Jonas zum Training, der will dabei sein, es geht bis 18 Uhr.

16.5.   Mein Herz perlt, der zweite Tag wird auch hart, das feedback immer gleich. Ich bin mitreißend, begeisternd, anders geht es nicht. – Mit 100 Kilogramm ziehe ich ins Parkhaus, werde in der dritten Etage fündig. Zu Hause sechzig Minuten Sofa, Rasen mähen. – Mein gelebter Raum gipfelte letzten Freitag im letzten Spiel, heute im Abschluß des Workshops.

ANGELA MERKEL feuerte den Mann für Umwelt, NORBERT RÖTTGEN. Da ging etwas nicht auf. Und bei konfligierender Ambition ist die Chefin entschlossen.

17.5. Erschöpfung beim Hunderennen. Marion lief vorweg, Elvis wie besengt hinterher und hielt mit dem 5. Platz noch den Pokalbereich, das zweite Mal. Es gibt sogar noch ein Zielfoto, das wir erhalten, der arme Hund!

... dem Leckerli folgend

Der Finanzminister erhält mit seinem „Wir brauchen mehr Europa" den Karlspreis. Der gemeine Insasse schnallt sich an: was fehlt noch! Sie wachsen nach, denn es lohnt sich. Europa ist das Versorgungsamt der politischen Klasse.

Die Demografiestrategie der Bundesregierung zerlegt REINER KLINGHOLZ: ein von fataler Ignoranz und Dummheit geprägtes Papier, Geschichten aus der Vollsklerose, in der Fläche „Wolfserwartungsland". Wer was kann, wird weg sein.

Besteuern, wenns läuft, regulieren, wenns überläuft, subventionieren, wenns abgewürgt ist. – Stopp: beim EEG läufts andersrum: regulieren, bis der Markt kippt, subventionieren, daß der neue Markt läuft, garantieren bis zum Kollaps. Oder so ähnlich.

Kriegsfinanzierung nennt HELMUT SCHLESINGER die Liquidi-
tätspolitik der EZB. Erinnert wird an die Dossiers der Eurokratie
über Gegner ihres Systems sowie an die in Vicenza stationierte
Eingreiftruppe. Aufstände rücken ins Blickfeld.

Ich korrigiere weitere Hausarbeiten. Sie sind schlecht. Ich
will das nicht mehr machen. Das sagte ich ja bereits. Wir
wechseln zur westlichen Terrasse zum Abendbrot. Frischer
Riesling ist eingetroffen.

KLINGHOLZ illustriert, warum es nicht lohnt, PAQUÉ resu-
miert, daß es sich lohnt.

21.5.   Sport, Hotelvertrag für den nächsten Workshop weg und zurück, Terrasse.

TOM JONES wird 72.

SASKIA FISCHER legt die Geschichte ihrer, einer, vieler Kindheit in der DDR vor. Die Oster-Epilepsie wird zur Offenbarung
dieses Staatsterrorismus, der sich nach der Geburt sofort der
Mutterbrust bemächtigte mittels Hochbinden, Tabletten und
zügiger Stillegung des Milchflusses, um wieder in die Fabrik zu
kommen. – Dagegen das technische Schwelgen der MARGOT
HONNECKER, welche das Feindbild im alten Gesicht trägt zur
organisierten seelischen Verwahrlosung. Der Kommunismus
stellt den Menschen in seine Matrix.

22.5.   Letzte Hausarbeit, alles verpackt und in die Stadt. Ein Arm
legt sich in der Kassenhalle auf meine Schulter: Geld! Ich
stutze, aha, Zelle 3 zum Coaching. – Später ein Teller Thai-
ländisches bei ‚Jackie Sue‘ und weiter um die Ecke in den
Hotelneubau zum Arbeitgeberverband. Dort treffe ich sie
wieder, die Kollegen aus dem Foyer, die Chefin des Landes-
arbeitsgerichts aus den 70er Jahren der Referendarzeit – also
seit 40 Jahren in Bremen! Dazu mein Kammervorsitzender
vom Arbeitsgericht und dann das Zuhören, zwei tolle Vor-
träge, ich halte den Schlaf auf Abstand. Zurück bei 26 Grad
zu Brot und Zubehör in der Abendsonne.

23.5.   Nach Hamburg in die Rehbar, Altona, wo ich Sibylle von der Agentur fürs gesetzte Alter treffe. Warum ich das mache? Es hat immer Spaß gemacht, und ein wenig eitel bin ich ja. – In Bremen noch ein Coaching und bei 32 Grad zurück aufs Land.

Schon zwei liegengebliebene Zeitungen fordern Disziplin. Immerhin, der Trend zur Apokalypse gewinnt Kontur: „Grecnext" heißt die. Portugiesen wandern in die ehemaligen Kolonien aus, auf Arbeitssuche. Spanien braucht 100 Milliarden.

ALBERT GÖRING fuhr mit acht LKW vor ein KZ und forderte Arbeiter für die Produktion. Die stiegen auf und kurz drauf ließ er sie frei. Bruder HERMANN ließ ihn, „sofern nur nichts bis Berlin durchdringt".

Drei Prozent Inflation seien doch ganz in Ordnung, summt der Finanzminister, während er Anleihen zu null Prozent begibt.

24.5.   Elvis liegt vor dem Büro, quer.

Die Todesanzeigen heute besonders groß. Ich habe das Gefühl, die Zeitung spendet auch Trost, nach der Lektüre des ganzseitigen Berichts einer Redakteurin über einen Krankenhaus-Parforceritt, der ins Leben einbricht: enteignet.

Versteckt in einem Kuchen, erreicht ein ‚Auto-Film' eines im Iran verfolgten Regisseurs Cannes. Zu Hause steht er unter Hausarrest und wartet auf sechs Jahre Haft.

Nach Oskar Lafontaines verschnupftem Abgang plant KATJA KIPPING die Doppelspitze in dieser einzigartigen Streit-Partei. Die wahren Bündnisse finden längst woanders statt, etwa mit Frau YPSILANTIS „Institut Solidarische Moderne".

Einer der 1700 Weltmarktführer produziert im Schwarzwald, diesem Nest. Der Chef ist 85, kein Grund! Der lädt den grünen Umwelt- oder sonstwas-Minister ein und poltert über die desaströse Energiewende: zwölf Dächer braucht er, um davon unabhängig zu werden. – Im Norden konzentrieren sich hingegen andere Weltmarktführer: die Schuldenkönige von Berlin, Bremen und Nordrhein-Westfalen, zusammen bummelige 65 + 19 + 145 = 229 Milliarden. Das zwingt zur Bankenkontrolle.

Ich soll ein Angebot schreiben, hieß es heute, für die gesamte Managementgruppe und darüber hinaus. Ich fasse es nicht.

25.5. Ins Hotel zur Mediation mit Chef und Mitarbeiter. Das entspannt sich richtig beim Gang durch die Leitfragen. Um 18 Uhr ist der Kittel geflickt.

Leon hat die Fahrprüfung geschafft, knapp drei Jahre Einsatz und Finanzierung sind zurückgelegt, Marion mixt Karlpiranhas.

26.5. SONNABEND
Wir rollen nach Hamburg, sitzen inmitten des fröhlichen Lärms und kosten Eis und Café. Ich setze mich ab zum Riverside-Hotel über den Landungsbrücken und vergnüge mich bei Weißwein mit älteren Herren und netten Damen in der Bar im 20 Up, welch ein Ort mit Weitblick. Die Agentur hat eingeladen. Ich mag sowas.

27.5. Bilder aus einem spanischen Postamt, die Schotten wollen austreten, die Griechen stimmen im Juni ab. Der Ausstoß an Kohlendioxyd ist um Milliarden Tonnen gestiegen, hier machen aber alle so weiter. Der Wahn der Ruinierer mutiert unter den Fehlschlägen über die Entschlossenheit zur Verbissenheit bis zur Blindheit. Die Einsicht in Effektlosigkeit und Unbezahlbarkeit ist unvermeidlich, nur eben irgendwann. Aber das Geschäftsmodell hat Reiz und Anhänger, darunter mehr Profiteure als Phantasten. Daher unbändiger geschäftiger Ernst. Alles sehr fadenscheinig, aber wozu sich damit anlegen? Nur um sie in der Gemütlichkeit ihres Wahrlügens zu stören. – Mir fällt Adorno ein: „Kunst ist Magie, befreit von der Lüge Wahrheit zu sein." Ich probiers weiter.

Vor 60 Jahren erschien die „Verordnung über Maßnahmen an der Demarkationslinie der Deutschen Demokratischen Republik und den westlichen Besatzungszonen Deutschlands". Es begann die blitzkriegmäßige „Aktion Ungeziefer", in deren Verlauf an die 11.000 Menschen Haus und Hof verloren und mit dem transportablen Hab & Gut in 2- bis 3-Zimmerwohnungen im Inneren dieses neuen Deutschland abgeladen wurden, sofern sie nicht nach Westen flohen. Wieder so ein Wettbewerb der Menschenfeinde, in dem einer vom anderen abschrieb.

28.5. Ein wunderbarer Tag – es war mein letzter Einsatz im Lehrauftrag. Das taktische Verhalten, die Qualität der Ausarbeitungen erschüttern mich, ich gehe lieber zum Pfingstgottesdienst und höre mir die Lesung an.

29.5. Aus dem Gulag: Lagerhäftlinge und Sondersiedler wurden in die karelischen Wälder getrieben und für den Besuch einer britischen Untersuchungskommission 1929 durch glückliche Arbeiter und Bauern ersetzt. So feierte, heißt es, auch MAXIM GORKI die ‚Geburt des neuen Menschen' daselbst, als das Verfolgungs-, Liquidierungs-, Straf- und Sklavensystem ‚STALIN' bereits in voller Breite über dem Land lag. – Was braucht es, das „System des 20. Jahrhunderts" zu erfassen, zu begreifen und zu verstehen. Es kann nichts Schlimmeres passieren. Als stände es still. – Es wird im Schloß Neuhardenberg ausgestellt. Sinnlos und bitter, notwendig, heißt, einer Not folgend.

Eurobonds seien verboten, heißt es. Eine Frage der Zeit, kann die Antwort nur sein, erfahrungsgesättigt. Das System Brüssel ist zum ausufernden Bruch seiner Regeln gezwungen.

Am Strompreis läßt sich das staatliche Geldbeschaffungssystem ablesen: die Besteuerung hat sich seit 1998 verzehnfacht, die eingetriebenen Massen von 2,3 auf 23,7 Milliarden Euro geweitet. – Die Regulierung kulminiert und konterkariert im EEG.

Marion rettet ein Krähenbaby, ins Körbchen und aufs Garagendach. Nachts ist die Hölle los, die Eltern kommentieren aus dem Baumwipfel. Wir schließen das Fenster.

30.5.   Ich fahre zu Plump. – Die zwei jungen Herren sind ausnehmend galant – und ich bin es müde, in diesem volatilen Auf & Ab nach dem Richtigen zu fischen, besser ist das „Ja und Amen".

Abends wird wieder ein Leserbrief fällig. Dirk Schümer skizziert die Euro-Parteien. – Ich gehe mit schwerem Gerät durchs Feld.

Mimi schreibt zittrig, der Dialog mit Jochen ist aktiv. Der ging vor achtzehn Monaten.

31.5.   Ich hole Gitta zum Casting in Hamburg ab – sie steigt ein und beginnt sofort ohne Punkt und Komma … sie lebt allein. Wir sind zügig in Bahrenfeld, irgendwo im dritten Stock, Haus 2. Sibylle ist lustig, nach 90 Minuten ist alles abgedreht und wir reisen zurück. – In Bremen zum Coaching. Nach geschiedener Ehe sind die zwei Mädchen magersüchtig. Er lebt gepanzert, ‚*performance machine*'. – Zu Hause klöppelt das kleine Chaos.

1.6.   Um 5.40 Uhr hoch und zum Zug nach Köln. Neben dem Dom ins Hotel und los geht's, wieder Mediation, offenes Visier wird trainiert. Nachmittags ist die Stimmung gehoben. Ob das hält, wird sich zeigen müssen. Der Zug ist brechend voll, läuft aber wie am Schnürchen. – Zu Hause neue Fragen und Termine im Netz, wir trinken den Rest *viño vera*, klasse!

Zum neuen wie auch immer finanzierten Sozialrausch bemerkt der Finanzminister feinsinnig, man müsse nur aufpassen, daß nicht beide Leistungen, also Erziehungs- und Elterngeld, zugleich in Anspruch genommen werden. Das ist beste Sozialstaats-Unterhaltung, die Subventionierung des einen produziert die Benachteiligung des Anderen. Das sorgt für Unterhaltung.

2.6.   SONNABEND
Hell und kalt. Vor drei Jahren plante ich den Ausflug nach San Gimignano, wo wir den 20. Jahrestag unseres Kennenlernens feierten. Jetzt ist der 20. Hochzeitstag heran. Was

passierte damals, es war wie ein Greifen in den Himmel, die Suche nach einem Luftschloß, in dem alles real war. Das Paradies ist Status, also künstlich, Mensch ist mehr als Natur.

Wieder eine Anfrage wegen Mediation.

Für jedes Opfer eines Anschlags wurden 1941 in Kroatien zehn Einheimische erschossen. Dafür gab es Probeläufe, bei denen unpraktischerweise ganze Belegschaften von Rüstungsfabriken füsiliert wurden. Das führte zu einem Reichserlaß, der die Regeln solchen Vorgehens genauer faßte.

„Wem gehört eigentlich das Paradies, Adam?" – „Mir, aber Du kannst Dich wie zuhause fühlen." – Die Bildgeschichte entnahm ich der Zeitung, ist ja fast Weltgeschichte.

3.6.   Eiskalt, dieser ERWIN STRITTMATTER, SS-Mann und Spitzenliterat und -funktionär der DDR, dem die Zeitung zum 100. noch Feigheit und Opportunismus attestiert. – Alles wurde gelobt vor vierzig Jahren, wenn es aus Richtung Osten kam, unser Opportunismus. Das hieß Parteilichkeit und gerann zur eintönigen Melodie, wie die Rede der FDJ-Funktionärin, im „Sturm". Wie der Speichelfaden, der im Alter vom Mundwinkel herabhängt, herabhängt, herabhängt ... – Der Opportunist muß mit Auseinandersetzung rechnen, in diesen Systemen mit Mission hingegen nicht. Sie können sich ausleben, bis zur Scheinheiligkeit, mit Staatsgarantie. – So ein bißchen davon haben die Ökologisten hier auch, von der Staatsgarantie. Das wird zur Prägung, zur sozialen und frißt sich durch ins Innere, zum Monolog aus Überzeugung.

Um 20 Uhr eröffnet das GEZ-Fernsehen seine Tagesschau: geschlagene fünf Minuten, die ersten, gelten der neuen Führung der Links-Partei, aus diesem Blickwinkel wohl das bedeutendste Ereignis des Tages, der Republik, vielleicht der Welt. Und das mir, der ich grade wieder zur Auskunft über meine melde- und abgabepflichtigen Hör- und Sehgeräte aufgefordert bin.

Seit den 70er Jahren war Bremen der wichtigste Stützpunkt für Infiltration und Tarnfirmenorganisation seitens der StaSi und befreundeter Organisationen. Darauf beruht der ‚Tatort'. – Ich denke zurück an den Zuzug in diese Stadt, als ich in eine stabile Parteiorganisation wechselte. – Und bis zur Stunde ist das stabile und mobile und getarnte Netzwerk auf der Basis von Milliarden aus dem SED-Vermögen intakt und aktiv, wie eben die HIAG und die drei Dutzend anderen Naziabsorptionsvereine ehedem, wie der Sohn des Regisseurs VEIT HARLAN von „Jud Süß" im ‚Heldenfriedhof' im Stakkato rausschreit. Dieses Nachdenken – da ziehe ich die Melancholie vor gegenüber der Unruhe, die mich angesichts solcher Filmstreifen befällt. – Es ist das gleiche Gefühl wie in Sizilien, wenn im Restaurant in Cefalú am Nachbartisch die Mafia sitzt. Dann möchte ich den Teller auf der Tischkante zerbrechen und rausgehen.

4.6.   Die Bilder sind aus Baden-Baden zurück, Ende des Subventionszirkus. Ich präpariere ‚Tribute to Jimi Hendrix' für Roger.

„Die Erziehung wird verstaatlicht, die Kindheit enteignet und die Familie sozialisiert", so deutlich habe ich NOBBI BLÜM nie gehört, wie er heute in der Zeitung gegen das „Hochamt pädagogischer Expertokratie" wettert. Enteignung ist tatsächlich der durchgängige Begriff. Das analysierte schon FRIEDRICH ENGELS, als er 1884 Familie, Privateigentum und Staat aus einem Zusammenhang betrachtete. Die Erziehungsfahnder haben mit der „Kita (mir sträuben sich die Haare) für alle" das letzte schulfreie Terrain entdeckt. – Da ist eben doch noch dieser untrügliche Instinkt der Konservativen, Bastion gegen totale Erfassung. Leider wird darüber im Stallfütterungsmodus abgestimmt, weshalb der Sozialstaat zum Demokratiegrab wird, ein Pleonasmus. Es stimmt ja so nicht.

Sogar Personalchefe schwärmt von der Mediation – was passiert jetzt?

Eine schöne Frau – als wäre das etwas Besonderes – stand gestern neben mir, als ich das Spiel der Badgers verfolgte, ohne zu verstehen. Sie erklärte gerne – und war schön, sagte ich bereits, ich weiß. Das könnte mir zehnmal passieren und mir würde es zehnmal, ach, ich lasse das. Es ist einfach immer dasselbe, klar? Dass da eine schöne Frau neben mir stand. Einfach so. Geht doch! Zulässig. Stand da. Und ich. Daneben, stand ich. So war das. Das.

BOB DYLAN ist 71. Unverändert. *He doesn't care. Anyway! He doesn't look like.* – Ich war nur acht Tage in New York. Aber es hat gereicht. *I'm longing for it.*

Und unfaßbar der inoffizielle Staatsgerichtshof gegen ROBERT OPPENHEIMER 1954. Später haben sich alle entschuldigt, immerhin, bevor der Göttinger 62-jährig an Kehlkopfkrebs verstarb. Es waren eben Losgelassene, die eine Mission hatten – zum Glück ohne Staatsgarantie. – Doch gemach, es war auch nach der Aufdeckung der beiden erfolgreichen Spione im ‚Manhattan'-Projekt und es war nach dem Korea-Krieg. Die Tücken des Segment-Denkens sind überall. – Der Gedanke, daß für mehr als ein Jahrzehnt die Fähigkeit zum atomaren Flächenbrand als Parameter für Stabilität der Weltbeziehungen galt, macht mich schaudern.

Fünfzig Waggons zu je sechs Audis zogen vorbei auf dem Gassiweg. Jetzt 40 Waggons Mini. Das ärgert Andere.

5.6.   Der schwindende Aktienwert kommt zur Ruhe. Wenn nur die Spanier ihre schwarzen Löcher bedeckt halten. Das machts nicht sicherer, denn Europa ist voll davon.

6.6.   Europa taumelt, oder ich. – In die Stadt für vier Gespräche. Wir bauen das Emma-Bild für die Hochzeit auf Amrum.

7.6.   NEO RAUCH stiftet seine Grafiken. – „Hey Joe" füllt den Wintergarten, ich kanns wieder nicht halten. – „Dr. Janet Harkness passed away on May 28th following her long battle with cancer" (*1948), letzte Worte, die den Menschen bedecken.

8.6. In Familie nach Amrum, Roger (55), mein lieber Bruder, heiratet seine liebe Frau (31). Zwei aufwendige Tage mit über dreißig Teilnehmern.

10.6. SONNTAG
Uno zu siebt während der Überfahrt zurück.

Zu Hause finde ich den Gulag-Katalog in der Post. Dieses System wurde Folie des ganzen Lebens in seiner Umzäunung. Es begann im Politbüro, dessen Mitglieder nach Lenins Tod 1924 innerhalb von vierzehn Jahren sämtlich ums Leben gebracht wurden, streifte durch Stadt und Land und wurde zur Internationale des Mordens, konzentriert im Hotel Lux, blutfressender Kommunismus. – Troikas bestätigten Listen mit den Namen Hunderter, gegen die Haft- oder Todesstrafen verhängt werden sollten. Das war 1937, Basis-Grund: konterrevolutionär-terroristische Tätigkeit. Es war wie Jude sein. Wer lebte, baute die Polarkreiseisenbahn oder einen Kanal. Die Arbeitsgeräte erinnern an die Bronzezeit. So mußten zeitgleich KZ-Häftlinge Ölschiefer abbauen. Terrorismus kann nur Konterrevolution, vulgo Aufstand, nach sich ziehen. Es geschah aber nicht.

11.6. Die Schwundquote in den Ingenieurwissenschaften beträgt 56 %, durch Zuwanderung auf 47 % reduziert, Schwundquote an den Universitäten bei 39 %, durch Zuwanderung reduziert auf 26 %, bei Männern signifikant höher als bei Frauen. – Die Unternehmen übernehmen die Ausbildung, Innovationsaufwendungen im MINT-Bereich 86 Milliarden Euro, das sind 70 % der volkswirtschaftlichen Innovationen in diesen Branchen, bei einem Erwerbstätigenanteil von 13 %. – Aktuell 2,3 Millionen MINT-Akademiker in Arbeit, Wertschöpfungsbeitrag 250 Milliarden Euro, bei einem Erwerbstätigenanteil von 5,9 %.

Aufträge aus drei Unternehmen angenommen, Bargeld für die Zusage gezogen, aber das Zeitungsgebinde versetzt mich in einen ganz anderen Zustand: ich möchte in Singapore die Baumtürme bestaunen, die Dachgärten auf den Wolkenkratzern und durchs Fernrohr den Amageddon-Nebel, den Andromeda beobachten, der mit 450.000 Stundenkilometern näherkommt und alsbald, in etwa vier Milliarden Jahren, mit unserer Heimat(sic)-Galaxie kollidiert. Ich mähe den Rasen, das hilft.

Roger dankt für Jimi Hendrix.

13.6. Die Kernkraftwerksindustrie macht 15 Milliarden Schadensersatz geltend wegen kalter (sic) Enteignung. Das sind die Portokosten des ökologischen Umbaus, der gefällt. Das ist das Trinkgeld, gemessen am kalkulierten Reformstau von sieben Billionen, den der Chef des Berliner Bevölkerungsinstitutes bekannt machte. Also *peanuts*, meine Herren – und sowieso alternativlos, wies die Chefin gerne nennt.

Derweil kommt Spanien an weitere 100 Milliarden Knopfdruckgeld, und zwar ohne Auflagen. Was solls, zahlt alles die Zukunft, abzüglich dessen, was den Lebenden noch aus der Tasche gezogen werden kann. Aus der Zukunft kann Widerspruch ja nicht drohen, gell! Nachhaltig *san mir schoa, dös wern dia scho merken!* – Es geht eben nix übers Exekutiv-Komitee, das wußten die im EKKI schon vor 90 Jahren.

Und schließlich sehen dreiviertel der Leut' in den Banken die Hauptschuldigen am Desaster, das GEZ-System leistet da ganze Arbeit. Und die Kanzlerin stellt beim CDU-Wirtschaftsrat fest, es gäbe schließlich „keinen Rechtsanspruch auf Wachstum und Wohlstand". So sind die Berliner Volkstanztruppen fein raus und setzen, frei nach DAGOBERT DUCK, ihre Sprünge vom Dreimeterbrett in die Goldbecken der Zukunft fort. Man kann sich auch mit einer Fata Morgana verlustieren, da das ‚*future money'* ja irgendwie *furt* ist, besingt schon die EAV. Ich habe mit dem Zeug noch kein Brötchen aus dem Laden gebracht, jawohl. – A propos ‚*fm'*, die Abkürzung taugt ja für Beides, ist diese Versammlung ein staatsrechtlich getarnter Zocker-Verein!, frage ich mich – oder Sie! Mit ‚*fiat money'* setzen die ja nur auf Zukunft, während sie die Gegenwart einreißen. Damit stellen sie jeden Spekulanten in den Schatten – mit dem Unterschied, daß der auch mal Glück hat.

Gesamtbetrachtungen zur Lage häufen sich: HANS-WERNER SINN ruft auf: „Saniert das Bad und werdet mündige Bürger". Frau KÜNAST („menschenverachtend" Nr. 2) zeiht THILO SARRAZIN des „nationalistischen Blödsinns", der in Sendern der ARD keinen Platz habe. Besser ist der Auftrag des Systems nicht zu beschreiben! Er kann ja Flugblätter drucken auf Matritzen, die Grundversorgung der Deutschen aber gehört den Missionaren des Guten, wo 80 Prozent SPD und grün wählen.

14.6. Was die Griechen mit ihren Fiskalzahlen treiben, macht der Chinese mit dem CO_2: Schwindel! – Das aber ist die Mechanik des Regelungswahns, der zudem auf Sand baut – und je absurder das Konzept, seien es die ökonomischen Parameter für ein Land ohne Regelungen, seien es Klimavorschriften im stürmischen Kapitalismus, desto besser funktionierts, das Wahrlügen. Isso.

BETTINA GÖRING lebt seit vierzig Jahren im *outback* von New Mexico. Sie ließ sich sterilisieren, um keine weiteren Görings in die Welt zu setzen. So geht der Krieg in der nächsten Generation weiter.
KATRIN HIMMLER hat einen Israeli geheiratet.
MONIKA GÖTH, Tochter eines Lagerkommandanten, erfuhr im Kino davon.
NIKLAS FRANK, Sohn des Chefs des polnischen Generalgouvernements,
REINER HÖSS, … alle in Wort und Bild in „Meine Familie, die Nazis und ich" auf Besuch im Vernichtungslager.

15.6. Ein Zehnstundentag und mehr, ich bin erschöpft, zum Arzt, zum Labor, zur Sparkasse, zum Dobben. Zu Hause kommt der Mann von Plump. Ich schleppe Ordner heran bis 18.30, dann geht er. Michael kommt und wir fahren nach Achim in die Villa zum Kochgruppentreff. Es ist vorzüglich, mit Messern für 170 Euro das Stück.

Um 11.30 trug ich zehntausend im Umschlag in die Contrescarpe, um 12 Uhr erreichen mich die Glocken des Doms – wie ein großes Stillestehen und vor die große Erscheinung treten, zum

Trost. Ich nehme teil von unterwegs – weil ich Trost brauche, wenn ich anhalte.

16.6. Mein Immobilienordnerensemble beherbergt Senkgruben von viel Geld, die Häuser stehen noch.

17.6. SONNTAG
Der „Deutsche Naturschutzring", Dachorganisation einer 96-fachen Verzweigung, veranstaltete einen Kongreß zur „großen Transformation". Mich erinnerts an STALINS Flußprojekte Anfang der 50er Jahre, an MAOS Sprungprozession der 60er Jahre. – Ziel ist die nachhaltige Ökonomie. Mit von der Partie ist die evangelische Kirche und der DGB. Es geht des Näheren gegen den Finanzkapitalismus und für gesteuertes Wachstum, zukünftig vornehmlich im Ökolandbau. – Es ist tatsächlich der große Sprung MAOS. Jede Hütte wurde zum Stahlerzeuger. Irgendwas lief schief. Nach 40 Millionen Toten wurde abgeblasen, bis zum nächsten Größenwahn. Heute kommen die Leute mit Mission ja friedlich daher. Am Ende wird im Zweifel kassiert für die verordneten Erziehungsmaßnahmen.

GÜNTHER OETTINGER hingegen, ausgewandert ins EU-Kommissariat, hatte jüngst die Faxen dicke mit deutschem Wesen und beklagte die Arroganz des Single-Atomausstiegs. – Der Gutmensch möchte sich eben durchsetzen, vorher gibt er keine Ruhe. Wer nicht mitmacht, bekommt es zu spüren:

„Wenn ich ein verschmutztes Gewässer sehe, könnte ich einen Mord begehen", faßt schon Heidcliff diese Mentalität in ELFRIEDE JELINEKS ‚Krankheit oder moderne Frauen' zusammen. – Ist das die ‚deutsche Ideologie', MEW, Band 3?

Die Untersuchungen häufen sich, worin die Nähe, ja Anfälligkeit und aktive Integration der Naturreligionen und -anbetung in die Naziideologie gesehen wird. Die Grün-Partei hat das Ganze wieder transportfähig gemacht und nahtlosen Anschluß nach dem Ruin des großen Totalitarismus organisiert. Heute beherrschen sie das Feld, das gesellschaftliche, Motto: raus aus dem

Wald, rein ins Parlament. Natur ist jetzt der Hebel für Politik, in der gleichen Radikalität, im gleichen antikapitalistischen und antibürgerlichen Ansatz und Einsatz, einstweilen im Enteignungsmodus. – Deutsches hat nach wie vor dieses Element der Unberechenbarkeit, den Ausschlag in die Extreme. Und darin ist sich so eine Berliner Versammlung auch noch einig. Das spürt OETTINGER, wenn er von außen zurückblickt, die USA auch, glaube ich.

Was war das mit MERLEAU-PONTYS „Humanismus und Terror"? Gekauft und nie gelesen, meine maskierte Arroganz jener Zeit. – Zurück zu Ötti: er formuliert die Ökonomie des ideologischen Wahnkonzeptes: die Geldnot im Pleitestatus nötigt zur maximalen Besteuerung mit der großen Befriedigung umfassender Steuerung (des Verhaltens) durch Max-Regulierung. – Die Last ruiniert Geldbörsen und Wirtschaft, woran sich die Not der Subventionierung schließt, der Industrie (der großen, weil sie Druck macht), der Einkommensschwachen und aller Sonstigen. Am Ende steht die Koalition der Subventionsprofiteure. Das Wahlvolk ist zum subventionierten Besitzstandswahrer ge-(macht)-worden.

18.6.   Wir ziehen uns mit dem Dreifarbenstift die Flagge auf die rechte und die linke Backe (Frau Künast kommt hoffentlich nicht, es wird schließlich national) und gehen zum Fußballspiel gegen Dänemark ins Hamme-Forum. Die Dänen spielten gut.

Endlich habe ich den Begriff der Opportunitätskosten verstanden, jedoch, was nutzt das! Wann habe ich je so gedacht oder entschieden? Der wahre Preis eines Einsatzes, heißt es, ist der des entgangenen besseren. Und: versunkene Kosten gehören nicht in diese Bilanz. Ist kein Schnorchel zur Hand!

Da scheint mir die Theorie des „psychischen Einkommens" realistischer: ich habe einen Anteil am Grand Hotel Heiligendamm finanziert, sei es die Türklinke oder die Tapisserie der Suite in der Hohenzollernburg, weil ich in früher Kindheit dort jahrelang mit der Molli an den Strand fuhr. Und mit

Oma, später, als ich mit dem Interzonenzug zu Besuch kam, am Ende der weißen Häuser im Restaurant saß, als sie dem Kellner zuprostete, Schnäpschen, Wohlsein! Und das waren 30.000 Euro – und Schluß. Jetzt zeigt Herr JAGDFELD die Pleite an, was nur heißt, das Geld ist weg, dann kommt ein Investor und es geht weiter. Also, wenns nicht läuft, und seis nur die Tilgung, wird der Preis gesenkt, normal, und frisches Geld beschafft, die Bank besteht auf ihrem Einsatz, die privaten Finanziers werden ausgetauscht. – Hätte ich den Begriff nur früher gekannt! Hab ich! Die BWL-Kollegen habens erklärt, als wir den Integrierten Grundkurs konzipierten, vor 36 Jahren. Hat mich aber nicht interessiert, ich dachte nur ans große Ganze, wenn Sie verstehen ...

MARGARETE MITSCHERLICH starb, 95. Ich suche den Nachkriegstext des Ehepaares „Die Unfähigkeit zu trauern" und finde ihn nicht – und kenne ihn auch nicht, Scham ist das.

19.6.   Dafür heute einen lustigen Tag mit der Agentur in Hamburg gehabt, sogenanntes *foto-shooting*.

Vor der Rückfahrt noch ein Gespräch mit einer Studentin wegen meiner Benotung. Mein Entgegenkommen akzeptiert sie nicht und ich fahre. Bestätigung meines Eindrucks, daß das Notenjagen von Opportunitätserwägungen dominiert ist. Da bin ich fehl am Platz. Ihrem Widerspruch setze ich ein Gutachten entgegen.

Neues von den Märchenonkeln: das erreichte Protestniveau versuchen diese im Ruf nach „mehr Demokratie" in Zu-Stimmen zu verwandeln – und geben die dritte Startbahn München zur Volksabstimmung frei. Das Protestpotenzial geht auch hin, 32 % Beteiligung, und mit 55 % lehnen sie sowas ab, das sind dann so *raund'ebaut* 17 % der Ansässigen! – Lufthansa spricht daraufhin über die Verlegung von Starts und Landungen. Und schon ist die Not groß. „Freundliche Aufforderung zum politischen Suizid", titelt die Zeitung. – Der politische Verstand dieser Granden verharrt auf frühgeschichtlichem Hordenniveau, Zerfallszeit 24 Stunden.

Ein erneuter Beschluß des Verfassungsgerichts dokumentiert den Demokratieabbau, über den die Bundesregierung das Volksvermögen exportiert.

Anfälle von Reduktion, von Rückkehr in den Leib versetzen mich in eine Art von Kompaktheit, begleitet von dem Gedanken, daß alles eine Art von Heimkehr ist und wird. – Ich freue mich über den „Höhlenbau" am Haus, gemeint ist dieser Unterstand, beschneide Pflanzen. Um 7.30 Uhr ruft Marion durchs Haus, der Mann weg, verwirrt? (Ist kein Arzt zur Stelle!).

20.6. Wieder eine Mediation vereinbart, es kostet, wenn die Leute sich nicht vertragen. – Vom Coaching-Stopp in Schwachhausen in den Schnoor zu den Theaterleuten, es geht um eine neue Spielstätte.

21.6. Vor dem Gang zum Arzt ein schönes Interview mit TILO SARRAZIN in der Lokalzeitung, überraschend. Er formuliert die Parallele zu Griechenland in Deutschland. Bremen war für mich schon lange Klein-Griechenland, seit der Wirtschaftskrise 1973, wo die Exekutive die Arbeitslosigkeit beseitigen wollte, indem sie 30.000 einstellte. – Seither haben drei Bürgermeister das Defizit auf 19 Milliarden gehebelt. – Prognos titelt später, daß Verschuldung Zukunft ruiniert. Die Bedürfnisbefriedigung des Gutmenschen liegt aber im Hier und Heute, daher liegt das Bremerland knapp 1000 Prozent über dem Bundesdurchschnitt: 13.700 zu 1.700, rauschte im Städte-Ranking in neun Jahren von 190 auf 303. Das ist organisierter Abgang.

22.6. Ach wäre ich doch bei Frankfurt, dann hätte ich mich einfach in die Installation von ALEXANDER KLUGE gesetzt, die er in Form einer Vorlesungsreihe, 80 in schwarz, zelebriert. Durch ihn ins Staunen versetzt zu werden, könnte ein Moment andauernden Glücks werden. – So aber genügt mir, durch einen Ständer für vier rote Roben angekündigt, der Bericht über den jüngsten Beschluß des Verfassungsgerichts, welcher der Kanzlerin und ihrem Anhang kontinuierlichen Verfassungs- und Rechtsbruch attestiert, ein Skandal, der nicht zu überbieten sein sollte, aber längst bekannt ist und dem Gewese nichts anhat. – Auch die Chefin wird es wissen, es rührt sie nicht aus guten Gründen, die sie haben und für sich behalten wird. Ich tippe ja seit längerem auf Verschwörung, darin steckt ja Schwur, ein heiliges Versprechen. Das halten alte Herren aus dem letzten Jahrhundert wie einen Gral, ob HELMUT SCHMIDT, HELMUT KOHL oder HANS-DIETRICH GENSCHER, den WAIGEL nicht zu vergessen, eine Art überparteilicher Aufsicht, ein bißchen Einheitsparteirat. Europa gewinnt etwas Vatikanisches. Die architektonische Transparenz ist Tarnung, in Brüssel wie in Berlin, eben modern. Harte Arbeitsbedingungen für Frau Merkel.

Wie kleinlich dagegen mein Ausriß aus der morgendlichen Lokalzeitung, wo mir so ein geschwurbelter Text über eine antikapitalistische Utopie des KLAUS STÖRTEBEKER und seine Sehnsucht nach dem gerechten Staat serviert wird. Angesichts des Schafotts möchte mir auch so manche Utopie rausrutschen, bevor alles in die Hose geht. Was der historischen Figur nun gar nicht gerecht werden mag.

Oder lieber bei BOBBY Mc FERRIN und CHICK COREA in der alten Oper, auch Frankfurt, einem weiteren robusten Sehnsuchtspunkt. – Wie mir die Städte meines Lebens ans Herz wachsen, nachdem ich sie verlassen habe. Das kommt von diesem Existieren in der Vergangenheit, oder in der Zukunft, eingeschnürte Wahrnehmung, eingeschnürt von unerledigten Geschäften. Selbst Bremen bleibt akzeptabel, wenngleich weit hinter Hamburg und Frankfurt.

Ein Gymnasialleiter illustriert das prozessierende Bildungsdesaster: im Kompetenzgerangel geht der Inhalt verloren. So finden 70 % der Befragten die DDR gut, weil ja jeder einen Arbeitsplatz hatte. Darin versteckt sich natürlich das aktuelle Befinden: für Sicherheit nehmen sie auch ein fürsorgendes Politbüro in Kauf.

Schließlich zwei Bilder, die den aktivsten Kunsträuber der Nazis, HERRMANN GÖRING, am Tag der Luftwaffe in der Wilhelmstraße zeigen, beim großen Gruß den paradierenden Truppen zugewandt, mit erhobenem Marschallsstab, Folge permanenter Selbstbeförderung. Kaum war Paris besetzt, ließ er die Wohnung der ROTHSCHILDS lastwagenweise plündern. Das ging selbst der Militärverwaltung zu schnell, weil nicht nach Nazi-Recht und Gesetz.

Weitere drei Stunden mit dem Mann vom Bankhaus Plump, er kommt extra raus. Ich lege die Verhältnisse offen. Bucht der auch nichts ab, fragt Marion später, du hast doch schon ein paar Mal vertraut – und warst danach ärmer. Nach allem, was passiert ist, kann ich ihre Furcht nicht zerstreuen. Ich gehöre zum Stamm der gläubigen Deutschen: wenns weg ist, wird eben weiter gearbeitet – und neu verdient. „Stupid German Money", witzelt die Welt darüber. Wir sind eben so.

Wir laufen mit den Nachbarn zum Spiel gegen Griechenland – und, Hand aufs Herz, die Jungs zeigen ein wunderbares Spiel mit sattem Ergebnis, viermal tobt die Halle.

22.6. Die ‚Jenaer Allianz' macht einen Status des Euro-Regimes, hier mein Auszug:
- aktuell ca 100.000 Seiten wirtschaftsregulierende Normen,
- Budgets überwiegend distributiv ohne subsidiäre Notwendigkeit,
- der Wegfall der ‚zentralen Ventile', nämlich des eigenen (nationalen) Zinses und des Wechselkurses zwingt zur Anpassung durch Mobilisierung der Unternehmen und Arbeitskräfte,
- Verletzung ‚zentraler konstituierender Prinzipien der Ordnungspolitik': Geldwertstabilität – Haftung – Verläßlichkeit,
- keine glaubwürdige und selbstbindende Haushaltspolitik,
- zentrale Elemente der europäischen Verträge außer Kraft gesetzt,
- schon der Stabilitäts- Wirtschaftspakt (1995) enthielt keine bindenden Restriktionen.

Danach geht's in Forderungen und Appelle.

23.6. Der Sommer steht hinter dem Garten. – Ein Foto von IAN ANDERSON erinnert mich, woran?, an die Tage meiner Jugend, wollte ich sagen, denken. Er ist 64, wie schön, wie vertraut.

Ich steige in den Keller, ziehe zwei Kästen mit Platten hervor und finde das „Stand Up"-Album von Jethro Tull (1968), „auch Mono abspielbar". Die Figuren erheben sich beim Aufklappen des Covers. Da gibt es Dutzende, wohl Hunderte von Leuten, die mir früh lebenslange Musik einspielten und bis heute unterwegs sind – wie ich, also irgendwie zusammen. – Ich sollte die Kisten hochholen, vor den TV-Flash stellen und täglich ein anderes Cover zeigen. Irgendwann genügt das Sehen, wie vor der Bücherwand. – Wer Hardin ist, wer York, wüßte ich dann immer noch nicht.

Edeltraud, unser Putzengel, will das Format mit CLINT EASTWOOD kaufen, der aus der Schwärze blickt. Ich kann dem nicht widersprechen, sie erklärt es.

Der „Jenaer Appell" scheint eine stabile Formation gegen die Euro-Matrix zu sein, fünfzehn Monate bis zur Wahl. – Doch die Leute sind traditionell, was muß passieren, daß sie sich vom Kartell abwenden. Nur auf die Ereignisse ist Verlaß, wie auf ihre Genügsamkeit.

Im Halbschlaf stieg das Bild auf von einer vielleicht hundert Meter hohen, auf riesigen eng stehenden Steinbögen verlaufenden Bahntrasse, welche die im Tal liegende Stadt quert – und also mitten drin steht. An jedem fünften Haus erhebt sich einer dieser steinernen Türme – das Bild eines französischen Malers um die Jahrhundertwende, die vorletzte. Es geht weiter: im Rat der Stadt wird erörtert, das Bauwerk abzutragen, um Platz zu schaffen, nachdem die Bahnstrecke ja seit fünfzig, sechzig Jahren außer Betrieb ist. Da erhebt sich ein Anlieger so eines Steinbogens und erklärt: ich möchte diese Architektur nicht missen aus einer Epoche, die uns zu großen Konstruktionen befähigte, vor jener Epoche, die uns befähigte alles zu zerstören, und vor jener Epoche, die das, was diese Kriege der Zerstörungen überdauert hat, unter pragmatischen und durchaus voreiligen Gesichtspunkten dem Abriß übergeben will. Ich beantrage Absetzung bzw. Vertagung.

24.6. SONNTAG
Die Kreativität der Umnachtung: warum muß der Neubau der EZB den Twin Towers folgen! – Immerhin haben die 25 Jahre gestanden, der Frankfurter überlebt vielleicht das Richtfest nicht, weil Spanien abrutscht. Die Alternative einer Spielbank sollte einbezogen werden. Da können die Griechen beraten! Ein paar Stockwerke für soziale Zwecke, damit die Meute beruhigt ist, die politische! Fortbildung zum Hütchenspieler für den Kudamm, wo Gier auf Schlitzohr trifft. Am nächsten Tag lamentiert die Zeitung wieder, son armer Mann, der hat ja nix, das betont GERHART POLT immer wieder.

Spielbank ist übrigens nicht Alternative, sondern trifft den Kern der Spiele: wenn Spieler auf die Währung losgelassen werden, privat geht's in den Knast, der Staat sorgt für strafrechtsfreie Räume.

Das Eurosystem, welches wie ein Säurefilm Europa zerfrißt, hat zugleich die Vielfalt dieses Landstrichs offenbart: da leben die Menschen in zwei Dutzend Staaten auf so unterschiedliche Weise, betreut von so eigenen politischen Klassen, deren Gebräuche so vielfältig sind, daß schon der erste Anschein die Frage erzwingt: wie soll das gelingen?! – Die einen wirtschaften vorindustriell, rein handwerklich, Produktivität jenseits einfachster Selbstversorgung ist ihnen ein Fremdwort, von einigen Städten

72

abgesehen. Die anderen arbeiten und produzieren bis in den kleinsten Flecken und Landeswinkel nach betriebswirtschaftlicher Kalkulation, überspannt von einem System systematischer Eintreibung von Abgaben. Den einen ist das bißchen Staat Gelegenheit für Schmiergeld, persönlichen Vorteil oder auch einfach Unterkommen bzw. Unterbringung ihrer Leute, also son bißchen aktuell bayrischer Landtag, den anderen ist das natürlich nicht fremd, aber es kommt schneller raus und wird schon verfolgt. Kurz, Selbstversorger versus Exportweltmeister – und plötzlich gibt's für alle das gleiche Geld, gleich billig! – Was machen die Leute damit? In jedem Land was Anderes, ganz nach Mentalität, Bedürfnis und Gebräuchen. Die einen bauen die Küsten dicht, rechnen das Glück hoch, ohne Sicherheit, die anderen ziehen den korrupten Staatsapparat erst richtig hoch, noch andere verteilen nach Geschmack.

Und was haben sich die Brüsseler Abenteurer überlegt? Gar nichts, sie sind selbst mit ihrem Ausbau beschäftigt, jedes Kommissariat wächst in den Himmel, wie die Berliner Minister"gärten" und produziert eine Regularienoffensive nach der anderen, schreiben das alles noch in ihren tonnenschweren *communautaire aquis*, den keiner liest und keiner versteht. Lesen Sie HANS MAGNUS ENZENSBERGER! *Europe, c'est moi!*, ist ihr Ruf, die Länder stören eher! Eine eigene Steuerhoheit – und der Kittel wäre geflickt! So verstehen sie auch Währung, die sie ihrer ökonomischen Funktion beraubt und sich angeeignet haben. Alles Weitere ist sozusagen ,*selffulfilling*': die Länder tun nix sondern schließen sich dem Spiel an, stellen sich wechselseitig an den Pranger, Opfer gegen Ausbeuter. Die wirtschaftlichen Verhältnisse setzen sich unter der Kunstwährung durch, wobei Land und Leute ruiniert werden, ehemals hinreichende Selbstversorgung in bittere Armut und staatliche Fürsorge rutscht. Haß, Geiz und Mißgunst werden wieder zu Parametern im Umgang miteinander. Und die Politbürokraten rufen immerzu: mehr Europa!

In Madrid, dem aktuellen Kandidaten, gibt es das Hotel ,Palace'. Dort sollen die Vertreter der sogenannten „Geierfonds", auch genannt ,*suitcase banker*', diskret auf Beutefang gehen. Anlaß für artige Beschwerde über solche Schmutzfinken, dabei regulärer, ja notwendiger Teil des Systems, der das Aas, die ‚bad loans' beseitigt. Was den Natur-Linken an sich bekannt ist, naja, wenn der Bauch über den Kopf stolpert. Bei Sonnenuntergang treffen sich die Aufgeräumten im Café „Embassy" am Pases de la Castellana und spekulieren, wie lange sie noch warten müssen. Es ist eine Freude PAUL INGENDAAY zu lesen.

Es regnet den ganzen Tag. Vor dem Spiel Italien – England verfasse ich meine Stellungnahme: ein Student fragt zehn Tage vor Abgabetermin, dreieinhalb Monate nach dem taglangen Kurs, nach den Anforderungen, gibt etwas ab, es ist nichts verstanden, Schwurbeln wie beim Finanzminister. Ich verstehe mich zu einem knapp ausreichend – und er stellt einen Antrag auf Annullierung. Neue Runde, neues Glück. Hätte ich es eventuell ebenso gemacht?, es widert mich an, wie das alles geht. Ich werde aufhören. – Nachdem das Studium im Bologna-Modus ganz auf Rechenhaftigkeit formiert wurde, ist die Herausbildung des Optimierers am Handlauf der *credit points* folgerichtig. So bildet die Regulierung Charaktere aus. – Italien steht im Halbfinale.

25.6. Mir träumte, es wäre etwas zu bezahlen und ich freute mich über schöne Fotoalben. Als ich eines aufschlug, fand ich darin Bilder von mir aus der Schulzeit, stellte mit Schrecken fest, daß die von 1962 sind und mit den Worten „das ist ja fünfzig Jahre her" begann ich bitterlich zu weinen und wachte auf. – *Tempi passati*, aber die Verluste türmen sich immer noch, kein Entkommen ohne Hinwendung!

Auf der Rückfahrt <?> spricht PAUL NIZAN über Einsamkeit, der schließlich seine drei Frauen wohl entflohen seien. Da wird mir klar, was mich so belegte, als Marion vom Alter, sagte sie Altern?, sprach. Sie nehme es an mir deutlich wahr. Da fiel Einsamkeit auf mich, ich sah sie sich entfernen. Dabei sieht sie nur meine Unwilligkeit zu akzeptieren. Das führt zu Spannung und Abriß. Das ist es, was alt aussehen läßt.

In der Tagesschau erscheint tatsächlich der Finanzminister und formuliert sein „Mehr Europa", milde lächelnd. Er weiß mehr.

Nach Mitternacht kommt Marion aus dem Wohnzimmer. WILL SMITH im Karrieremodus „I am Legend". – Soll ich Dir noch was erzählen, vorlesen, fragt sie und liest ihre spanischen Vokabeln vor. Es passiert im Sturm.

26.6. Das Vierfach-Format, die ‚Cyclad story', wird fertig. Im vierten Teil steht die Dame eingerüstet, hinter Gittern, umgeben von Hieroglyphen. Ich brauche wieder eine Ausstellung.

27.6. Die Kanzlerin wirft ihr Leben in den Ring: keine Vergemeinschaftung der Schulden, „solange ich lebe". – Was treibt sie zum Äußersten? Ihr Wille zu titanenhaftem Widerstand oder – die Aussichtslosigkeit. Schließlich: sie lebt ja auch nicht ewig. So bekommt das Drama sein tragisches Format in staunenswertem Bekenntnis. – Schon der Kabinettskollege geht da ganz anders zur Sache: die Verfassung müsse eben weg, darüber könne seinetwegen auch das Volk abstimmen. Welch Wagnis! Er weiß nicht, was er tut, spricht. Das wird registriert. Man sollte sein Büro durchsuchen! – Da sind die Kommissare von noch ganz anderem Format, von eines Volkes Ängsten und Darben, in Südeuropa, weit entfernt. Politbüro-Mitglied van ROMPUYSKI fordert einfach „Mehr Macht", mehr Souveränität nach Brüssel. Dabei waren Bürokollegen seines Schlages, so Chefkommissar JOSÉ MANUEL BAROSIKOWSKI, Euro-Politchef JEAN CLAUDE JUNCKYTZKI, Eurochef DRAGHIZOFSKY aus dem Süden mit seinem wachsenden Bedarf. Das Kombiprodukt heißt jetzt „Schulden-Wachstums-Pakt". Der Begriff nötigt zur anschließenden Mundspülung. Eine semantische Black-Box-Brüssel, entspricht dem Agentur-Ranking: triple B, soll eine Stufe vor Ramschstatus stehen. Die Souveränität dieser Leute im Auftritt zeigt, wo die bereits liegt: im Schwarzen Loch. Das mag die Kanzlerin zum Einsatz ihres Lebens greifen lassen.

Und noch eins: die Blaupausen der Zukunft hat eben doch das 20. Jahrhundert geliefert, das wir freudig hinter uns glaubten.

Das grobschlächtig multiple Terrorsystem des Nazismus, vor seiner Zeit als Organisation, dem KL oder KZ oder Arbeits-Vernichtungslager, bereits im Osten etabliert durch LENINS 3. oder 4. Ukas 1918, wurde in der zweiten Jahrhunderthälfte polar ausgebaut: im chinesischen Modell, so 30 Millionen Tote pro Kampagne, auf deutschem Boden dagegen geradezu sublimiert und verfeinert im IM-System. – Jetzt gilt es, das rohe Rassismus-Syndrom wie den kommunistischen Neue-Mensch-Wahn durch ein Gut-Thema zu besetzen. Die neuen Eckdaten heißen Ökologismus und Gleichheit, tja, und die Finanzdiktatur, die grade alles in den Schatten stellt, also die Klassiker-Formulierung vom staatsmonopolistischen Finanzkapitalismus mit Leben füllt. Grüß Gott von Goldman Sachs. Brüssel wird Schmelztiegel des letzten Jahrhunderts. Und wie froh waren wir, jener Zeit entkommen zu sein. Der Nachfolger lebt, ungelabelt.

Vier Coachings über den Tag, ohne mein Protokollsystem geht das gar nicht.

ALEXANDER KLUGES ‚Lücke, die der Teufel ließ', einer seiner ingeniösen Kettentexte, frivol und drängelnd. Einfach hell.

28.6. Mein Tipp zum Halbfinale 1:2, das kann ich nicht laut sagen im Hamme-Forum – aber recht behalte ich doch. Italien spielt gut und Balotelli aus Ghana trifft am Stück. Nur der 11-Meter von Özil tröstet.

KLUGES Buchdeckel ziert das Wrack von 9/11, dieser aufragende Rest nach der Vernichtung des Gebäudes und der dreieinhalb Tausend war ein Menetekel, über das trotzig hinweggegangen wurde. Es ist New York. Nur auf dem Buchdeckel haftet die Botschaft wie ein Prägestempel für alles, was kommt, Momentum des Scheiterns.

Mein neues Format ist richtig Fläche, die Krampen eingeschlagen, die Nylons festgemacht und weg in den Keller.

29.6. Zum Treffen mit einer anderen Geschäftsleitung. Ich unterhalte mich lebhaft, keine integrierte Truppe, ich würde meinen Eindruck zusammenfassen mit ‚Außer Atem'. Nebenan der feine Weinladen, abends haben sich Spanien und Italien durchgesetzt.

Angelas Leben ist verspielt, die sagen einfach, sonst machen wir nicht mehr mit, wie im Sandkasten. So laufen die Erpressungsspiele, sie schreien rum im Bundestag, würden es noch schlimmer treiben. Alle Zusagen aus 2011 sind überholt. Warum sollen sie Gesetze und Verträge ernster nehmen als ihr Wort.

Balotelli schießt ein, zieht das Hemd und steht stumpf im Raum – Umarmungen erwartend, ein Grund, das Finale anzusehen.

Nahezu vierzig Prozent der Schüler können Demokratie und Diktatur nicht unterscheiden, günstig fürs politische Kollaborat. Die Befragten nehmen alles – für bare Münze. Einer meint, man müßte die Verantwortlichen wachrütteln. Wer soll diese titanische Aufgabe ausführen, dann lieber Migrantenstadl und Pfandflaschenregulierung, die widersprechen nicht.

In Deutschland gibt es eine Tradition der Überkreuz- und Mischfinanzierung, mehr wollen die Pleite- und Schuldenstaaten ringsum auch nicht. Was soll das Getöse also, es soll die Leute trösten, – wir lösen alles auf und lassen es Leute machen, die wir nur noch aus der Zeitung und von fernen Proklamationen kennen. – Nach dem Fall der kommunistischen Wahnsysteme scheint die Demokratie zu schwinden.

1.7. SONNTAG
Manchmal ist es mehr Abschied als Ankunft. Jonas lädt die Azubis zum Feiern aufs Land ein, 25 rücken an mit Bergen von Essen und zwei Meter hohen Werbepappen. Nach dem Aufräumen heute früh nimmt er seine Tasche und – na ja, er geht. Das muß gelernt sein. Er kanns.

ALICE SCHWARZER (69) sprach am Grab der MARGARETE MITSCHERLICH.

Wir sind auf einem großen Lern-Bogen: beim Fußball erleben wir Spanien im Finale mit Italien, also die Bedeutung des Abschlusses. Der Straßenfußballer aus Palermo, MARIO BALOTELLI (21), war während der Spiele zweimal im Kloster. Das spricht für Selbstführung. – In Europa erleben wir – international und daher monströs – das, was wir im Lande seit vierzig Jahren betrieben haben. Bremen ist eben doch die Blaupause der Politik: Beispiel für eine über Jahrzehnte vermiedene Klärung via Finanz-Ausgleich, was jeden Antrieb zur Änderung stilllegt. Einer sagt:

„Die Rettung Bremens war pure Geldverschwendung, eine dauerhafte Insolvenzverschleppung, obwohl das Geld an strenge Auflagen gebunden war."

Irgendwie doch wie WALTER ULBICHTS „Niemand hat die Absicht, eine Mauer zu bauen." – Es geht zu wie in marxistischer Lehrbuchmechanik.

Zypern hat den Vorsitz in der EU, danach kommen sechs weitere Schuldner dran, denn jeder darf im Euro-Demokratismus, Banker müßten sich totlachen!

Was sagt ALEXANDER KLUGES teuflische Lücke dazu? Ein Buch, das ich an jeder Ecke öffnen kann für passende Antwort, ein Reservoir an Findlingen.

2.7.   Wie eine Erlösung wirken die Brüsseler Voodoo-Beschlüsse auf die Kanäle. Gut, daß keine Wahlen sind. Die Auslieferung von Land, Leuten & Vermögen an die Brüssel-Kaste wird nur von der Links-Partei beklagt. Sonst nur klima- und naturtriefende, aber bindungslose Trommler für Brüssel, die SPD will die Bonds. Dann sitzen sie alle auf dem Ereignishorizont und angeln Geld. Das schwarze Loch, sagt STEPHEN HAWKING, gibt aber nichts raus, was mal drin ist! Die Linke will das Geld im Land halten, um den Eignern hier ans Leder zu gehen. Also nur Liquidatoren, die zur Auswahl stehen. Hier stimmt was nicht. Ich gucke Comedy … der OETTINGER sei so ein Hannibal Lector als

Kommissar, die Eier-Ilse das Dioxin ..., seit wann fahren Hühner Auto, die Helga, die oben ohne häkelt, ... und die GEZ-Todesschwadron ..., das soll ja aufhören, weil ohne Ansehen von Person und Haushalt jeder zahlt. – Die italienischen Zeitungen skandieren „Mario gegen Merkel 2:0", dabei steht sie schon für 700 Milliarden Transferierte. Also, die Friedensdividende ist eingelöst. Da reißt ROBERTO SAVIANOS Schilderung der süditalienischen Verbrecherorganisation ganz andere Schleier weg. Davon hätte Angela lesen sollen, um eventuell zu verstehen, warum Deutschland per Abstimmung (alles lacht) als Gläubiger und Reserve eingesetzt wird.

3.7.   Sport – Coaching – 20. Hochzeitstag. Zum Glück ist das Leben kein Wunschkonzert. Das beflügelt die Phantasie.

5.7.   Marions Geburtstag, ich schicke eine *sms*. Der zweite Tag mit einer Managementgruppe in Kassel auf der Suche nach Hinderern und Förderern fürs Geschäft. – Ich höre schlecht, mir geht's nicht gut. – Kurz vor Ritterhude: der einzige Tag mit Blitzer unter der Leitplanke. Schönen Gruß vom Landkreis! Ich erreiche Marion in Panik, wir bauen den Wintergarten um und zack, sind die Leute da. Es wird nett.

6.7.   Das Protokoll wird ein Monster, ich brauche Entlastung. Der Abend wird wunderbar, Weißwein im Garten.

7.7.   Wir fahren zu Nick nach Hamburg, Schlager-Move heißt die Versammlung von 500.000 Leuten bei Altona, durch die 45 Trucks mit einschlägiger Musik hindurchzotteln. – Abends ins amüsante Portugieserviertel.

8.7.   Rote Armee Fraktion: VERONA BECKER wurde schließlich wegen ‚bestimmender Beihilfe' zu vier Jahren verurteilt, die abgegolten sind. Das Schweigen der Mörder siegt, derer, die auch anderweitig beteiligt gewesen sein werden. HANNS-MARTIN SCHLEYERS Mörder, GEROLD VON BRAUNMÜHLS Mörder, ERNST ZIMMERMANNS Mörder, ALFRED HERRHAUSENS Mörder bleiben unerkannt. – Zugleich steht das System Verfassungsschutz im Rampenlicht mit zurückdatierter Aktenvernichtung in Sachen NSU-Morde. Es ist eine andere Art und andere Zeit des abnehmenden Lichts. Große Themen stehen im Dunkel, jedoch mit Chance auf Erhellung – dafür dieser Gesellschaftsvertrag, oder? Siebzig Stehordner – was gibt's noch? – mit 25tausend Seiten illustrieren die bleierne Zeit, die irgendwie in der Ecke nistet. Und die Berichterstattung darüber ist in meinem Regal längst aus STEFAN AUSTS ‚Baader-Meinhof-Komplex' von 1985 in eine Plastikfolie ausgewandert, die daneben steht. Warum ich sammle? Ich muß. Ich will es wissen, und wenn ich es weiß, dann will ich es dokumentieren, bereithalten – als glaubte es keiner, schlimmer: als interessierte es irgendeinen.

ALEXANDER KLUGES Raisonnement über den Tempelberg, dessen Eigentum die Nachfolger sizilianischer Barone in New York, Chicago und Florida aus dem 12. Jahrhundert herleiten: für Tunnelbauten oder religiöse Einschlüsse <Moschee> sei kein Platz in der Welt (Lücke, 582) Das Jenseitige politischer und militärischer Ereignisse verklausuliert sich in den Tatsachen. Tatsächlich bedient er den Gedanken der Verschwörung, diese besondere Art der Verabredung. Sie ist von Aktualität! Sein monströses Buch gewinnt an Fahrt, ich begann auf Seite 570 und lese nach beiden Seiten hin.

Bekannt ist die HITLER-Finanzierung durch den Daimler-Konzern, neu ist mir, daß HENRY FORD als überzeugter Antisemit bereits Anfang der zwanziger Jahre Spenden an ADOLF HITLER ausbrachte. – Im weiteren setzte dieser 10% aus den Verkäufen seines Machwerks als Dividende fest, welches in seinem Verlag erschien. 1934 machte er sich frei von der Steuerpflicht. Später verzichtete er auf Gehalt. In der Nachfolge HINDENBURGS erwuchs ihm dafür dessen Apanage. Weiteres wurde auf Pump finanziert, die Schuldner mußten erst noch erobert werden. Für die Übergangszeit tat es dann noch die sogenannte Adolf-Hitler-Spende, siebenhundert Millionen in zehn Jahren. Das „Führergebiet Obersalzberg" mit den Paladinen, Zuarbeitern und Komplizen führte ihm bei ständiger Ablichtung Bild für Bild weitere Prozente zu. – „Judentum ist Verbrechertum", steht an den Geschäften der schönen Stadt Linz, von den Schergen des Hitlertums aufs Glas geschmiert. Sie werden sich freikaufen, um dem kunstinteressierten Spendensammler zu entkommen. Danach wird das Posener Schloß in imperialer Manier ausgebaut. Die an ihm klebende Entourage einschließlich der Generalität wird nach feudaler Manier mit Geld und Gütern dotiert. Kurz drauf werden bombensichere Höhlen befüllt, wenn oberhalb alles in Trümmern liegt und der Diktator bei den Toten ist, bei den zehn Millionen. Die Vermarktungsrechte fürs Pamphlet liegen weiterhin beim bayrischen Finanzministerium. Diese bayrische Besonderheit zeigt sich auch beim Verbleib der Raubkunst in der Folgezeit. Das wird erst bekannt, als das Konvolut in der Wohnung des CORNELIUS GURLITT „auffliegt". – Zurück: aus der Perspektive des geschäftüchtigen Publizisten bekommt das Nazisystem wieder einen ganz anderen Ausdruck. „Deutsche Arbeiter, ans Werk!", intoniert der Anführer auf der Bühne in den Siemens-Werken, rühmt sich als einer der ihren, der Dividendenfuchs, der gegens jüdische Gewinnstreben wettert.

10.7. Die Bremer Ortszeitung muß genügen zum Frühstück: die ganze Stadt den Radfahrern, heißt es euphorisch, es gibt Meßstationen für die Zahl der Passagen. Überläßt die Stadt den Radfahrern, dieses Stadtbild paßt zum Zustand der Kommune, dem verschleppten, in den radfahrende Obere sie gebracht haben. Wie Biotop, bei jeder Gelegenheit CO_2-Messung. – Wenn ANGELA MERKEL die Hunde von der Leine läßt, um Kritiker der Europhobie auf Abstand zu halten, kennt die Zeitung auch kein Halten mehr, das ist fast Lageraufstand. Morgen darf bestimmt der Hausökonom von der Uni wieder ran.

Das Verfassungsgericht verhandelt und wird vorweg deutlich moniert: es sei inkompetent in vielen Urteilen. Vom Europaflüchtling MARTIN SCHULZ, dem Chef des Straßburger Reiseparlaments, verwundert das nicht, aber vom GRAFEN LAMBSDORFF. Aus dem Blickwinkel des Versorgungspostens verliert er Land und Leute aus dem Blick. Das ist prozessierender Abschied vom Liberalismus.

Ich sehe ein Schauspiel des Scheiterns. Alle Zentralstaaten schaufeln Geld um Kopf und Kragen, das Getöse wächst an, da die Südstaaten weitere Förmchen nur gegen neue Zusagen hergeben. Vielleicht geht Finnland doch als erstes Land. Dort gibt es noch ein nationales Interesse im Inventar der Maßstäbe, hier läuft es bereits unter Verrat, jedenfalls als Schimpfwort, Zeichen mentaler Unterwerfung, da Angriff ja vobei ist. – Ein Kläger zum Verfassungsgericht spricht vom „europäischen Selbstmordmechanismus" als etabliertem Trend. Der hat hierzulande gut maskierten Auftritt. – Mal sehen, was ALEXANDER KLUGE bietet.

11.7.   Die Ohrenärztin ist eine ruhige und bestimmte, distinkte?, Frau. Ihre wenigen Worte zu meinen engen Gehörgängen erklärten ohne zu wissen, haben Sie sonst Beschwerden?, Lunge? Sie nahm es sofort wahr, ignorierte meine Einwände wegen Cortison. All das beruhige mich, ja es könne heilen. Wie weit ist der Weg zur achtsamen Vorsorge. – Traumwandelnd sicher hingegen im Coachinggespräch mit einem Geschäftsführer, der seine inzwischen eingewiesene Ehefrau regelmäßig nach Hause holt, neben den Besuchen volle weitere 24 Stunden … Leider bin ich verführbar durch jeden, der mich dabei erwischt. Tut nichts, denn das Handwerk mit der Restlaufzeit bleibt.

Beiträge häufen sich, doch nach Süden auszuwandern, da komme das Vermögen über kurz oder lang sowieso an. Sollte ich nochmal ein Klausurthema vergeben, ich denke nicht daran, ginge das ungefähr so:

Brüssel wird weniger als Teil Belgiens wahrgenommen, denn wechselweise als:
a.- Schwarzes Loch
b.- als Flüchtlingslager
c.- als Politbüro

Wählen Sie eine der Bezeichnungen aus und entwickeln Sie den Hintergrund. Was ist gemeint und wie belastbar ist die Bezeichnung?

Niemand hat die Absicht, eine Mauer zu bauen, Herr SCHÄUBLE. Sie wollen auch noch Chef der Eurogruppe werden, wird gemeldet. Das macht Ihren Eifer begreiflich, unbegreiflich hingegen, was Sie treibt, sich unersetzlich zu machen. Dem Handelsblatt – Briefing ist zu entnehmen, neben dem Vorsitz, dem großen, wollten Sie auch noch lokaler Finanzminister bleiben. Das machte die Franzosen bockig. ANGELA MERKEL schmust jetzt mehr mit MARIO MONTI, der Franzose HOLLANDE ist sperrig, kommt auch nicht in Tritt. MONTI verstehts, Teufel auch.

12.7. Wiederholt steht die Zwangsanleihe im Raum, Transportmittel ist der Sozialneid, die Schürung des antikapitalistischen Ressentiments.

Glas Rotwein am Stehpult, ein Haufen Ausschnitte (mein Metier), gleich kommt die Tagesschau. Das Format ‚Hundert Jahre …‘ erhält seine Konturen: ich habe die Titanic beim Auslaufen (Rauch aus drei Schloten), beim Absinken und nach hundert Jahren in 4300 Meter Tiefe, weiterhin operierende Politiker, deren Hände in der Kamera, die spanische Königsfamilie, ein Theaterensemble, barock, einen brennenden Laptop, Kim Il Sung junior bei der Handarbeit (Klatschen) – es wäre jetzt unanständig zu bemerken: wie sich die Bilder gleichen! – Es ist aber so, mehr hat die Kamera nicht. Weiter: ein Wandrelief Griechen gegen die Perser (die verlieren, das waren noch Zeiten!), Drache, Euro, die ‚Bankia‘ mit ihrem Neigungswinkel von fünfundvierzig Grad. Es ist plump, wenn die Architektur Ergebnisse vorwegnimmt. Oder das Wissen um die Aussichten. Und dann ungefähre Titel wie „Hundert Jahre Neigungswinkel (45 Grad)" oder „100 Jahre Handarbeit". Ich möchte das Ganze als Mechanik darstellen: so etwas ergibt sich eben, denke an den Hünen MARCEL DUCHAMPS. Das könnten die Hollerith – Zählmaschinen der amerikanischen Volkszählung sein, einfach abzählen! Potzblitz, kaum fertig, verkauft!

„It's damned fun, man", grinst KEITH RICHARDS anläßlich des fünfzigsten Jahrestages der Formation.

Ach so und noch einige Kanzler und Finanzchefs: HELMUT SCHMIDT ist ein Schelm, GERHARD SCHRÖDER ein gerissener Hund, EICHEL ein Schlitzohr, WILLY BRANDT … getrieben, moralisch, THEO WAIGEL, naja, neben HELMUT KOHL? Dann noch GENSCHER, auch ein Europa-Saubermann geworden, später noch TRITTIN, Schlawiner, ANGELA & SARKO (knutschend), mit Hand: dozierend. (Quelle?, nix, dann bin ichs wohl).

13.7. Verfilmung der Geschichte des Adlon: das Hotel am deutschen Abgrund, nennt es die Zeitung. Bei JONATHAN LITTELLS „Wohlgesinnten" gehört es zu den letzten Plätzen vor der Ruhe und dem Rauch aus den Ruinen. – Die Marke ‚Champagner' ließen sich die Franzosen im Versailler Vertrag schützen, welcher Detailreichtum dieses Jahrhundertwerks.

> 45 Grad ist eine Chiffre für das Scheitern. Scheitern ist, wenn sich die Verhältnisse in diese Neigung stellen, sei sie periodisch oder endgültig – was ja kein Ende ist. Scheitern ist, wenn sie bereits so gebaut werden oder in die Neigung geraten, auf See, an Land, in Staatskanzleien. Fingerarbeit unterstreicht das, als Affimation oder als Rebellion. Zeitgenössische Umrahmung kommentiert das, sei es als Institution wie die spanische Königsfamilie oder einfach, als Sargträger.

Im Januar 2013 fasse ich den Text anders:

> „100 Jahre 45 Grad" sollte es sein, denn ein Jubiläum gilt es zu würdigen. Die Schiffahrt umrahmt es, die Kapitäne sind die gleichen. – Anwesenheit (Foto) und Abwesenheit (Ausschnitt) machen keinen Unterschied. Auch die spanische Königsfamilie bleibt. – Theater taugt allerorten. Den Mangel an Ausdruck ersetzt allerdings häufig Handarbeit. Dann wird Theater zur Kulisse. – Absicht und Draufsicht werden eins, Haare gehen aus, Tektonik wird hörbar. Geld verschwindet in der Verbriefung. Gehandelt werden Behauptungen, lauthals.
> – Das Ehrenwort ist verrufen, seit Uwe Barschel, der Kredit durch Übergabe ersetzt. Eine Lichterkette täte dem Format gut.

14.7. In Gnarrenburg gibt's ein neues Kaufhaus mit Männerhort. Da müssen wir hin, meint Marion. Ich finde das nicht, habe doch schon einen, mit Auslauf.

‚45 Grad' – Acryl auf Holz, Collage – 120 × 96 cm, verkauft

15.7. SONNTAG

Wir verabreden uns im ersten Stock, mittags …

Das Drama der MARILYN MONROE, kaum anzusehen vor dem
bekannten Ende. Nach dreieinhalb Jahren mit ARTHUR MILLER
die Affaire mit J.F. KENNEDY. Dann kommen beide zu Tode. –

Alle Bilder sind besetzt, in jedem Cadillac sitzt das organisierte Verbrechen – dabei ist es schlimmer. So wird die Wahrnehmung geführt, mein einziger Anker: was war mit mir damals, 1962, in der Obersekunda? – Nichts, Kleinigkeiten, das kleine Leben, die Auseinandersetzungen mit dem Stolperstein vor der Tür, in der Wohnung. Bilder von mir würde ich anstaunen. Sie wären mir fremd. Es gibt kein Gesamtbewußtsein vom Leben, nur das aktuelle. Der Rest macht sich im Unterbewußtsein breit – und steuert, was das Zeug hält, treibt immer noch seine Blüten.

Ich habe noch zwei Hausarbeiten korrigiert. Eine war ganz schlecht, eine so kurz, das sie grade noch das ‚ausreichend‘ schaffte. Das niedrige Niveau ist konstant. Eine Studentin erhebt Einspruch, weil ihr mein Entgegenkommen nicht reicht, sie ist Note 1 gewohnt. Ich mache also ein Gutachten zur Arbeit, wasserdicht, keine Chance, behaupte ich.

Über mein Bestellkino kommen „Die Wilhelmstraße 1933 bis 1945" und das „Gulag-System 1929–1956" ins Haus.

16.7. Wöchentlich tauchen bei den Schützern unserer Verfassung neue Aktenordner auf, den NSU-Terror betreffend. Das seien doch alte Gewohnheiten, meint Marion, alles verstecken, was nicht ins Weltbild paßt, vorzugsweise im Osten, hier auch. Nur vor dem Vernichten haben sie Schiß.

„AntiAging bezeichnet das Gegenteil von Altern, also Infantilisierung"

GUIDO HÜLSMANN schreibt über die kulturellen Folgen des Umlageverfahrens im Rentensystem. Wenn mein Sohn mich mit „Na Rentner" begrüßt, hat er etwas davon aufgenommen: der „Ruheständler" – stellen Sie sich die physische Ausprägung dieses Begriffs vor! – ist auf das finanzielle Mündel reduziert. Warum er noch Wahlrecht hat, ließe sich fragen, schickt sich aber nicht. – Das System sei ein Stützpfeiler der ‚Kultur des Todes', meint der Autor. Je nun, die Leute leben ja, wenigstens respektlos ist es.

17.7. Asylbewerber aus Georgien kommen in Friedland an und nutzen das dramatisch höhere Warenangebot zum Aufbau eigener Geschäftsideen: „während einige Männer das Personal ablenken mit Übersetzungsarbeit, stecken andere sich die Taschen voll", analysiert der Polizeisprecher. Das Leben ist voller Vorbehalte.

Derweil geht die Kanzlerin nach langer Zeit – die Währungsturbulenz! – wieder gegen die Erderwärmung vor. China beziehe 70% seiner Energien aus Kohlekraftwerken, das CO_2 stiege mächtig an. Nur das mit den Kausalitäten bleibt im Dunkeln, die Sonne läßt das ja ohnehin kalt.

Ich ziehe Flächen dicht auf dem großen Format „100 Jahre 45 Grad". Die Costa Concordia guckt immerhin noch raus, wer weiß, was noch kommt.
Eine furiose Geschichte die zwölf Jahre Wilhelmstraße: was dort in kurzer Zeit umgebaut wurde an den Gründungsgemäuern. Mit dem Ende der Paraden fiels in Schutt und Asche.

Aus der Fibel für die erste Volksschulklasse 1936:

Mein Führer (es spricht das Kind):
Ich kenne Dich wohl und habe Dich lieb wie Vater und Mutter,
ich will Dir immer gehorsam sein wie Vater und Mutter
und bin ich erst groß, dann helfe ich Dir wie Vater und Mutter
und freuen sollst Du Dich an mir wie Vater und Mutter.

Ganze Bände von Ursachenanalysen sollten vor diesem Text kapitulieren: ein Volk in Unterwerfung ist bereit, zu vielem, das dann alles wurde.

Der Text dreißig Jahre zuvor hatte es auch bereits in sich:

Der erste Morgengruß beständig gilt
des lieben, guten Vaters Heldenbild

Das konnte schon über den Kriegseintritt hinweghelfen.

19.7. Das Format feilt an mir, wie nenne ich es, „100 Jahre Untergang" oder „Das System tanzt", „Unsinkbar = alternativlos", ach ja: vielleicht Verschwörung, geheime Verabredung, vielleicht ja nur: haben sich vertippt, falsch geschworen? Vielleicht einfach Alptraum – woher kommt dieser Begriff! So wird der Rettungsschirm auch beschrieben: eine private Gesellschaft luxemburgischen Rechts, über welche die öffentliche Hand für Milliarden bürgt, die erstmal in keinem Haushalt auftauchen. Das klingt so nach dem „Dunklen Raum" der Banken, nach den „Freundeskreisen des ZDF", jedenfalls nach klassischer Anlage in der Unterwelt, diese „Europäische Finanzstabilisierungsfazilität". Die Risiken zu berechnen sei sinnlos, heißt es weiter. Das gewinnt auch bei mir an Boden, je länger ich an Nr. 96 arbeite und Teilnehmer integriere, grade die Chefs der Hells Angels Hannover, beim Handschlag, hinter dem der Notar steht, dieser Erfüllungsgehilfe.

Im Schwarzwald gibt es ‚Kauderland', zwei CDU-Wahlkreise, jeweils residiert von einem BT-Abgeordneten, klingt irgendwie beliehen, nach Lehen. – Mit dem *Kordsche*, genauer KURT BECK, ist es schlimmer: seine Nürburgring GmbH ist pleite, das Geld weg à conto öffentliche Hand, da ist sie wieder, die Geldbeschaffungsmaschine. Und wer ist schuld? Ei Brüssel, *weil die kei Geld gebbe, fer Abbeidspläzz!* Standarderklärung aller Europa-Flüchtlinge für ihre inszenierten Desaster.

96 gewinnt Fahrt – und Spannung im Detail: beim Kopieren der spanischen Königsfamilie – ein bißchen wie GOYAS Familie Karls des IV. von 1801 – ergibt es sich, daß die Rückseite der verbleibenden Silhouette den Ausschnitt einer Barockzeichnung „zu Leben erweckt". Andere Kopien haben meine Zeichnungsscheine für die Berliner Landesbank von 1996 zur Rückseite. Seit dem Zerschneiden der Zeitung für Toilettenpapier in Wiesbaden 1952 (7) hebe ich auf, was Platz hat. Ich habe Sparfuchs gelernt. Das kann zu Reichtum werden: so erweitert sich die Thronfamilie um die Leerräume ihrer Silhouetten, deren Ränder von vergangenen Untergängen erzählen. Das Bild erweitert sich in Richtung: wer schaut da

alles zu, wie ein Herren-Club mit einer Dame in Begleitung, allerdings führend, einen Währungsraum vermißt.

HILDEGARD KNEF und GÖTZ GEORGE 1964 in einem ED-GAR WALLACE, die ich immer ansehe. KINSKI als Irrer mit zügigem Ableben. Die langen Einstellungen überbrücken viel Triviales.

20.7. Ein beeindruckendes Regiedebüt mit JOSEF BIERBICHLER als „Architekt", sparsam im Wort, direkt in der Handlung. Auffallend intensiv.

Derweil hat in Aurora (USA) ein „unauffälliger", sprich netter Medizinstudent während einer Filmpremiere zwölf Leute gekillt und seine Wohnung mit Sprengfallen befüllt.

Spanien bekommt hundert Milliarden, die Mehrheit hier ist dagegen, gewählt ist gewählt. Konnte ja keiner wissen in der Kabine!

21.7. Nr. 96 steht in der Sonne, ohne dieses peinliche Reimerchen:

Schiffe und Banken
kommen ins Wanken,
lasset uns danken,
wir alle versanken.

Ich suche Platz für eine Ausstellung, es reicht mal wieder. Immer geht es nur um eins: ob das irgend jemanden interessiert.

Das (Fernseh-)Konzert mit AMY WINEHOUSE haut mich um, diese unglaublich schwarze Stimme, und ohne jede Makulatur, und schon gegangen (28). – Später DAVID GARRETT, seit dem vierten Lebensjahr an der Stradivari von 1716, Rock & Classic – America! – So eine Kette von Einzigartigkeiten erschöpft mich.

Wann ging THEODOR ADORNO – KLUGE beschreibt den Weg zum Grab.

22.7. SONNTAG

… frisch auf der Terrasse. Heute folge ich der Zeitung, der guten, genau: es geht um den baden-württembergischen ENBW-Deal, genauer um WILLI STÄCHELES Umstände, ganz genau um seinen Weg vom „König von Oberkirch" bis zum Europaminister der Landesregierung. Es heißt da: „gern hätte er mal das Innenressort geführt. Ein Innenminister hat eine schöne Wagenkolonne." Klingt stark nach Sandkasten, jedoch: er unterschrieb, gegen Mitternacht in die Staatskanzlei beordert – und steht jetzt in der Schlange der Leute mit Aussicht auf Knast. – Das schlägt glatt aufs Gemüt, TILO SARRAZIN hat grade das Glasperlenspiel der Euro-Story aufgereiht (17.7.). Mal sehen, wer auf ihn einschlägt:

- der Euro-Entschluß basiere auf der Eitelkeit Frankreichs (gegen die Mark!) und auf dem ‚unerklärlichen Agieren' HELMUT KOHLS in den Jahren 1990 bis 1992, ‚der die Wirkungen einer gemeinsamen Währung überhaupt nicht überblickte' – und Aufklärung oder guten Rat machtvoll in die Ecke trat, sei ergänzt,
- die Krieg+Frieden-Metapher sei der blanke Unsinn angesichts zahlreicher Kriege innerhalb von Währungsunionen, er nennt fünf Beispiele,
- gemeinsame Währungen seien immer Folge, nie Ursache von Staatenbildung,
- die kontinuierliche Mißachtung der gesetzten Regeln sei nicht böswillig sondern systemisch, ‚im Kern zutiefst politisch'
- europäischer Bundesstaat mit oder EU ohne Euro, das sei die Alternative, welche die Regierung ignoriere – das der Vorwurf!

Dem König von Oberkirch entspricht KURT BECK, mit gleichem Titel versehen, die Summen unterscheiden sich. Diese vordemokratischen Kosenamen haben den größeren Wahrheitsgehalt für sich, wobei manchem der hier bezogenen Titularträger durchaus Unrecht getan wird. Zugleich signalisiert die Umgebung damit, daß sie zum Fußvolk einsamer Entscheidungen wurde – und auch diese, die wievielte auch immer, auslöffeln wird.

Weil sie genau wissen, was sie tun, läßt sich von Verschwörung sprechen, allein über die Geld- (Zins-) Planwirtschaft, die Enteignung von aktuell 17 Millionen Altersvorsorgesparern, über die Einbindung der Pensionskassen in den Ankauf der Schrott-Papiere der Staaten – perfide.

96 = fertig, gold ok, rot zu hell, ging zügig zuletzt; wir speisen auf dem Rost zu Abend, die Sonne verschwindet hinter der Krüppelbirke, Elvis gast nach dem Ball. Marion hat Ferien und möchte aufräumen, wie immer. Mein Widerstand schwindet, wie immer. Valentin (35) rief an, er hat gekündigt, will sich selbständig machen.

23.7.   Jonas liest zum zweiten Mal GEORGE CLASON ,Der reichste Mann von Babylon' und will ein Gespräch. Schön, wie Dinge in Erinnerung bleiben, denke ich, aber Sekunden später: was treibt ihn!?!

„Für Vertrauensverlust gibt es keine Rückstellungen", schließt das HB-Briefing die Kartell-Manipulationen des Libor-Zinses über zwei Jahre ab.

Wir nehmen die Räder nach Osterholz, vorbei an den alten Bauernhöfen, uraltem Baumbestand und flanieren die Einkaufsstraße auf und ab. Bepackt geht es zurück. Abendbrot in der Sonne.

24.7.   Der Gutachter nimmt das Haus Maß, etwas kleinlich, und bringt den Waschkorb mit Immobilienordnern zurück. Was sich so ansammelt! – Der Nachbar ist anders, tritt heran und philosophiert. Er plant Schieferstelen im Garten, dazwischen Eiben, quadratisch geschnitten. Der Kontrast zu unserm Geröll-Wildwuchs-Küchengarten könnte nicht größer sein. Je nun, eins provoziert das andere.

26.7.   Zweimal drei Coachings = sechs Protokolle, das werden lange Wege. – Das Kostüm sei bekannt, heißt es von ANGELA MERKELS Auftritt in Bayreuth. – Auf einen neuen Appell einer

Gruppe von Ökonomen läßt sie – auch bekannt – antworten, die Regierung sei nicht der Auffassung, daß Europa auf einen Abgrund zusteuere. Sie nehme diese Expertenmeinung als solche zur Kenntnis.

Abends Biografisches über NINA HAGEN, und kein Wort zur Frisur!

27.7. Ich erkundige mich nach Möglichkeiten einer Ausstellung. Die Leute wollen in Ruhe essen und sich nicht erschrecken oder diskutieren, erläutert der Chef des Kaffee Worpswede, er ist gleichwohl interessiert. Ich sollte mir was überlegen.

Abends startet Olympia in London. Die Aufführung der englischen Geschichte beeindruckt mich. Mr. Bean kenne ich schon. Und 200 Nationen machen mit, alle auf der Erde! Bei G sind wir erschöpft.

28.7. Der Tag beginnt ohne Vorbereitung mit Marion. – Es schüttet, ich schreibe Protokoll, wir fahren zur Waterfront, was kaufen.

SUSANNE LOTHAR starb, Melancholie befällt mich. Vor fünf Jahren verlor sie ihren Mann, ULRICH MÜHE, der von der Last „... der Anderen" nicht loskam. Es stirbt sich nicht mit 51, die Zeitung schweigt – einen Tag. Ich räume, fege, ablege, Klausur kommt, Olympia.

ALEXANDER KLUGES Jahrhundertskizze greift die Ereignisse quer zur Wahrnehmung, versetzt den Blickwinkel und das Feld ist (wieder) offen! – Seine Fußnote 12/656 ist tollkühn: die Freikorps und die Rote Armee im Ural zusammenzuziehen, einem Gedanken ERNST JÜNGERS 1919 folgend, um dem Komplott von Versailles zu trotzen.

Impulse dieser Wucht gehen ANGELA MERKEL ab, wenngleich sie FRANCOIS HOLLANDE aus dem Augenwinkel folgt. Da sie beide retten wollen, aber nur einer zahlen soll, kann die Verbindung nicht halten. Da gehört Frankreich einfach zu Südeuropa.

29.7.   wieder SONNTAG

... und wieder mit unverstandenen Träumen hinter mir, amorph, große Muscheln wurden freigelegt, daraus entnahm ‚es' und wollte essen, das unterbrach ich und praktizierte die Muschel zurück mit den Worten, ich habe grade verhindert, daß ‚es' Dich zu sich nahm. – Mir fehlen nicht nur Verstand sondern auch Worte. Kein Wunder, beides hängt ja zusammen.

Bei der Sonntagzeitung geht's dann wieder: wenn der rumänische Philosoph bemerkt, unseren Politikern fehle die Reife, dann berührt das – peinlich. Vielleicht ist der Bericht aus Nordkorea hilfreich. Dort ist die Unterwerfung Tagesgeschäft ohne Sublimation.

GÉRARD DUSSILLOL formuliert TILO SARRAZIN aus französischer Perspektive – zwei Kulturen! Nach fortlaufender Abwertung des Franc über fünf Jahrzehnte war die gemeinsame Währung der Ausweg ohne Aufwand durch die Verhaftung Deutschlands. Das sah MR. MITTERAND 1990 genauso.

96 wird jeden Tag fertiger, zwischendurch eine 90-Minuten-Beratung auf der Terrasse gegeben.

Ein griechischer Bieter erwirbt OTTO DIX' Farbkreidenblatt seines Söhnchens Ursus für 190.000 €, rechtzeitig vor dem kommenden Zwangsumtausch.

„Im Vertrag angelegt ist ein zutiefst korruptes Begünstigungssystem", resümiert STEFAN HOMBURG das Brüsseler Beziehungsgeflecht namens ESM – in der Verhandlung vor dem Verfassungsgericht bei Vertretern der Regierung wie bei Abgeordneten des Bundestages seltsam unbekannt – von angelsächsischen Kanzleien erstellt, bei dem das Pochen auf den Wortlaut keinen Boden mehr findet:

- entgegen ministerieller Behauptung keine Belastungsobergrenze
- Volumen 700.000.000, bei Verdoppelung des Ausgabekurses 1,4 Billionen

- Nachschußpflicht bei Ausfall eines Staates
- Banklizenz überflüssig, weil von jeder Zulassungs- und Lizensierungspflicht befreit
- unbeschränkte Kreditaufnahme und Anleihebegebung möglich = Eurobond-Äquivalent, alle Staaten haften
- unbegrenzte Geheimhaltungspflicht und Immunität für Mitglieder des Gouverneursrates
- Räume und Archive unverletzlich
- alle Tätigkeiten des ESM jeder Form von Kontrolle entzogen.

Der Bundestag kenne weder die Rettungsprogramme noch die Zahlungen im Einzelnen – anders als die Abgeordneten des US-Kongresses, die auf Klage hin erfuhren, an wen mehr als 100 Milliarden Steuergelder gingen: an Goldman Sachs und Deutsche Bank. – Gefahr: eine von der Finanzindustrie beherrschte Plutokratie – das Ende der ‚Magna Charta Libertatum‘, 1215 von König JOHANN OHNELAND unterzeichnet. Die Brüsseler Nomenklatura braucht auch kein Land.

30.7. Das Land ein gegliedertes System nach dem Modus Kaiser – König – Landgraf. Heute beleuchtet die Zeitung die Leistungen der mittleren Ebene, der bereits apostrophierten. Neben dem König von Oberkirch und König Kurt kommen weitere Exponenten zur Sprache, die „etwas gestalten" wollten und damit jeweils verwaltete, i.e. anvertraute Gelder des Volkes im Umfang von so 500 Millionen versenkten.

Dazu zählt zuvörderst Herrn MAPPUS‘ ENBW-Deal, aktuell auf 800 Millionen Verlust gesetzt, konvulsiv mit dem Zocker von Barclays. Der schamlose Zugriff ist dem gemeinen Mann glücklicherweise durch die heilsame Grenze der Kreditwürdigkeit verwehrt. Die ist weiter oben oft hinterm Horizont. Das beflügelt den kleinen Mann in windiger Höhe und fördert desaströse Eskapaden. Er neigt dann, angesprochen, dazu, den Mund unbekümmert und so unbekömmlich voll zu nehmen. Eine immer bereite Entourage im Status der Willigkeit sowie Staatsbankenbegleitung als ‚Lender of last resort‘ hilft der Promotion schon auf den Weg. Schlimmstenfalls droht umstandsloser Rücktritt und Rückzug aufs Anwesen.

Eher Randkönige sind hiergegen etwa MANFRED STOLPE, der für seine Lausitzer Formel-Eins-Rennbahn 300 Millionen einsetzte, vielleicht PETER MÜLLER mit dem Gondwana-Park (alles Freizeit), schließlich OLE VON BEUST, dessen Hafen-Philharmonie grade bei 500 Millionen Aufschlag gegen geplante 77 ankommt. – Das Land strotzt von vollmundigem Glücksrittertum. Die Leute sind daher oft schwer zu verstehen. – Beim Reclam – Titel aus den zwanziger Jahren „Im Tal der Könige" ging es um Ausgrabungen in Ägypten. Der Titel taugt doch auch fürs Versenken, fürs Vergraben.

Und dann ist mir ein Planungstermin „beim Kunden" so galant abhanden gekommen, daß es mich fassungslos macht. Wie gut da bedenkenloses Einräumen tut, erfahre ich am Telefon. So geht's allerdings den ganzen Tag über: ein Mieter schwindelt dem Verwalter vor, er habe bezahlt, ein weiterer Student beschwert sich über die Note, die Bank will bis morgen 10 Tausend sehen, der Geschäftspartner, dem ich die gleiche Summe lieh, schwurbelt plötzlich – er schäubelt!

Derweil beginnen die Schattenmänner Europas, JUNCKER und Sen. DRAGHI, auf Deutschland zu schimpfen, weil es zögert. ANGELA MERKEL gebraucht doch schon die gleichen Sätze „alles tun, den Euro zu erhalten"! – MR. GEITHNER besucht den deutschen Kollegen auf Sylt, die Leute nehmen Wege auf sich – der US-Finanzminister muß massive Interessen vertreten. Ach ja, er war letztes Jahr in Breslau auch dabei, beim Treffen der EU-Finanzminister. Die „Bestrafung" auch von Leistungsbilanzüberschüssen wurde auf seine Initiative in die Verschärfung des Wachstums- und Stabilitätspaktes aufgenommen, dafür gabs nur einen Adressaten. Wie stimmte Herr SCHÄUBLE, Vertreter deutschen Interesses? Wie MR. GEITHNER wünschte? Da alles geheim ist, bleibt es ein Geheimnis. – Einer nennt es die „Lirarisierung" des Euro. – Sein Nachfolger wird JACOB LEW. Der wird das Gleiche tun. Anfang 2014 wird er ungebeten den

Finanzminister in Berlin heimsuchen, mit der Aufforderung zu mehr Binnennachfrage und so.

Ein rumänischer Parteivorsitzender wollte den Präsidenten zum Rückzug zwingen. Dafür hat er das Volk zur Abstimmung gerufen und sogar an den Stränden Lokale für die Stimmabgabe aufstellen lassen. Es kamen aber wenige. Jetzt wurde ein Dokument entdeckt, worin der Umbau aller Institutionen geplant ist, getarnt als Entstalinisierung, unterstützt von einer „Gewerkschaft der demilitarisierten Securitate-Leute". Was machen eigentlich unsere? Ihre Meinungen sind bekannt, ihre Pläne nicht.

31.7.   Vor dem Urlaub bekommt jeder ein Buch, nach Amrum geht die Stuttgarter Gedächtnisvorlesung des BERTHOLD SCHENK VON STAUFFENBERG „Auf einmal ein Verräterkind". Die Literatur über das Fortleben der Geschichte in der nächsten Generation häuft sich. – Die Buchungsnummer des Fluges wird ans Handy geschickt, mein Gott, wird mir geholfen. – Wir bringen Elvis nach Guantanamo, soll sich gebessert haben, und queren die Republik südwestlich, Stop in Alterkülz. – Die Kirche gegenüber gibt viertelstündlich Laut, gellend. – Thema für Nr. 97? Staffellauf im Königreich? Mal sehen, etwas grob.

1.8.   Die Matratzen sind gut, die Glocke hielt uns wach. Tut nichts, früh ans Frühstück und weg. Die Ortsnamen zeigen an, wie tief Deutschland reicht. Dutzende, der Wirt meinte Hunderte von Windrädern ragen über Wald und Feld. Das Gebiet macht einen technisierten, ja industrialisierten Eindruck. Wenn der Wind aufs Haus geht, sagt er, ist das Rauschen des ein Kilometer entfernten Flügelschlags zu hören. Vögel meiden das Gebiet. – Die Fraktion der Natur- und Tierschützer im links-grünen Block muß sich da fügen und nach präsentationsfähigen Erklärungen suchen.

Hahn-Flughafen hat sich verändert. Wir platzieren das Auto, unsere Personenwaage wird bestätigt. Um 11 Uhr an Bord, also, daß Vivaldi seine Konzerte für die Ruhigstellung des

Flugvolkes geschrieben hat, will ich nicht glauben. Es nervt und Bodo Bach hätte da bestimmt mal ein Problem.

Gleichwohl, nichts hält mich:
Schreiben Sie auf: Was ist der wahlenkonstituierte Staat (max 5, reicht bestimmt nicht)

A – eine Geld- und Vermögensabpressmaschinerie
B – ein fremdfinanziertes, selbstreferentielles Alimentationssystem
C – Geburtshelfer eines Systems von Eitelkeiten
D – die größte Massenorganisation auf niedrigstem Niveau von Kompetenz und ohne Verantwortung
E – ein prozessierender Erstickungsmechanismus menschlicher Fähigkeiten, d.h. ein demoralisierendes System ihrer Stilllegung
F – die Aufwertung staatlicher Kerninstitutionen zu Verfassungsorganen biete Plattformen für den größten Unsinn, für permanentes ideologisches Gelaber, die Installierung von Wahnvorstellungen als Parteiprogramm, womit Mehrheiten geködert und Minderheiten reguliert, stranguliert, der Volkserziehung unterworfen werden.

Keuch: *wemmer lang sitzt, fälld eim viel ein.* – Ab Santiago de Compostella gewinnt die Ablenkung Oberhand. Die Schwester winkt vorm Haus, dort findet großes Muschelessen statt. Der Rosé ist grandios, sowas Trockeneres kannte ich nicht. Jörg schenkt kontinuierlich nach, darüber geraten die Mengen aus dem Blick. Irgendwann verläßt Marion wortlos den Tisch, ich tauche nochmal wieder auf. Wir sind sowas von besoffen …

2.8.   … aber ohne Kopfschmerz! Und erholen uns nachmittags am Atlantik bei Tapas.

Die reichste Großgrundbesitzerin Spaniens ist die Herzogin von Alba. Ihren Konten werden 50% der landwirtschaftlichen Subventionen aus Brüssel gutgeschrieben. Das geht so seit vierzig Jahren, dito Frankreich, dito Deutschland. Knallharte Wettbewerbspolitik des Politbüros. Irgendeiner seiner vielen Grundsätze wird das schon erläutern.

URSULA VON DER LEYEN aus den Augiasställen Hannovers scheint mir der Inbegriff des Quantums Netzwerk und Macht. – MARGOT HONNECKER lief dagegen auf dem Holzweg, auf dem Knüppeldamm. – JÜRGEN TRITTIN freut sich diebisch über die EZB, die der Stolperpolitik von ANGELA MERKEL schon Beine machen werde.

Die amerikanische Basketballmannschaft spielt mit Nigeria – 156 : 71.

3.8. Atlantikstrand, wir laufen, sammeln, laufen zurück, essen, zurück zum Strand …

Die dunkle Seite der Macht hat einen größeren Zusammenhang als Brüssel, die ‚Emergency Liquidity Assistance' und den Rat der EZB. Denn es gab die ‚Bank of Credit & Commerce International', also BCCI, mit deren Zusammenbruch 1991 auch ihr Nachrichtendienst und ihr Diplomatisches Corps verschwanden. – Vielleicht nur Formwandel der Verschwörung? – MARC LOMBARDIS Soziogramm „finanzfeudaler Gegenwartsstrukturen" wurde kurz vor Eröffnung seiner Ausstellung zerstört, er selbst drei Wochen drauf erhängt aufgefunden.

Unsere Betten stehen getrennt, das geht so nicht.

4.8. … der Lärm von Mensch und Tier hält wach, es geht nach Careira, Durchkämmen des trocken gefallenen Gebietes, es regnet ein, wird stärker, wir ziehen uns zurück. Zum Parkplatz, Schläfchen, weiter ins Café zu *tarta almendres*. Der Stierkampf ist gebucht.

Dialog 1:

A: wie lang schätzen Sie die HELMUT KOHL verbleibende Zeit?

B: Warum ist das von Bedeutung?

A: Für alle, die Regierung hängt daran.

B: Sie ist gewählt!

A: Sie verstehen die Menschen nicht!

B: Frau Merkel versteht ihre Kollegen nicht.

A: Dann verstände sie sich selbst nicht, was bezweifelt werden kann.

B: Sie meinen, die Leute wissen, was sie tun?

A: Das oft nicht, oder besser: irgendwann nicht mehr, aber: wozu!

B: Und das hat mit HELMUT KOHLS Zeit zu tun?

A: Ich vermute es – es könnte die Situation entspannen.

B: Wenn es nicht zu spät ist.

A: … für ein Land nie, aber: zu viele Leute haben ihre Haut verkauft.

Sitzen im Gasthaus bei Kaffee und Blick aufs Meer, der Stimmenwirrwarr ist groß, lesen oder schreiben, das Andere regt an, Marion studiert das Elektrobuch für die Schule.

JÖRG ASMUSSEN blieb einer entscheidenden Abstimmung des Brüsseler Komplotts bzw. dem agglomerierten Rat der EZB fern. So gab es nur eine Gegenstimme. Das war die des Großgläubigers Deutschland. Der Chef konnte ihn als unzuverlässig und als Querulanten der Presse überstellen. Herrn ASMUSSEN ist der strafrechtliche Topos des Handelns durch Unterlassen Teil seiner allseits nachgefragten Kompetenz. Nur die strafrechtliche Würdigung steht im Streit, das läßt ihn ungeschoren.

Ich lenke mich ab, eine Frage der persönlichen Hygiene, bevor ich mich nicht mehr leiden kann. GERHARD ROTHS Portraits beginnen mit van GOGH. Der schrieb zum Format des Nachtcafés:

Das Café kann ein Ort sein,
wo man sich ruinieren,
wo man verrückt werden
und Verbrechen begehn kann.

Das ist eine schöne Auswahl. – Der Ort ist in Aufregung, feiert, alle verkleidet, Carnival!

5.8. SONNTAG

MAX FRISCH erinnert ihn an chinesische Bestatter in Wild-
westfilmen. – Im Traum traf ich auf Angela – wer ist Angela,
die spontane Sympathie, ja körperliche Nähe ließ mich nicht
zu Wort kommen.

Das Frühstück findet jeden Tag später statt. Um 12 Uhr sitzen
wir am Hafen, mir fällt die Kamera hin beim Fotografieren!
Marion kann es einrenken. Meine Fähigkeit dieses nervösen,
leicht verärgerten Herumlavierens mit den Dingen.

Wir fahren zu viert weiter in ein kleines Restaurant unter
Weinreben, für feine *raciones*, schönen Wein. Auf das Ange-
nehmste gesättigt und kaum angetrunken geht es über das
galizische Straßen- und Autobahnnetz weiter, alles ausgebaut
auf das Feinste, die Milliarden billigen Geldes atmen noch,
kaum Autos darauf. Ankunft in Pontevedro – über Parkhaus,
Bar und Stadion zum Stierkampf. Ein großes Rund mit Stein-
blockreihen, mit weißem Tuch für persönliche Entscheidungen (Freude, Zustimmung) und Broschüre. Dann Einzug eines Musikzuges, Spiel durchs Rund mit Stopps und Drehung
zum Publikum. Und dann – Spanien ist anders – wenn das
Milchglas der Eurobrille beiseitegelgt ist. Drei Torreros, Ju-
lian López, genannt El Juli, Sebastian Castella und Alejandro
Taralante nehmen je zwei Stiere, nachdem die Picadores und
die Banderilleros vorgearbeitet haben, vom Pferd fielen, welches zweimal vom Stier geworfen, der dritte Stier nach dem
Wurf des Pferdes in den Vorderläufen verletzt und aus dem
Stadion geleitet wurde, von Ochsen, die orientieren und beruhigen.

Sechs mal geht der Stier zum Ende unter dem geschliffenen
Degen, mal sofort, mal taumelnd, einmal durchs halbe Rund
laufend, bevor er sinkt. Applaus. Nach drei Stunden verlassen
wir die Arena, im Jahr 1900 inauguriert mit 7600 Plätzen. –
Durch die Nacht zurück nach Queiruga, bei Bier, Wein und
Brot über alles geredet, am Ende zu Hemingway greifend,
Tod am Nachmittag (1932). Dazu etwas von Reinhard Mey:
Männer im Baumarkt. Ich mochte ihn nicht, er macht es gut.

Arena Pontevedro

6.8. „Im Hochzeremoniellen des Kampfes um Leben und Tod verbirgt sich die Verneigung vor dem Ende, noch in der alerten Aufrichtung des Toreros, dem Blumen und Hüte zufliegen. … nachdem der Tote hinter dem Pferdegeschirr aus der Arena geschleift ist, mit Applaus verabschiedet. – Die Einbindung der Hybris verschafft … Sicherheit." (Q.: – Hemingway?)

Nachmittags in Xunio, auf der Terrasse der Bar Furnass hinterm Strand – das genügt völlig. Um vier Uhr sind wir allein, um sieben ist es voll.

7.8. 4 Uhr morgens, fast schwindelfrei: SIGMAR GABRIEL (AAA*) gab eine Erklärung ab, um sich endlich von der Kanzlerin abzusetzen und ins Fernsehen zu kommen. Im Namen der FBB** erklärte er die Schulden für vergesellschaftet, jetzt hätte jeder was davon. – Das Fernsehen ergänzte sich (Aktion Selbstbefruchtung), dazu gäbe es auch die Meinung von Ökonomen, Fremdverschulden sei aber auszuschließen.

*Alter auf Anfrage – **Fraktion Bahnfahren in Berlin

101

Regierungslagerist Brüderle trat hinzu, frisch vom Frisör kommend, der ihm das Haar glatt geschnitten hatte, und meinte, die Regierung sei einer Meinung, die sie sich vorbehalte. Schließlich werde in Deutschland immer noch gewählt, auch wenn wir jetzt die Schulden billig los seien! Er kandidiere weiter, wofür auch immer. Alle beteuern: „Niemand hat die Absicht eine Mauer zu bauen." Das Perfide daran ist: damit wird jede Fluchtmöglichkeit unterbunden (wie neulich der Flug über die Kamtschatka).

Wieder im Vollbesitz meiner Kräfte: SIGMAR GABRIEL schiebt nach: dann aber knallharte Regelungen. – Wie jetzt, wie gehen die denn! – Naja, bei jedem Regelbruch knallts eben! – Wird das ein Lärm, das wäre eine Versammlung von Krawallbrüdern … das war wohl auch noch bei Dunkelheit.

Aus Italien kommt die Idee, man könne besser agieren, wenn man vom Parlament unabhängiger wäre. Wir daraufhin: auf die Idee ist ANGELA M. schon lange gekommen mit ihrem Neuner-Fraktions-Klüngel. Aber es gab Krach und so wird weiter in den informellen Freundeskreisen changiert. Aber den eher melancholischen Umgang mit dem geschriebenen Wort haben wir schon länger drauf seit dem Basta-Chef und den 3%, das Schieben und Ausgleichen können wir schon ewig, mit dem Länderfinanzausgleich, gucken Sie sich die konkursverschleppten Teile der Republik doch mal an. Und erst das Staats-Banken-System … Troika – Baroso – Troika, der Zirkus reist, beim dritten Besuch ist Athen plötzlich auf gutem Wege … Hallo, was haben sie denn plötzlich entdeckt?

Dialog 2, genauso sinnlos:

A: Herr Geithner hat seinen Amtssitz in Washinton D.C. Warum reist er nach Sylt?

B: er möchte den Finanzminister aufsuchen, zur Not auch im Urlaub.

A: es pressiert also, was meinen Sie?

B: nahezu alle erfüllen, nur die Kanzlerin bleibt einstweilen, nicht unzugänglich aber reserviert.

A: die Frage bleibt, warum Sylt!

B: der Finanzminister ist geneigter.

A: Sie weichen aus, worum geht es dem?

B: um Zeit.

A: warum soll der Finanzminister dem folgen?

B: fragen Sie anders …

A: der Finanzminister weiß „mehr", er kann es schlecht vereinbaren …

B: … als die Kanzlerin? – Sie haben die Rollen getauscht!

A: … daher bleibt er unverständlich. Aber er hat den Einfluß.

B: worauf?

A: … dem externen Zeitbedürfnis Rechnung zu tragen.

B: was zugleich zum Blick aufs Drama nötigt???

A: Gläubiger, die heil aus Griechenland rauskommen, fehlen beim hair cut.

B: … deshalb der Besuch, im Auftrag der Wall Street Portfolios?!

A: Und der Schwur, den die Kanzlerin geleistet hat?

B: Das ist parlamentarisch, und sie gibt ihr Leben in die Waagschale!

A: Herr Geithner wird also zufrieden gestellt?

B: … und sekundiert von Herrn Juncker.

A: … dem Chef der Verschwörung?

B: Nein, der ist sich Europa sicher.

A: Sie meinen, er kann über Europa verfügen – und sekundiert Herrn Geithner. Wer gewinnt?

B: Die Portfolios, Sie sagten es schon.

A: Nein, Sie sagten es schon.

Zeit für einen Dujardin. – Abends, 20.00 Uhr: Herr Grün meint das auch. Einem fiel auf, daß die EZB vier Milliarden ohne Abstimmung, ohne Beschluß an Griechenland durchreichte. Weil es klamm ist, darfs auch etwas heimlich sein und die Frist bis zur nächsten Tranche ja noch läuft. Fiel keinem sonst auf.

Ingmar Bergmann: Szenen einer Ehe.

8.8. Zwei Medaillen zu Wasser fürs Land, ich sortiere: einmal Silber für Kajak, darauf Marion: „Na, dafür singt ja keiner ein Lied!" – Ich breche zusammen (sagte mein Kollege früher regelmäßig!), also und einmal Gold für Kajak! Da wird gesungen. – Nach sechs Stunden Strand – Nebel! – Nichts! – Nur Spiegelung der Oberfläche, graue Wand, Sturz – um neun Uhr abends zur Schwester hoch. Es wird ein langer Abend über den Stierkampf. Um ein Uhr früh fahren wir zurück, besoffen und ohne Brille.

9.8. Beim Aufstehen Gold im Doppelkajak! Beim Frühstück Diskus im Zehnkampf ohne uns. – Wir fahren ins Städtchen zum Marktplatz, Café, Birra, nein, natürlich Cerveza, schreiben Karten. – Nachmittags im Wald, dann vor den Atlantik, der rhythmisch schlägt, draußen Dunst.

Urlaub, woher kommt das Wort! Aus Erfahrung weiß ich, was gemeint ist. Urlaub ist Einladung zur Verlangsamung, zum Entprogrammieren (nicht zum Löschen!), zum Hingeben, zum Betrachten, zum Drehen und Wenden von Selbstverständlichem wie auch von Neuem, dem Stierkampf etwa. – Bevor es wieder schlimmer wird, geht das kleine Telefon, dieser Urlaubsfeind: in 30 Minuten käme der Fischer im Hafen an, kaufen?? – Gegen meine Neigung ziehe ich mich an. Als wir ankommen, biegt der Kutter um die Mole. In den fünfzehn Kisten sind zu viele junge und wenige große Fische. Der Schwager kauft nicht. „Ich will das nicht unterstützen". Der Fischer ist enttäuscht von diesem Dauerkunden. Der Beruf ernährt kaum die Familie, ohne Steuer und Sozialversicherung ohnehin. – Am Strand zieht eine Gruppe großer Fische durch, ein kleiner fliegt durch die Luft.

Der Abend wird wieder lang, mit Langusten beginnend, Steinbutt, Weißwein – perfekt, später das Endspiel Deutschland – Brasilien im Beach – Volleyball, Gold wird's. Darüber kommt es zum knalltrockenen Rosé, gefolgt von Likören und ‚rotem Abgang'. Ich kriege das Auto auf die Straße und fahre instinktiv zurück. Marion möchte nochmal zum Marktplatz hoch und überhaupt wird die Nacht lang. – SMS an Jonas zum 22. Geburtstag, mit letzter Kraft.

Ihr schöner Körper – morgens um halb vier – ist alles, und nichts ohne ihren Gestus, ihre Haltung, die Bewegung ihrer Hände, die wenigen Worte, ihren Ausdruck, mit dem sie ihren Leib führt, ihr körperliches Selbstbewußtsein macht die Anziehung, der er erliegt – auch ohne jede Möglichkeit. – Er geht zum Apotheker.

10.8. Wir befahren den Berg Curota, von wo der Ausblick auf Küste und Atlantik fantastisch ist, zum Teil über Nebelbänke hinweg. Später zu einer Anlage, keltischen Ursprungs, wie es heißt. Riesiger breiter Zugang mit edelholzbeschlagenem Geländer, einem asiatelnden Tor und allerlei Baum- und Steinreihen. Alles übertrieben und Zweifel weckend, wahrscheinlich überladen aus den sprudelnden Kohäsionstöpfen.

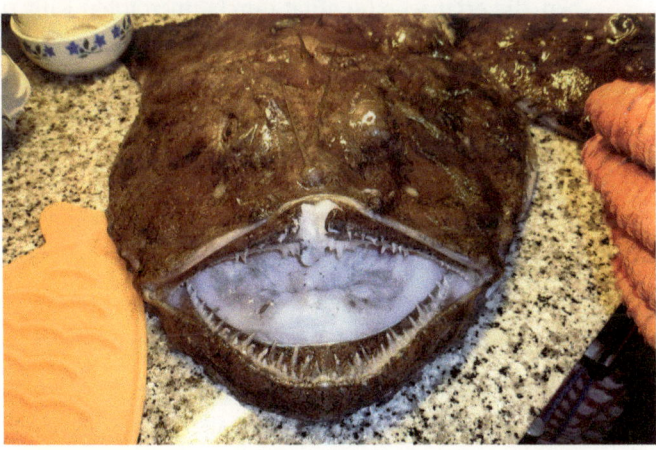

Auf dem Küchentisch liegt ein Rape, zu deutsch Teufelsfisch, engl. *monk fish*, mit einem für seine Länge von 35 cm unfaßbar großen Maul, ausgestattet mit zwei Reihen kleiner

Reißzähne – und noch klaren Augen, also frisch vom Fang gekauft. Mit Gummihandschuhen und Schneidewerkzeug wird der Kopf abgetrennt und der Bouillabaisse zugeführt, die Haut abgezogen, Brust- und Rückenflosse abgeschnitten und der Leib quer zum knorpeligen Rückgrat in Scheiben geschnitten.

Dazu der Kopf ausgenommen, Leber und Gallenblase wurden an Bord entfernt. Die nur in Öl vorsichtig gedünsteten, gebratenen Scheiben schmecken köstlich. Um 19 Uhr liegen wir am Strand, baden um 20 und sind zu Hause um 21 Uhr.

Viermal zweihundert Meter, neuer Weltrekord der USA, nur schwarze Frauen – ohne Ansage. So geht das weiter. Nüchtern ins Bett, das war lange nicht.

11.8. Beim Anblick der Tränen und Gefühle, in denen die Erstplazierten ihrer Hymne folgen und mitsingen, wird der Abstand deutlich, in dem die Horden des Europaprojekts die unterworfenen Länder planquadratmäßig erfassen, regulieren, plündern und neuzuteilen. Nichts in den schwarzen Zentren, die sie errichten, verbindet die Leute. Es ist, was alle totalitären Systeme anstreben, die erfahrene Identität durch einen toten Kult zu ersetzen, um die so Enteigneten manipulierbar, verfügbar zu machen. Ich meine die jährlichen Europafeiern, die Bedeutung nur durch ihr gewaltiges Gleichmaß gewinnen. – Zum Treppenwitz dieses Projekts gehörts, daß die demokratiekonstituierenden Prinzipien (Institutionen, Verfahrensweise) bei allem Verschleiß in schroffem Gegensatz zu diesem Monstrum stehen, wo Aneignung und Exekution prägend sind. – Achja, dazu die Hymne, der Gesang der toten Stimmen.

Zur Einstimmung auf den nächsten Stierkampf gehe ich durch einige Seiten von NEUHAUS, der die „grandiose Fiesta" des letzten Sultans von Granada beschreibt. 24 Stiere liefen auf, zahlreich war der Besuch aus den christlichen Königreichen Sevilla und Toledo. Knappste Illustration der Lage Spaniens vor 550 Jahren. – Um ein Uhr mittags fahren wir los, Stopp zum Mittagessen in Ribeira.

DRAGHIS Griechenland-Coup geht diese Woche wie folgt:
1. EZB gibt an griechische Notenbank
2. die reicht durch an Staat
3. und erteilt Schuldcoupons an griechische Banken
4. die hinterlegen bei EZB
5. und erhalten Bares, stimmt das so? ich glaubs nicht!

... es ist Stierkampf! Wir haben wieder gute Plätze im Stadion. Eine große Kapelle zieht durchs Tor der Stiere ein, wendet sich alle neunzig Grad dem Publikum zu, begeisterter Applaus, sind das Gefühle! – Die EU hätte bereits eine Regulierung in der Schublade, meint Jörg. – Es wäre ein Verbrechen an den Spaniern. – Der Arenadiener, der Sandknecht, fängt den Schlüssel im Hut. Der Kursus wird ein veritables Gegenstück zum Ereignis in der letzten Woche. Die Stiere sehen durchweg gut aus, kämpfen – aber der erste Torero, genannt El Cordobes, ist ängstlich, hält das Tier auf Abstand. Der Abschluß gelingt, wenngleich nicht übers Horn sondern mit seitlichem Einstich. – Nächster Kampf, der Stier wirft den Picador samt Pferd gegen die Barriere, wogegen sich der Picador mit wütenden Stichen in den Nacken des Tiers wehrt. Das Pferd wird kaum wieder auf die Beine gebracht, ein weiterer Angriff des Stiers bringt ihn wieder unter die Pica – das Publikum quittiert mit gellendem Pfeifkonzert, die Bandilleros retten die Szene auch nicht. Schwerfällig trabt der Picador dem Ausgang zu, die Barriere entlang, immer wieder den Blick zurück und bereit zum erneuten Zustechen, am Ausgang sich dem Stier zuwendend, als wollte er eine Attacke provozieren statt, wie ihm das Publikum pfeifend signalisiert, die Arena zu verlassen. – Ist es empfundene Schande, der Kraft und Wucht des Stiers erlegen zu sein, die Rache – oder Wiedergutmachung fordert? Oder Pflichtgefühl dem Matador gegenüber, dessen schwindende Fähigkeiten der Picador ja kennt. Ich weiß es nicht – und das Publikum entscheidet.

Der folgende Torero Pacquini, vom gleichen Picador unterstützt, kann nicht töten. Der Stier stirbt nicht, er verendet nach sechs fehlgehenden Stichen. Das Publikum skandiert „El Fandi". Der dritte Torero rettet den Kurs. Er gebietet dem

Picador schnell Einhalt und setzt die banderillas persönlich, geht mit dem Stier auf Tuchfühlung, führt ihn um sich, auf den Knien und macht ihm das Ende in Form. Den vierten Stier ereilt das gleiche Schicksal wie den ersten, ein schwarzes Tier, Jahrgang 2008, das in den Kampf geht, aber abgestochen wird. Achtmal sitzt der Degen schlecht, bevor der massige Leib zu Boden sinkt. Das Publikum wendet sich ab, skandiert „El Fandi" und unterhält sich mit der Laola. – Pacquini zeigt nochmal ein Schauspiel, nimmt den Stier so nah, daß es erschreckt, er greift nach dem Hut und verhöhnt den Stier, setzt dem den Hut auf, dreht sich um dessen Leib und bringt es zu Ende, mit zwei Stichen, der erste trifft den Knochen. – Ein Ohr wird genehmigt. – El Cordobas durchmißt die Arena unter gellendem Pfeifkonzert, warum tut er sich das an! Auch Pacquini geht es nicht gut, alles kommt auf El Fandi.

Und es war faszinierend! Störend ein alerter Spanier, Mitte 40, komplizierter Körper, der sich zuerst aus einem Lederbeutel Wasser in feinem Strahl zuführte, später einen Stumpen, „Porro", in Brand setzte, fortan kontinuierlich Rauch abblies. Als er damit durch war, schrieb er sms. Wie ein Kind, das Engelchen neben sich, das begleitet und behütet. – Wir verlassen die tosende Stadt in die Dunkelheit und sind über die Vorzeigestrecke gegen elf Uhr zurück in Queiruga. Nach einem üppigen Abendbrot bei weiterhin besten Weinen steuere ich den Wagen nach Son zurück, keine *Visez ma tente*. Aber Olivenza wäre die Krönung, schwärmt der Schwager, klein, ohne Überdachung, bei Wind und Wetter, beste Matadores. September ist bei HEMINGWAY notiert.

Das Pferd sei eher die komische Figur in der Arena, der Stier hingegen die tragische, schreibt der. Das bestätigt der Anblick des in dicker Verpackung auftretenden Pferdes, welches die Todesgefahr nicht (mehr) kennt. Aber wie es, vom Stier unterm Bauch gepackt, mit der mächtigen Nacken- und Schultermuskulatur angehoben gegen die Bretterwand kippt und reglos liegenbleibt, bis drei, vier Helfer die Beine wieder unter den Körper drücken, hieven, woraufhin es recht und schlecht in der Lage ist, wieder hochzukommen, das ist komisch bis grotesk. Alsdann steigt der füllige Picador schwerfällig wieder auf und läßt sich die „vara" reichen. – Der Fremden und Touristen wegen wurden die Bäuche der Pferde mit einer Art gesteppter Matratze geschützt – und der Autor resümiert:

,Der Stierkampf ist eine spanische Institution. Er existiert nicht der Fremden und der Touristen wegen, sondern trotz ihnen, und jeder Schritt, ihn zu modifizieren, um ihre Billigung zu gewinnen, die er doch niemals haben wird, ist ein Schritt zu seiner vollständigen Unterdrückung.' (HEMINGWAY)

Gold für die Hockeymannschaft. Dennoch: beim Aushandeln der Zuschüsse des Finanzministers vor vier Jahren wurde auf 88 Medaillen hochgerechnet, darunter 28 mal Gold. Das Ergebnis wurde in vier Jahren nicht angepaßt und liegt nun bei fünfzig Prozent. Die Welt verändert sich zügig.

12.8.   SONNTAG
Das kontinuierliche Kreischen bringt mich ans Fenster: gegenüber auf dem Dach stehen zwei junge vor einer alten Möwe und intonieren unter ständigem Heben und Senken des Kopfes direkt vor deren Schnabel ein durchdringendes Konzert. Die Alte senkt jetzt den Schnabel und blitzschnell sind die Jungen mit ihrem Schnabel drin. Eins zieht einen Fisch heraus und sofort beginnt der Kampf mit aufgestellten Flügeln. Die Alte, auf einem Kamin sitzend hebt zeitgleich mit lautem Kreischen an, dann ist Ruhe.

Nachmittags Basketball, nach der Halbzeit verlassen wir das Lokal, der Wirt nimmt reichlich und Mutti putzt schon um uns rum. Zweite Halbzeit am Marktplatz, die Nachbarn trommeln, können das Spiel aber nicht drehen. Die USA nehmen Gold, Spanien freut sich an Silber, ARNOLD SCHWARZEN-EGGER ebenfalls, HENRY KISSINGER klatscht. – Marion läßt meiner Gier ihren Lauf.

Dieser Abend in Queiruga wird zur Nacht, in der wir uns viel zu sagen haben. Beide Kinder wurden mißhandelt, beide Frauen haßten die Mutter, eine beschimpfte sie noch auf dem Totenbett. „Sie war eine Hexe", die mit dem Aktenordner „Unterhaltsprozesse" hinter dem Kopfende schlief. – Um vier Uhr werde ich betrunken ins Bett geleitet, Marion muß so um sieben Uhr nachgekommen sein.

13.8.   Um ein Uhr mittags erheben wir uns, suchen die Sachen zusammen. Jörg ist weit gefahren für Brötchen, danach an die frische Luft – schwer. Gleichwohl, die Weine im großen Eimer Leergut, den die Nacht hinterließ, sie waren vorzüglich, der Kopf ist klar und registriert die Erschöpfung des Leibes – kein Schutz gegen Wiederholung.
Nachmittags in die Bar Loreto auf dem großen Platz in Son. Es beginnt zu schütten. Marion findet einen Zettel für Sudokus, auf dem Bildschirm ist Normalität eingekehrt nach dem Ende der Olympics. Madonna zeigt die Zunge im Schwarzlack – und leckt.
Abends bei Pepe im Hotel, ich speise gegrillte Krake, zu viel. Eine Gruppe Spanier lärmt am Tresen, auf Einlaß in die Kellerräume wartend.

Die Spanier sind lauter als die Franzosen,
sie reden (noch) schneller als die Franzosen,
sie sind direkter als die Franzosen,
das Essen ist „besser", direkter, grober als in Frankreich,
die Weine sind erstklassig, klar – klarer …
Und dann noch Real Madrid!

Um Mitternacht ein Anruf aus Deutschland, Leon sucht einen DIN-A-4-Umschlag, wo die denn lägen …, um 9 Uhr morgens ein weiterer Anruf: ich habe Dein Auto kaputtgefahren, „die Mauer hat aber auch schwer provoziert, hättest Du auch gemacht!" – Wir flüchten zum Frühstück. Wer mein Auto kaputt fährt, kann auch den Hund holen, oder?, meint Marion. – Sie lernt unentwegt Physik:

auf dem Flachdach von Hannelores (who the fuck is Hannelore) modernem Kuhstallbungalow liegt am Montagmorgen schon eine zwei Meter hohe Schneeschicht. Das 12 x 5 m große Dach trägt maximal eine Last von 282 kN. … Schneesturm, es schneit 5 cm/Std.

Hannelore kann sich nicht aufrappeln, um Schnee zu schippen. Um wieviel Uhr bricht ihr die Bude über dem Kopf zusammen? Schnee hat eine Dichte von 0,29/cm^3.

Wir fahren nach Ribeira Fisch kaufen, mit Regenjacke und ohne Sonnenbrille. Es beginnt in einer Bar an der Hafenrandstraße, mit *Cafe para leche* oder gleich Bier und Leute gucken. – Dann in die Fischhalle, Fisch reichlich, in die Küche nach Queiruga und weiter ins Hotel zum Packen.

Auf einen Menschen, dem Spanien gefällt,
kommen ein Dutzend, die Bücher über Spanien vorziehen.
Frankreich verkauft sich besser als Bücher über Frankreich.
Wieder EH.

Zu Hause stehen etliche Folianten über Spanien, der Besuch hier war mehr. – Die junge Möve ist beim Flugversuch ein Dach tiefer gestürzt, jetzt krächzt sie direkt gegenüber. Der Gedanke an ein Luftgewehr ist nicht abwegig. Regen und Wind werden stärker.

HEMINGWAY bevorzugt den Dialog, um das Thema zu entwickeln, ALEXANDER KLUGE ebenso. Das gefällt mir auch. Der Dialog öffnet Räume, bewahrt vor schneller Zusammenfassung, welche Konturen, zumal sperrige, ignoriert oder übersteigert, Details frühzeitig begräbt, getrieben vom Vorurteil, vom Wesentlichen. Dann wird's schnell durchsichtig, langweilig, belehrend gar und schließlich penetrant, wiederholend. Davon hab ich genug (das gilt in beide Richtungen). Erinnerungen an alte Zeiten, an die Sparsamkeit der gegenwärtigen ‚nostalgischen Ideologen', wie ich sie nenne. – Der Partner muß nur seinen job verstehen: als Suchender, Widerstrebender, provozierend, und seis nur: wie meinen Sie das?

Abends passiert das Gleiche wie zuvor, Marion hat einen kolossalen Loup de Mer gekauft, vierzig Euro hat der gezogen. Er wird in Salzkruste gegart und kommt, ich wiederhole mich, mit köstlichen Weinen auf den Tisch – bis wir energisch aufbrechen, uns verabschieden – kein Ende im Hotel.

15.8. Ab um 9.30, schnurgrade Autobahn durch Felsgebirge, Berg und Tal egalisiert, nach Santiago – so was Feines gibt's nicht bei uns! Sparsame Beschilderung, wir finden den Flughafen, Auto weg, Gepäck weg – ein riesiges Gebäude mit wenig Publikum, wer soll hier in Nord-West-Spanien noch dazukommen? Alles Kohäsi-Geld. – In Hahn das Auto gefunden und ab nach Norden, 500 km. – Um 18 Uhr stehen folgende Themen im Fokus der informativen Grundversorgung:

Prozeß mit Sprengstoff – ICE hält auf freier Strecke, Rauch aus dem Triebkopf – Glasstücke in der Marmelade der Fa. X – das Wetter in Indien.

Ich fasse mir an den Kopf – Schatz, halt das Lenkrad fest! – Das kommt, wenn man das Land verläßt und die Wahrnehmung regeneriert. Ich bin ja erholt. Im Rückspiegel wird ein weißer Porsche groß, unheimlich schnell, beiseite und husch! ist das Prachtexemplar deutscher Autobauerkunst vorbei, dann das Interview mit einem 70-jährigen Drummer, der hier lebt und noch arbeiten muß – und seit Hardin & York mit allem zusammenspielte, was in fünfzig Jahren auftrat. Die ich alle kenne, es hat Eigenbiografisches, den Mann in seinem schönsten gebrochenen Deutsch erzählen zu hören. Auf ndr-jazz.de singt dann ein Ken S., klasse, „ist das eine Frau?", fragt Marion, danach zwei Pianisten in Jazz, wo die Fugen, Kantaten von J.S.BACH so überdeutlich herausklingen, unglaublich. Warum fahre ich nicht zum nächsten Jazz-Konzert nach Rostock! – „Weil wir die Ritterhuder Mühle haben", hilft Marion, da sei doch dauernd was los. Schon, aber eben in klein. Nein, weil ich über den Tag keine Minute auf sowas verwende!! – Zu Hause empfangen uns Jonas, Leon und Elvis, ein schöner Empfang – wenn auch zwischen Leergut und Wäsche, naja.

17.8. Zwölf Zeitungen … ein Haushaltsfachmann der SPD hat analysiert, daß Deutschland im Rat der EZB nur eine Stimme hat – und daher überstimmt werden kann. Die Lektüre ist kraftzehrend – das war doch der Sinn! So ist das im Gleichheitszirkus von arm und reich, wie bei uns – was regt der Mann sich auf?

Da bietet sich die nähere Betrachtung der ‚Euro-Zauberlehrlinge‘ des CHARLES B. BLANKART an, der solch erschütternden Erkenntnissen von Haushaltsfachleuten jeglichen Zauber nimmt. Jener zählt zu den 155, die 1998 vor der Einführung des Euro warnten – den sich ‚die Bundesregierung und die Bundesbank … ausdachten (!)‘, um der Klage Frankreichs gegen das ‚diktat allmand‘ abzuhelfen und dem französischen Primat der Politik entgegenzukommen. – Mit dem Übergang der EZB auf den Franzosen TRICHET und endgültig auf MARIO DRAGHI und der Anleihe-Inflationierung wurden

> ‚Staaten und Banken zu einem systemrelevanten staatsfinanzindustriellem Komplex vereint‘,

was der Lissabon-Vertrag untersagte. – Im zweiten Schritt beseitigte der EU-Rat 2010 die No-Bailout-Klausel jenes Vertrages, sodaß die EZB freie Hand zur Errichtung ihres Bailout-Systems hatte. Sie ist niemandem rechenschaftspflichtig, die Teilnehmer verfolgungsfrei gestellt und das Einstimmigkeitserfordernis verhindert jede Veränderung ihres Arbeitsmodus. Die Empfängerländer sind in der erpressenden Vorhand. – Alle Folgeregelungen wie Fiskalpakt sind wirkungslos und Augenwischerei für die Presse *(Anm.: wie die Folgezeit erweisen wird)*. Der Autor schließt:

> Es droht das Diktum von CARL SCHMITT: ‚Souverän ist, wer über den Ausnahmezustand entscheidet‘.

Die Hasardeure sitzen in Amt und Würden und verstricken das System bis zur Rettungslosigkeit. Keiner der Akteure hat ein Mandat auch nur eines der unterworfenen Völker dafür.

Daß HEMINGWAY schwer erträglich wurde, seine literarischen Produktionen zusammengeklebt, der Spanien-Roman überlangweilig, ich brachte ihn vor vierzig Jahren kaum zu Ende, gehört zum Gesamt, daß er in Frankreich 1944 122 Soldaten erschossen hat, völkerrechtlich Mord, wie KIELMANNSEGG annoncierte, macht diese archaische Figur zu einem Vagabunden der Zivilisation. Wenn die in den Grundfesten erschüttert wird, mutiert er zum Terminator. Die Biographie von K.S.LYNN erschien sechs Jahre nach den „selected letters", aus denen jener zitierte, enthält dazu aber nichts. Eine der nächsten Biographien wird das korrigieren.

Heute geht das Telefonieren schon besser, ich habe sogar der Polizei geschrieben, die mir ein Beweisfoto wegen Geschwindigkeitsübertretung zukommen ließ. Nichts leichter als das!

Marion bereitet einen streng spanischen Abend mit den Nachbarn vor, den sie am nächsten Morgen mit den Worten zusammenfaßt: in die Küche gejagt, abgefüllt und flachgelegt. – Wie kann, darf, soll, muß ich das verstehen.

18.8. Gäbs Wetten auf den Austritt/Ausfall aus dem Eurogebiet, ich tippte auf Finnland. Und siehe da, die sind „darauf vorbereitet". – „Ächz", sagt die spanische Bank, „noch ein fauler Kredit", und die Masse kommt noch. – Die Aktienkurse steigen so doll, weil alle auf anhaltende Subventionierung von Staaten, Banken und anderem Gelichter setzen. Früher stiegen sie wegen Erfolg, erwartetem Erfolg oder ähnlichem. Ein Leserbrief aus Japan nennt es die ‚Zombifizierung' der Gesellschaft. –

Die Erinnerungen von WERNER SPIES versprechen Arbeit am Traum der Sehnsucht nach vergangenen Zeiten und Plätzen, nach nie gehabten Begegnungen, Kontakten, Erlebnissen, ähnlich den Pariser Jahren von NICOLAUS SOMBART. – Dort, wo wir wirklich waren, hängt die ewige Frage: ist es noch so wie damals! Das ist die Tristesse über das nicht zurückholbare Leben. Die fand SPIES bei PICASSO 1970, da erkundigte der sich nach dem Blick vom Balkon in Barcelona, den er vor Jahrzehnten hatte. – FRANCIS BACONS „Figure Writing Reflected in Mirror" erreicht mit 40 Millionen $ Rang 2 bei Sotheby's.

19.8. Der zweite Spanienabend bei Freunden hat den richtigen Wein für sich, ‚Vigna Sol'. Klarer Kopf nach fünf Flaschen, eine bisweilen scharfzüngige Debatte, die Frauen sind anders als wir. Das ist bekannt.

Die zu Lagerhaft verurteilten Frauen von Pussy Riot sind sich ihrer Sache sicher. Das Schweigen des Ex-Kanzlers und Putin-Gesellen stinke, endet der Kommentar. Der dritte im Bunde solle der Teufel sein.

Die gute Botschaft: 13% der Deutschen glauben, daß es ihre Kinder mal besser haben werden.

,1917' ist die Ausstellung im Centre Pompidou betitelt, die WERNER SPIES bespricht. Das wüste Ereignis bleibt präsent als der „unbegreifliche Horror". So stehen Gedenktage und Denkmäler im Land und zeigen alle dasselbe, die in Stein gemeißelte Melodie. Und die Betrachter mühen sich ab zu begreifen. – ERNST JÜNGER fand einst zwei noch zusammenhängende Finger, die er zu einer Zigarettenspitze umarbeiten lassen wollte. KZ-Häftlinge arbeiteten 25 Jahre später einen Lampenschirm aus der Haut von Vergasten. Der stand im Büro des Kommandanten. Es gibt Zustände, da liegt vieles nahe, wenn der Leichengeruch vor dem Wohnzimmer steht, Teil des Tagesablaufs wird. Was die Erinnerung sucht, bleibt unklar. Sie sucht nicht das Heil wie die Souvenirproduktion, sie sucht nicht die Toten, was gedenkt sie in Form der Kriegerdenkmäler? – Muße oder Verzweiflung, fragt der Autor. Beides, vermute ich, wobei die Verzweiflung treibt und die Muße als asymptotische Sehnsucht gewonnen werden will.

20.8. Die fünfzig Mitarbeiter, die in Luxemburg die „Kreditmaschine für die Ewigkeit", called ESM, bedienen werden, genießen allesamt Immunität. In der bürgerlichen Gesellschaft ist das der GAU und es stellen sich zwei Fragen. Wer ist hier Auftraggeber für exterritorial gestellte Gremien? Was müssen das für Aufträge sein, daß die Beschließenden und Ausführenden von Verfolgung und Verantwortung für ihr Handeln freigestellt sind? Wer stellt solche Regeln auf? Warum? Wer ist Souverän? Es wurden mehr Fragen und es werden mehr. Das klingt nach „Matrix". Und es wird einfach gemacht. Und es interessiert niemanden.

Gesprächsidee:

A: Mr. Geithner traf Herrn Schäuble überraschend, oder kurzfristig im Urlaub, auf Sylt, was meinen Sie dazu?

B: er ist so frei!

A: ... als Mitglied einer auswärtigen Regierung?!

B: ... einer befreundeten!

A: ohne Einladung! Womöglich ohne Anmeldung, oder bewußt am Rande der Republik vereinbart, das hat etwas Drohendes!?!

B: sein Anliegen muß bedeutend gewesen sein.

A: was interessiert ihn so aktuell? Er kennt das Risikogefüge des Währungskonfliktes!

B: ihn interessiert sein Land.

A: Sicher, werden Sie genauer.

B: ... die Investoren in Euro-Anleihen

A: er reist im Bankenauftrag?

B: es gibt auch staatliche Ankäufer.

A: was wollte er nun dringend!

B: ... daß der Finanzminister dem Drängen der Mehrheit folgt.

A: im Rat hat D. eine Stimme!

B: später folgt das Stimmgewicht dem Finanzierungs- bzw. Haftungsanteil.

A: was will die Mehrheit, das sind Schuldner!

B: weiterer Anleihekauf und einen Schuldenschnitt hinausschieben

A: Mr. Geithner will eine Zeit-Zusage? Wofür?

B: für die verlustfreie Herauslösung amerikanischer Gläubiger aus diesem Engagement

A: die Verkäufer wollen Geld sehen, üblich … wer hat das?

B: die EZB, sie wird zwischenfinanzieren

A: vor einem Schuldenschnitt wird Geld transferiert!

B: das wird notwendige Folge sein.

A: Das bedeutet, daß die Gläubigerbefriedigung EZB-finanziert wird, der Haftungsumfang der verbleibenden Gläubiger wächst. Das sind Staaten, deren Völker!

B: das ist zutreffend

A: Mr. Geithner will also eine Zeit- und eine Geld-Zusage, was wird Herr Schäuble tun?

B: er hält am Euro fest, und an der Teilnehmerzahl.

A: … also dem Anliegen des Besuchers folgen?

B: das wird sich so ergeben

A: was wird er anstreben?

B: Anonymisierung, da er folgen muß.

A: was meinen Sie?

B: die Übertragung strategischer Entscheidungen auf supranationale Instanzen.

A: er hat also ein eigenes Interesse daran, Zeit zu gewinnen?

B: ja, soviel Zeit, bis diese „Euro-Internationalisierung" arbeitsfähig ist.

A: die persönlich frei macht? – Der Besuchte soll ESM-Gouverneur werden!

B: ja, persönlich frei und vom Parlament frei. Der ESM wird rechenschaftsfrei konstruiert.

A: den Parlamenten gegenüber! wer macht denn Vorgaben?

B: tuuut – tuuut – tuuuuuut …

Das ESM-Machwerk sei unter Federführung einer US-amerikanischen Kanzlei erstellt worden, called Freshfields Bruckhaus Deninger. – Wer, zum Teufel, hat Killing Fields, sorry, Freshfields beauftragt? Eine Kanzlei in Atemnähe der US-Regierung und weiterer Großgläubigern, aus dem amerikanischen Rechtskreis, dem in Europa Irland zugerechnet werden kann – um ein rein europäisches Thema von existentieller Bedeutung zu regeln. Das ist Unterwelt auf höchstem Niveau, Leute.

Weiter: Auftraggeber sei ein DR. SCHÄUBLE, dessen Amt 1900 Mitarbeiter bereithält … mein Wortschatz, meine Fähigkeit zu bewerten, geraten an ihre Grenzen. Die Zeitung hat es auch aufgegeben: er schwurbele, schreibt sie, an den Grenzen des Begreifens. Früher nannte man das Landesverrat, *isn't it?* Demnach gehörte es vor den Staatsschutz-Senat, ist da jemand zu sprechen?? Tut – tuut – tuuut … kein Anschluß. Heißes Wasser, Handtuch!

Vor Jahresfrist war der spanische Bankenverband gegen Anleihekäufe der EZB, es fehlen aber 29 + 14 Milliarden, also über Anleihe ist es einfacher. Dem leichtfertigen Geschäft stehen die Grundsätze wie Barrikaden im Weg. Wenn das Geld im Angebot ist?!

Die Stiftung der Gedenkstätten Buchenwald und Mittelbau-Dora dokumentiert das Lagersystem Gulag. Das Organigramm unter dem NKWD, dem alten Volkskommissariat für Innere Angelegenheiten, ähnelt jenem unter dem RSHA, dem Reichssicherheitshauptamt der SS bis ins Detail. ‚Der Führer' ließ ja etliches kopieren.

21.8. Wieder ein Jahrestag, vor 44 Jahren begann die Invasion in die CSSR. – Die Parolen vom Sozialismus mit menschlichem Antlitz rührten mich nicht seinerzeit, das mußte sein, denn es war Überzeugung.

MARTIN WALSER plädiert ganzseitig für den Euro. Es sei die Sprache, die jeder versteht. Weder Hölderlin, den er ausführlich zitiert, noch Klopstock können diese Auffassung untermauern –

sie kannten weder Brüssel noch EZB, noch ESM und all die über- und unterirdischen Organisationen, die für diese gemeinsame Sprache inzwischen vonnöten zu sein scheinen. Was motiviert MARTIN WALSER?

,Mirror-Check' von Joan Jones im Folkwang-Museum – als ,Live Art' – eine Nackte vornüber gebeugt, mit langem fallenden Haar, in der linken Hand in Kopfhöhe in einen runden Spiegel blickend – Schlag ins Kontor!

Das Land, wenns gestattet ist, hat ausgewiesene Schulden von 2,1 Billionen, die impliziten werden auf 5 hochgerechnet, dazu 30 Prozent aus dem EZB-Schuldturm, macht bummelige zehn Billionen. Und jetzt wird unter Getöse eine Schuldenbremse ins Grundgesetz geschrieben, das zugleich als veraltetes Machwerk ja seine Bedeutung an Brüssel abgeben soll – und hat. – Was geht in den Köpfen dieser Akteure vor. Dann lieber Tierschutz!

Nie wuchs er so hoch wie dieses Jahr, so mein Eindruck vom Mais, das Kraftfutter für Ethanol und Sprit. Das soll jetzt ver- boten werden und Frau KÜNAST war schon immer dagegen. Jede Woche *slap stick*.

22.8.   Wir besuchen meine zweite von fünf Schwestern in Hetjes- hausen, gegenüber Göttingen am Berg. Es war mir immer ein Vergnügen durch Hessen zu fahren des schönen Mit- telgebirges wegen, das der Autobahnfahrweg geschwungen mitnimmt. Das unscheinbare Haus ist – ebenso wie das der Schwester in Spanien – angefüllt mit schönen Dingen, altem Mobiliar, Geschirr, Gläsern und Besteck, die Wände reichlich bestückt. Kein Platz für einen zweiten Menschen, so mein Eindruck. Der Empfang ist herzlich, das Essen vorzüglich. Balda möchte uns Göttingen zeigen und so rollen wir den Berg hinab in die Stadt. Der Rundblick ins Land ist phan- tastisch, aus einer Senke heraus zieht sich ein weiter Feld- bogen hoch, die Bäume am kurzen Horizont stehen wie ein Scherenschnitt, kurz drauf wieder der weite Blick, mit dem Fahrrad wärs anstrengend hier. Göttingen ist gut zu Fuß, zwischen den aufwändig restaurierten Fachwerkhäusern, an Wolfenbüttel erinnernd, und alten Gemäuern. Die zahlreichen Plaketten erinnern an das goldene Zeitalter der Naturwissenschaften hier, zu deren nicht genannten Koryphäen ALBERT EINSTEIN und ROBERT OPPENHEIMER zählten. Der Abend wird lang – wie jener in Spanien. Die Dramen der Kindheit rühren mich an. Meins lag, allen Erbärmlichkeiten zum Trotz, wohl ‚eine Mutter weiter zurück‘. Nach fünf Flaschen gehen wir zu Bett.

Am nächsten Morgen geht es zur <u>Documenta</u> nach Kassel. „Paß auf, die haben Kameras hinter den Wänden versteckt“, warnt Balda. Heimtückisch, denke ich – woher kommt der Begriff? Es gab mal ein Heimtücke-Gesetz, naja, ich gerate wieder in die Übertreibung. Nach dem Verlassen des Parkhauses unter dem Fridericianum zeigt sich ein riesiger Platz, umstellt von der Nachkriegsarchitektur, drei- bis vierstöckige Reihenhäuser mit Satteldach, elend. Sieben Tage hatte die Stadt, Industrie- und Rüstungszentrum, nach dem Überflug von 570 Bombern gebrannt. Den Sprengbomben und Luftminen folgten 420.000 Stabbrandbomben, ein Feuersturm wie in Dresden. – Occupy zeltet vor dem Portal, im Erdgeschoß große Räume mit viel Wind. – Mich interessiert die wohl acht Meter breite Tafel des MARC LOMBARDI. Sie gibt die unsichtbare Oberfläche der Erde wieder, die Verbindung von Geld, Menschen, Institutionen und Positionen. Dagegen ist Einsteins Formel ein Witz, den Rest des Universums betreffend.

Aus den steinernen Resten der 1999 gesprengten Buddha-Statuen in Afghanistan wurden Folianten gemeißelt, aufgeschlagen, deren Originale in den Bombardements von 1941 vernichtet wurden, die Reste mit Wasserschaden in den folgenden. Dieser Gang durch die Barbarei ist feinsinnig.

Yan Lei aus Asien hat sein ein Jahr umfassendes Tagebuch ausgestellt, für jeden Tag ein Bild + Text nach Inspiration aus dem Netz. Das hängt von den Wänden, von der Decke, steckt in

Schubladen. Täglich wird ein Bild entnommen und bei VW lackiert (am Wochenende). So verschwindet es und wird konserviert, eine eigenartige Metapher der Vergänglichkeit.

Balda bereitet zu Hause noch ein vorzügliches Abendessen im Garten, wieder belegt die fatale Frühzeit die Gespräche. Später Abschied und zurück.

24.8. Nach Auftragsklärung für einen Workshop in Hamburgs Chemieviertel zum Verwalter in die Stadt. Der hat Geld und neue Verträge, weiter zur Sparkasse und zurück. Beiersdorf Dresden ist interessiert, im Oktober einen Workshop auf die Ostsee zu bringen. Schön, wenns mal klappt.

25.8. GUNNAR HEINSOHN spricht vom Auslöschungspunkt, den es gilt hinauszuschieben. Die Abrechnung möge kommen, wenn wir Privatiers sind und auf den Respekt unserer Privatsphäre pochen. Für den Kauf dieses Zeitraums verwenden wir das Volksvermögen, gerne auch das zukünftige. Und eine Kaste von Politikern rettet ihre Haut.

Das engere Umfeld des Geheimdienstmanns WLADIMIR WLADIMIROWITSCH PUTIN umfaßt acht Kreise, mit denen er bilateral Absprachen trifft, vielleicht eine Art dezentrales Politbüro.

Die neue Energiesparverordnung des Umweltministeriums mit dem neuen Herrn ALTMAIER als Chef möchte Behörden ein „Betretungsrecht für Privathäuser" einräumen. Es soll die Einhaltung von Energiestandards kontrolliert werden. – Es bleibt einem konservativen Minister überlassen, im Modus ökologischen Erziehungs- und Überwachungswahns in vertrauter Blockwartmanier die Privatsphäre zu kippen. Der stumpfe Verfassungstext „Die Wohnung ist unverletzlich" schert die Eiferer nicht. – Kabinettskollege RAMSAUER versteht sich immerhin zu dem Hinweis, das sei ‚Energiepolizei'. Fein beobachtet, stottere ich solcher Bemerkung hinterher. Auf der Gutmensch – Folie etabliert sich Diktatur als komplexes Genehmigungs-, Aufsichts-, Kontroll- und Verhaltenssteuerungsregime.

Zum Komplex Fiskaldiktatur wird ja nun schon auf Brüssel-Niveau das Erforderliche getan, gleichwohl findet der „Weltwoche"-Verlagschef klare Worte: „das Problem der Steuerflucht betrifft ausschließlich das Verhältnis des deutschen Staates zu seinen Bürgern" und „den vornehmlich linken deutschen Steuerimperialisten" ginge es um mehr, nämlich den Wettbewerb der Systeme zu beseitigen, „um die Macht des Staates gegenüber den Bürgern zu erhöhen." Damit hat er das Programm aller Europaflüchtlinge und der deutschen parlamentarischen Versammlung –ich kenne keine Parteien mehr! Sie etwa? – kurzgeschlossen.

Grade will ich ans Protokoll – sonnenloser Sonnabend –, da nimmt mich PETER GAUWEILER gefangen mit seiner Betrachtung des Brüsseler Ausgreifens auf die unterworfenen Länder: „alles so großtuerisch, so herzlos und leer", titelt er und greift – listig – auf SEBASTIAN HAFFNERS „Verreichung" Preußens zurück. Dessen Opfer wurde auch Bayern. Und nun die Staaten Europas für den „Vernunftstaat Europäische Union". Mich schauerts, wie nah an den totalitären Utopien ist das, wie nah an den Enden der Aufklärung, deren Zielprojektionen ADORNO und HORKHEIMER 1944 in ihrer Dialektik formulierten. Und GAUWEILER erwähnt diesen preußischen Adler, den einer der bayrischen ‚Staatsstreichminister', Crailsheim, hinter dem Starnberger See auf den Bismarckturm hat schrauben lassen.

Nächst den Nationalstaaten erfahren die Bundesländer die „Hochzonung", ihre Rechte werden nach Brüssel instanzt. Die Verfassung geht in den leisen Reißwolf, „reihenweise Bismarcktürme", denen die linke Opposition und die Regierung huldigen. Der im kaiserlichen Schimpfwort vom ‚vaterlandslosen Gesellen' verborgene Sinn tritt ins Helle des Brüsseler Sonnenscheins. GAUWEILER zitiert de GAULLES Warnungen vor der Umsetzung eines solchen Konstruktes, spricht von BARROSO und dem wahrheitsliebenden JUNCKER:

„man kann nirgends in Europa diese Namen erwähnen, ohne auf Kopfschütteln oder andere Gesten des Nichteinverstandenseins zu stoßen".

Die Enteignung des Souveräns müsse das Thema sein, welches als linkes Projekt „Ortlosigkeit und Unbezogenheit" zeige. Es ist das uralte Muster, das alle Facetten menschlicher Existenz ergreift und zersetzt, beginnend mit den Rechten, den grade als unveräußerlich erkämpften, den politischen, dem persönlichen Lebensstil, in der autoritären Versorgung, in der biologischen Enteignung sich festsetzt, dem Genderismus, und mit dem Anwachsen des Scheiterns in offene Staatsanweisung und -einweisung und in Kaskaden der Repression übergeht, deren finanzielle Seite bereits in Blüte steht. Das Projekt der Todessehnsucht spannt sich von den Nazilagern bis Nordkorea, die Vollendung des Kommunismus ist – ich wiederhole das in meiner verzweifelten Suche nach Worten – wie der Kult der Azteken „er frißt Blut" (EUGEN RUGE). Alles sei ein

> „auf Enteignung zielender Kollektivismus, ... seit Goldman Sachs neben Marx und Lenin getreten ist."

Wir wandern zu Anna, zu siebt, Jonas' Geburtstag nachfeiern, schön. „Neulich in Belgien", noch schöner, anschließend zu Bett, am schönsten.

26.8. Banken und Industrie spielen Szenarien des Zerfalls durch.

Abends ein JIMI HENDRIX-Durchlauf, mir schießt das Wasser durch die Augen, Pink Floyd im Rausch, ich auch – im Programm Soho 1966: die Geburt von Pink Floyd – Kitcheners, Roger Waters, *Nick Masing at Regents Street,* Sid, Bob, Roger und ich, die Leute schmissen Trips den anderen in den Tee, ohne ihnen was zu sagen, *turn on, tune in & drop out* – und ich sag Ihnen was, es war legal – Interview mit ALLEN GINSBERG, DR. TIMOTHY LEARY – Sid experimentierte mit LSD rum, sein Wunsch nach Einweisung wurde vom indischen Meister zurückgewiesen, zurück in die one-o-one Crumble Road, ab nach Patmos im Chrysler, pink – das unvermeidliche Trip-Schmeißen begann – zurück und Start als Bluesband, aber schnell weg davon, zu kurz! RAVI SHANKAR zeigte den Weg zu 30–40-minütigen Riffs, weg von dem R&B-Zeug. Zwei AC-30-Verstärker, im Club ‚The Countdown', es fehlten ihnen Songs!

,*All Sense Hall*' in Nottingham – vieles von der Musik, die wir spielten, war richtig schlecht, aber es kam an, das Publikum war wohl richtig stoned. Wir eröffneten den ersten psychodelischen Club, Anzeige im Melody Maker, 15 Pfund Miete, eiskalt – der Laden dann brechend voll – mit Freaks, man stand vollgedröhnt in der Gegend rum, schmiß LSD ein und ging runter, im UFü, jeden Freitag Pink Floyd und andere. Die einzigen über 30 sind Reporter, die herausfinden wollen, was hier vorgeht. – Musik als Erfahrung, nicht als Musik, ich nahm ein paar Trips und lag dann einfach auf dem Boden.

Kommen Sie und machen Fotos von ihnen, nur: nehmen Sie kein Essen oder Trinken an! Es gab dann Bilder in News of the World – und ich dachte, jetzt verhaften sie mich! Die Polizei kam und interessierte sich. Radio London sendete den ersten Song nicht, weil er Transvestismus fördere, deshalb kam er in die Charts – EMI – neben den Beatles Studios, Abbey Road, wo Sergeant Peppers entstand – und es kam heraus ,*Pipes at the Gates of Dawns*', das psychedelischste Album.

Das ist wirklich das Parallel-Universum, so nahe, wie es früher nie war! Dann gab es da noch ein weiteres, in dem ich Geld verdiente und Unfug trieb, was mich bald Kopf & Kragen kostete. Aber es ist das erste, was brennt! – Und es ist das erste mit allem, was recht ist, gemessen an dem Tanz über Gräben, der hier aktuell abläuft, ist der World of Freaks Circus das Interessante – mit der unsicheren Lebenserwartung, klar, auch nachdem sie tot sind und Heino, Heintje und Christian Anders leben. – Plötzlich ist da die breite Straße – alternativlos breit, der grade Weg, ohne Frage, ohne Zweifel, ich werde sein – der alte Mann, der geht … und weinte bitterlich. Tut nichts. – Ich kenne mich nicht, aber ich hüte mich wie meinen Augapfel.

27.8. „Die dümmste Entscheidung seit den Versailler Verträgen" nennt FELIX ZULAUF aus der Schweiz die Einführung des Euro, ich sage: 2:0 für Frankreich. ANGELA MERKEL hat recht: wir haben zweimal den Krieg verloren. Es herrscht eine komplette Geldillusion, alles wird im Gewebe des Wahrlügens verhängt, naja, alles schon gesagt. – „Griechenland-Mobbing" nennt der Außenminister Äußerungen, Griechenland werde wohl austreten.

Vorbereitung des Workshops Hamburg, Einfangen ambitionierter Zielmarken am Telefon. – Absage der Dresden-Anfrage, bin ich nicht interessant genug? – Marion macht Forelle in Salzkruste.

28.8. Früh raus nach Bremen, ein Vormittag bei HR Sparkasse, sehr kreativ, der Meister – und er genießt es, wie immer. Mein Partner sieht es ähnlich – und ein. Weiter Vorbereitungsgespräch für eine Mediation, Sport. – Zu Hause bereite ich das Abendbrot auf dem Rost vor, Packen für Hamburg.

29.8. Um 5.30 nach Hamburg.

„Ich möchte aus Schwerverletzten Steuerzahler machen", erklärte ein Arzt nach dem Krieg. Er war 1939 nach England geflohen und behandelte Soldaten. – Ein wunderbarer Satz, der heute in den Paralympics seine Entwicklung feiert.

Angola: aus meiner Zeit des Kommunistelns ist mir EDUARDO DOS SANTOS in Erinnerung. Der wurde als Bannerträger der <Obacht Mundart> ‚sozzjalisdsch'n Umg'staldung Afrigas' frenetisch gefeiert, newwa G'nossn! – Das ist zwar inzwischen abgesagt, aber dreißig Jahre später regiert er unangefochten, mittels Familie, ein paar Generälen und dem Chef des staatlichen Erdölladens. Die Zeit hat er zudem für private Vermögensbildung genutzt, mit Entwicklungshilfe satt. Mit geschätzten 30 Milliarden $ zählt er zu den Reichsten des Kontinents. Allerdings wird er demnächst 70. – Töchterchen Isabel wird auf zwei Milliarden geschätzt. Darüber verfügt keine zweite in Afrika. Mittels eines Pulks von Holdings geht sie auf Einkaufstour, vorzugsweise in Portugal.

Einen ähnlichen Ansatz kleptokratischer Vermögensbildung verfolgt der Ukrainer JANUKOWITSCH, WIKTOR. Er tritt als Kopf

einer familiären Dynastie im Parlament auf, auch eine gelunge-
ne Umfirmierung im kommunistischen Nachlaß. Nach gut zwei
Jahren sind die Installationen in den Bereichen Justiz, Finanz,
bewaffnete Organe inklusive Leibwache weitgehend abgeschlos-
sen. Die Steuerbehörde verfügt über eine eigene Polizei, ausgestattet mit schwerem Gerät. Das unterstützt schnelle Entscheidungen. Verbreitet ist das Modell der „ruinösen Steuerprüfung",
russisch inspiriert. – Die abgeschöpften Vermögen nehmen sich
im angolanischen Vergleich noch eher lächerlich aus. Es dauert
eben – und es ist Lebenszeit, das macht Druck.

Schließlich sei das Geschäftsmodell des Kollegen NURSULTAN
NASARBAJEW (72) genannt, der aus dem Zentralkomitee 1991
direkt zum „Führer der Nation" avancierte, auf Lebenszeit angelegt. Ausgestattet mit Vollmacht für alles, vor allem Immunität vor Strafverfolgung, möchte er über den Tod hinaus in allen
Dingen konsultiert werden. Ach so, ihm gehört der asiatische
Flecken Kasachstan mit seinen 2.700.000 Quadrat, da drauf
bummelige 18 Mios Insassen. Sein Parlament, besetzt mit seiner Präsidentenpartei ‚Strahlendes Kasachstan' hat der Familie
Besitzstandsgarantie fürs ‚Familiensilber' erteilt, das sind Milliarden. Er mag es, auf Befehl gefeiert zu werden, notiert Michael
Ludwig. Mit VLADI' PUTIN verbindet ihn manches kommunis-
tische Techtelmechtel. Abweichenden Ansichten zu seinem Re-
gierungsstil konnte er bislang entgegentreten. Alles Wesentliche
in Staat und Wirtschaft ist auf die Töchter und den familiären
Ausbund verteilt.

Hamburg Hauptbahnhof – S-Bahn – Mövenpick, Im Was-
serturm, ein feiner Platz. Die vier Teilnehmer sind schon da
und es geht in Kontakt. Der Personalchef Europa macht mit.

Mittags vom Feinsten und weiter bis halb sechs. – Wir laufen ins Schanzenviertel und ich merke: das ist alte Welt, die
in den Steinen steckt. Genauer: ich merke, ich bin alt. Das
passierende Publikum, alles Szene-Freaks (guck nich!), dazu
feine Wagen, Cabriolets. Ich muß weiterlaufen, suche die Ge-
sichter nach Bekanntem ab, keines antwortet! Ich merke, ich

gehe der verloren Zeit nach, Schanzenstraße, Schulterblatt, La Sepia, das offene Feuer beim Portugiesen, voll wie 1988, Susannenstraße, alles bunt und weit weg. Die sind ja alle grau, die ich meine – grau wie ich. Daß sie mich lassen, ist ja gut. Aber vergebens. So schöne Beine, so schöne Brüste, alles Sehnsucht. Ich hatte meine Zeit, die Gegenwart liegt weiter weg, die ist hier nicht zu finden. Oh Herr, ist Abschied bitter. Wer sich dahin begibt, braucht Kraft. Denn alles bestätigt sich, ich hol mir eine Quittung, ein Bettler am Rollator, voller Bierflaschen, tröstet mich. Wer legt mir die Hand auf die Schulter.

Fragen eines Lesers

> L: Sie kennen das Viertel aus Ihrer Hamburger Zeit, achtziger Jahre. Was hat sich verändert?

> Schr.: Insgesamt nichts, von Neubauten abgesehen.

> L: … also Wiedererkennung?

> Schr.: Nein, Entfremdung.

> L: Warum keine Zufriedenheit angesichts der Wahrnehmung: es ist, wie es war?

> Schr.: Weil ich davon gegangen bin und nach 25 Jahren zurückkehre.

> L: … und deshalb ändert sich die Wahrnehmung?

> Schr.: Es ist keine Rückkehr in Bekanntes.

> L: Dann geht dieser Wunsch nicht in Erfüllung, wenn man an Plätze aus der eigenen Vergangenheit zurückkehrt?

> Schr.: Es ist Sehnsucht, die anderes sucht als sie findet.

> L: … die also in Enttäuschung mündet?

> Schr.: … die durch sofortige Besetzung des Platzes mit Bestätigungen vermieden wird.

> L: Gelang Ihnen das?

Schr.: Nein, Erinnerung war präsent, aber statt Euphorie ging ich in seltsamer Ernüchterung, eher registrierend durch die Straßen.

L: ... also trotz Erinnerung beziehungslos?

Schr.: Nun ja, ich erlebte den Abstand – und wußte, daß ich die Ursache bin. Und dann war ich froh, niemanden zu treffen, den ich von damals kannte.

L: ... obwohl das oft Teil der Sehnsucht ist.

Schr.: Ich hätte dann gesehen, was ich wußte: ich bin sehr viel älter geworden.

Soweit das Gejammer. – Der U-Bootkrieg im Atlantik führte vor die nordamerikanische Küste, konzentrierte sich später auf den Raum, den die Luftwaffen noch nicht erreichten. Angegriffen wurde über Wasser und auf Sicht. Bei Sturm wurde getaucht. Das sogenannte „Wolfsrudel", bis zu vierzig Boote, wartete bei Nebel auf Sicht. – Im Mai 1943 schlug Erfolg in Niederlage um. Der Funkverkehr mit dem Befehlsgeber Dönitz wurde abgehört, Angriffs- und Lageplanung waren jetzt bekannt. Dazu deckte die Reichweite der B-24 den gesamten Atlantik bis zur Gegenküste ab. Die im Nebel wartenden U-Boote wurden vom Radar geortet und bombardiert. – Masse und Technologie gegen „fanatischen Siegeswillen".

Zu Hause ist das Wohnzimmer gestrichen, Leon! Marion hat Tonnen bewegt, die müssen wieder in die Regale. Wir sind zu viert beim Abendbrot auf der Terrasse. Jonas ist schon wieder verletzt, wieder nix gebrochen. Er mag die aktuelle Ausbildungsstation nicht.

31.8.   Zurück vom Coaching in Bremen irritiert mich ein größerer Fleck Schnee – was ist hier passiert? Zu Hause sind die Türen auf, die Garagen voll Wasser, Eimer, Lappen liegen herum. In 20 Minuten kamen Eisbrocken runter, Sturm, Sturzbäche, der Keller halb voll – Marion vor dem Schreikrampf, Esther half. Den ganzen Nachmittag schiebe ich Sand, Wasser und Laub zusammen. – Sekt, Käse, Brot auf dem Sofa.

2.9. König KURT (BECK) hat überlebt, Koalitionsfreunde halfen. Schon schnürt er wieder ein Paket, ein Rettungspaket wie immer – für den Flughafen Hahn. – Er handelt wie der Broker, der grade 500 Millionen versenkt hat: sofort ein neues Geschäft aufsetzen, um das Desaster zu überspielen, reinzuspielen! Es ist nicht die Hoffnung auf das Überleben, die blind macht, sondern der Gedanke an die Verantwortlichkeit für das Getane, der die Automatik der Flucht anschiebt. KURT B. ist ein guter Mensch, Sohn eines Maurers. PEER S. hat ihn schon belächelt, „Provinzonkel" wurde er in Berlin tituliert. Berlin hat sein Inseldasein nicht verloren. Das trübt die Wahrnehmung. Sie suggeriert, daß im pompösen Umfeld Sieg der Standard ist, Niederlage hingegen in der Provinz stattfindet. Aber diese Sortierung ist Illusion. Sie mag in Berlin genügen.

Theater lebt davon, aus ganz anderem Grund. KURT B. leidet unter solchem Zynismus. Wenn das Gute und Erfolg zur Fluchtstrecke werden, ist bereits auf Scheitern gesetzt. Dieser tiefen Gewißheit ist jedoch der Ausdruck verwehrt. Daher bricht sie sich im Kollaps, in der kleinen Apokalypse Bahn. 400 versenkte Millionen sind im Lande eines Königs schon Desaster, in Berlin fällt das nicht auf. Eine Kultur des Scheiterns ist heilsam. Die gibt es nicht im Sturm und Drang nach dem Guten.

BARSCHEL, HAIDER, der im Profil MR. BUSH junior ähnelt und RÖTTGEN – haben irgendetwas gemein.

LESER:
Können Sie genauer werden?

SCHREIBER:
Barschel war eine Kunstfigur, eine gesellschaftlich angezogene Puppe, eine Applikatur.

LESER:
… eine erklärungsbedürftige Kennzeichnung, und jetzt Haider?

SCHREIBER:
Da ist mehr Grund drin, der hatte einen tiefen konservativen, ja

ideologischen Boden, der trägt. Es war etwas Charismatisches, viel weiß ich nicht von ihm, es ist eine Assoziation …

LESER:
… die von Barschel kaum weiter entfernt sein könnte.

SCHREIBER:
Ich beharre auf Ähnlichem. Haider überschritt alle Grenzen bis zur Flucht in den Tod.

LESER:
Auch das wäre konkreter zu fassen.

SCHREIBER:
Zugegeben, mit Mr. Bush war es auf ganz anderer Stufenleiter ähnlich. Gedeckt durch einige Kabinettskollegen wie Mr. Cheney und dem Schutt des 11. September, welcher dem Spiel der Rache zu schroffer Plausibilität verhalf, aber geduckt vor seinem Vater brach er Kriege vom Zaun, die auf gefälschten Informationen beruhten. Die Mittel, über die er gebot, machen ihn mit Abstand zum Gefährlichsten. – Stärker im Abseits war Amerika zuletzt während des Vietnamkrieges.

LESER:
ok, Röttgen?

SCHREIBER:
Der steht Uwe Barschel am nächsten, möglicherweise gar nicht in seiner Vita, aber im protegierten Aufstieg, dem sich Überheblichkeit und Selbstgewißheit anpaßten, daher am Ende die völlige Verkennung der Konditionen, unter denen er handelte und sein politisches Scheitern. Das muß nicht das Ende sein, wenn er etwas von Jörg Asmussen lernt.

LESER:
Was ist gemeinsam?!

SCHREIBER:
Körperliche Haltung, linkisch, Gesichtsausdruck, das Kindliche, was geblieben ist. Als ob die das alles nicht ernst genommen haben, wie Kinder in einem Palast, weit unterhalb der Aufgabe, der sie sich verschrieben hatten. Das beständige Grinsen, selbst wenn Mr. Bush Ernsthaftes entschlossen verkündete.

LESER:
Das ist nicht ungewöhnlich.

SCHREIBER:
Stimmt – vielleicht ist es bei den Genannten so sichtbar, ihnen fehlte etwas vom Kostüm.

LESER:
Also ist es eher ein Aspekt, und vielleicht nicht der bedeutendste, der sie verbindet.

SCHREIBER:
Die Erscheinung, der Auftritt ist maßgebend für Akzeptanz, d. h. Wählbarkeit. Das müssen Sie einräumen. Ich besorge noch Bilder.

LESER:
Sie sind beharrlich.

... und bedenklich: so wie diese vier Menschen im politischen Betrieb gescheitert sind, so mag es vielen ihrer (Berufs-)Kollegen gehen. Politik ist ja bis zur Stunde kein Beruf, hat kein Berufsbild und keinen Ausbildungsgang. Es ist häufig die mühsam frisierte, gebändigte Aufführung der persönlichen Verfassung, mit all den unerledigten Geschäften, die dem Auftritt Form und oft mehr geben. – Vielleicht ist dieses Europa-Projekt deshalb rettende Fluchtburg? – Wenn ein Volksvertreter, denn das wollen sie ja bleiben, dann schon nicht vom Bergfried herab spricht, besser verkündet – wer hört ihn da? – so kann er doch im Tal seiner Wähler immer auf die Entscheidungen der Hohen Pforte verweisen. Dort wird er ja eher gesteuert, als daß er Einfluß nimmt. Also folgt der Weg in die milde Diktatur einer Sehnsucht? Die Minderheit der Rebellen muß ohnehin wie überall etwas härter angefaßt werden.

3.9.   Die detaillierten und seltsamen Dialoge von Teilnehmern der Katastrophe von Tschernobyl bei ALEXANDER KLUGE führen in die Ratlosigkeit ein. Nichts war koordinierbar außer Leichen schleppen und aufräumen. Spionageabwehr prägte die Aktionen und Dienstrang entschied, was zu tun war – die Sache war zweitrangig. Die Zahl der Opfer wurde statistisch quotiert. Radioaktivität ist resistent gegen Putzlappen, Mme. CURIES Schicksal hundert Jahre zuvor erzählt davon. – Es gibt also keine Einsicht ex ante, nur Erfahrung, sofern interessant. Und eine Option auf Verarbeitung, die gegen den unbegriffenen Strom steht.

In der Theben-Trilogie am Berliner Theater ist der Chor gestrichen, „denn das Volk hat keine Stimme mehr, die Obrigkeit ist ihm ... entrückt". – Welche Vereinfachung, wenn ich an die Textarbeit des Chores auf Kampnagel 1987 denke. Es ist gespenstisch, nur noch das selbstreferentielle Netzwerk installierter und immunisierter Macht zur Aufführung zu bringen – und es paßt. Dem Volk werden noch Schauspiele wechselseitiger Beschimpfung geboten, deren Protagonisten im gleichen Boot sitzen, vom Volk verfassungsgemäß finanziert. Der Enteignung folgt die Entmachtung – alternativlos, wie gerne bemerkt wird.

Ein Abstand zu EDUARDO DOS SANTOS, der schon wieder Auftritt in der Zeitung hat, besteht weiterhin.

Beiläufiger Dialog am Vorabend des Jahrestages:

- wie alt wirst Du eigentlich, 100?
- lass mal rechnen, 60 + 7 ...
- was mach ich bloß mit den Büchern, wenn Du ...
- ist doch eine schöne Bibliothek!
- wer soll das denn kriegen! Unsere Banausenkinder, die noch kein Buch durchgekriegt haben??

Die Tschernobyltexte sind erschütternd. Feuer ist eine besondere Form von Rost.

4.9. Geburtstag, ups. – „In der Bologna-Falle", „In die Schuldenunion", heißen die Überschriften heute. Was sie anfassen, wird zu Schrott, da war der alte König besser, also Herr MIDAS, wenn Sie erinnern.

Zeit darüber zu sprechen,

„wer von der Verabschiedung der Bildung an den Gymnasien und der Entakademisierung der Universitäten profitiert hat", notiert GEORG KAMPHAUSEN, Soziologe, der Studenten eine Karikatur interpretieren ließ.

Ein Mann hält die Nationalfahne mit dem Signum von Hammer und Sichel, die sich auf eine Müllhalde senkt. Die ‚defa‘ annonciert ihre Publikationen, darunter Filmkritiken und Texte von FRED GEHLER, der über Jahrzehnte in verdeckt – offener Auseinandersetzung mit der Staatsmacht schrieb. Filme des Außenministeriums sind auch dabei, die zu propagierende Wirklichkeit nahm die Macht in eigene Regie.

Arte um 8: „Aguirre oder der Zorn Gottes“: eine Gruppe Soldaten, mit Popen und indianischen Trägern schleppen Kanonen, Lebensmittel, Werkzeug und eine Sänfte mit KINSKI durch steiles, steiniges und völlig versumpftes Gelände, auf der Suche nach El Dorado und im Auftrag, Gottes Wort den Heiden zu bringen. Pizarro hält eine Ansprache. – WERNER HERZOG wird 70. – Im Wellengang schlägt ein Floß gegen die Felswand.

5.9. Der dreißigjährige Krieg in Asien geht weiter. 1963 verbrannte sich ein Mönch, der Fotograf MALCOM BROWN starb jetzt. Teile des Kampfgebietes sind bis heute gesperrt und sollen gereinigt werden. Das Gift des Agent Orange steckt in den Menschen Vietnams und mißbildet ihre Kinder.

Eine Anleihe über 4 Milliarden läuft ab, für Griechenland, aus der EZB-Presse, aktueller Titel ELA, wird gegenfinanziert, damit das Land „über den Sommer kommt“, einfach nett – und ist passig, weils genau dem Rückzahlungsbetrag der Anleihe entspricht. Noch netter. – Am Schuldenschnitt zulasten griechischer Gläubiger kamen EZB und Notenbanken hingegen vorbei, indem sie die erworbenen Anleihen rasch mit neuen WKN's versehen ließen. – Damit wirklich alle privaten Gläubiger raus sind und wirklich nur die räudige öffentliche Hand weiter besudelt wird.

Der Tagesschau-Sprecher zelebriert mit mal aufgeregter, mal belegter Stimme die deutsche Altersarmut. – Im Traum hatte ich eine Herzoperation. Zur Visite danach gabs noch drei

Spritzen. – Mich wundert nichts mehr! – Um sieben Uhr lief der Fuchs auf der Gartenmauer lang. Immerhin kein Bison.

PETER SLOTERDIJK kommt mit einem Tagebuch raus, reine Provokation, der kanns. Hegel beim Fernsehen und so. – In der Stadt keine besonderen Vorkommnisse.

8.9.   MEINHARD MIEGEL nimmt es anthropologisch – und vielleicht liegen da die Konstanten dieser Aufführung. Die Ortszeitung schwärmt vom Mut der Euro-Retter, die Kanzlerin zurückhaltend. Was tun! Toilettenpapier mit Euro-Scheinen an die Abgeordneten des Bundestages schicken? Einen Einakter schreiben, Drehbuch? – Ich konsultiere das medizinische Lexikon unter den Begriffen „paranoid", „Paranoia", „parasitär", zum ersteren steht:

> ,wahnhafte Überzeugungen, die sich aus einer vorwiegend sensitiven Persönlichkeitsstruktur entwickeln. Bekannt sind Eifersuchts-, Liebes-, Verfolgungs- und Beziehungswahn. Wird meist nicht der Schizophrenie zugeordnet'.

Der erste Gesichtspunkt trifft ins Schwarze, der zweite liegt eher weit ab. Vielleicht hilft Wahnsinn weiter, oder doch der herzhafte Sprung in die Schizophrenie? – Was meinen Sie? Schreiben Sie mir, ich bin auf der Suche! Jedenfalls ist das Verhalten der Akteure paranoid: das Wörterbuch vermerkt weiter:

> Wahn: ,inhaltliche Denkstörung, bei welcher der Patient nicht nachvollziehbare Überzeugungen entwickelt, die wegen ihrer subjektiven Gewißheit durch logische Argumentation nicht korrigierbar sind'.

Da ist was dran, das färbt ja auch ab, mich hats auch schon hier und da erwischt, die Krankheit hat aber auch einen externen Zugang, aus dem Umfeld, welches sie nährt. – Wahnideen? – unbedingt:

> ,die vom Subjekt mit Gewißheit erlebten, durch Argumente nicht korrigierbaren Vorstellungen, deren Inhalte nicht der Realität entsprechen'.

Etwas gestelzt das Ganze, aber brauchbar im ersten Zugriff. Wahnideen haben primären Charakter, schwere Kindheit oder Ähnliches ziehen hier nicht.

- parasitär: ‚schmarotzend lebend‘, unbedingt – ‚durch Parasiten verursacht‘, schwer!
- anthropologische Integration, das könnte gelingen. – Das geht jetzt den Weg der Klärung.

Die Abstimmung im <u>EZB-Rat</u> hatte Politbüro-Reife: 22 zu 1, der Hauptfinanzier stand an der Wand. – In den Hochzeiten des Stalin'schen Furors konnte es passieren, daß einer aus einer Beschluß- und Applausorgie heraus verhaftet und, naja, behandelt wurde – wenn er zu früh aufhörte zu klatschen. Das ist im EZB-Rat nicht gefordert, das Gremium hält seine Freude über Beschlüsse im Zaum. So kommt unser Mann da noch heil raus. Hingegen zeigt der zu Berühmtheit aufsteigende JÖRG ASMUSSEN Disziplin, er ist längst unterm Rettungsschirm. Die ‚*adhesive tripartite abbreviation*‘ – *if ya nou woddai mean* – für solche Beschlüsse lautet OMT, in Volltext *Outright Monetary Transaction,* das ist so wie QE, *Quantitative Easing,* eine Verknallkörperung von easy going, alles dem Klinischen näher als dem Rechtlichen.

Ausgangsfrage für die Anwendung von Paranoia und Parasitendasein ist: wie kommt der Mensch zu diesen „wahnhaften Überzeugungen". Das medizinische Lexikon verortet für das Krankheitsbild den inneren Anlaß, den Auslöser. Das ist im ersten Schritt verständlich, der Arzt will behandeln und nicht Zeugen vernehmen. Das geht nur am Mann, oder eben an der Frau, klar doch. Die Außenwelt muß gleichwohl als Stimulans oder gar Auslöser für den Wahn einbezogen werden, natürlich unter Würdigung dieser Eigen-Disposition. Die kenne ich, leider sehr später Abgang. – Auch die Abgrenzung ist voller Tücken: wann fängts an, was geht noch.

Und die Konfrontation der Euro-Spieler mit ihrem Wahn würden die sich wohl einfach verbitten. Deshalb habe ich den Programmpunkt des Parasitären hinzugenommen – was die Empörung kaum mindern wird. Da müssen Sie durch, zuerst aber ich mit der Beweisführung.

Sollte das gelingen, bleibt am Ende das Motiv entscheidend, krank oder gesund. Letztere Unterscheidung ist eher hinderlich. Sie mag etwas erklären, was aber wieder den leidigen Disput eröffnet: wo beginnt das Irrenhaus, wo geht's normal zu. Der Topos des Narrenschiffs, eine 500 Jahre alte literarische Figur, kann hier helfen, dazu später. Krank/gesund zählt, wenns auf die Zurechenbarkeit der Tat ankommt, woran sich ja Schuld- und Straffähigkeit anschließen. Das ist hier schon deshalb zweitrangig, weil der Laden sich weitgehend verfolgungs- und straffrei gestellt hat, die ESM – Mischlinge jüngst wieder ausdrücklich. Das hat bis zur Stunde nicht einmal die Mafia geschafft.

Fragen eines Lesers:

LESER:
Sie wollen die Leute für verrückt erklären.

SCHREIBER:
Das hülfe nicht, ich grenze die Bewertung ‚klinisch‘ ausdrücklich ab. Ich möchte die Akteure nicht entschuldigen.

LESER:
Viele sind von der Sache überzeugt und begründen ihr Handeln so.

SCHREIBER:
Sie haben Absichten, die von Motiven gespeist sind, unterschiedlichsten.

LESER:
… nicht anders als Sie!?

SCHREIBER:
Ohne Zweifel. Meine Reihenfolge ist nur anders: zuerst die Tatsachen, dann die geäußerten Absichten, schließlich die Motive, hier herrscht oft Dunkelheit. Zuerst suche ich also die Mechanik des Systems zu erkennen und zu beschreiben, seine Wirkungsweise. Sie können dem Schritt für Schritt folgen.

LESER:
Was Sie Tatsachen nennen, können andere für Behauptungen halten.

SCHREIBER:
Meine Bringschuld. – Aber kein Anlaß, in die Absichten zu wechseln, die müssen sich den Tatsachen stellen, sie müssen sich vor dem Desaster rechtfertigen. – Kurz: was alles an Tatsachen nehme ich in Kauf, um meine Absichten umzusetzen. – Unkenntnis, Ungewißheit oder Unvorhersehbarkeit fallen dann weg als wohlfeile Auswege.

LESER:
Sie loben den Markt.

SCHREIBER:
Er ist voller Wunder! – Ich glaube ihn zu verstehen als geeigneten Anpasser, Finder, Erfinder und schließlich Preisbildner in dem, was Menschen wünschen oder ablehnen.

LESER:
Etwas naiv, oder? Das schließt Katastrophen, Zusammenbrüche nicht aus.

SCHREIBER:
Das behauptet niemand. Verzeihung, was soll der Hinweis? – Ich stehe für Markt, den erforderlichenfalls regulierten (Banken, Kartelle, sonstige Regeln), weil wir auf eine Geschichte seiner Außerkraftsetzungen blicken, mit Ergebnissen, die katastrophaler sind. Diese sind als Kosten in den staatlichen Schuldtürmen geparkt und zukünftig zu begleichen bei Aufruf. – Schlimmer als die monetären Ergebnisse sind die Zurichtungen in den Köpfen der Teilnehmer, die vom Weg der Anstrengung in die Stallfütterung geleitet werden. Von den Ergebnissen nähren sich die Parteien.

LESER:
Zurück zum Thema Euro …

SCHREIBER:
Falsch! Wir sind im Kern des Themas!

LESER:
Die Einführung der Gemeinschaftswährung ist Baustein einer 60-jährigen Entwicklung.

SCHREIBER:
Es ist – in einer langen Kette minder gewichtiger Maßnahmen, da stimme ich zu – der schwerstmögliche Eingriff in die wirtschaftliche Funktionsweise der betroffenen Gesellschaften.

LESER:
… in den Markt, meinen Sie?

SCHREIBER:
… in den Währungsmechanismus, der die außenwirtschaftlichen Beziehungen in Preisen spiegelt, mit politischem Eingriff bisweilen reguliert wird. Diese Unterschiede, Gefälle bestehen weiter, der Mechanismus der Spiegelung, Bewertung und Regulierung fehlt jetzt.

LESER:
Die Einheitswährung war Absicht und Ziel auf dem Weg weiterer Integration der beteiligten Staaten.

SCHREIBER:
Welche Absichten im Einzelnen bestanden, ist inzwischen publik. Daß es schief gehen würde aus den angedeuteten Gründen, wurde annonciert.

LESER:
… von anderen bestritten.

SCHREIBER:
… Mechanik der öffentlichen Debatte. Sie läuft leer, denn sie interessiert die Akteure nicht. Die kaufen Zeit, wie ‚Brot und Spiele‘ im niedergehenden Rom: Grundversorgung und mediale Unterhaltung. Die Regierung beteiligt sich auffallend wenig, in Sonderheit die Kanzlerin. Als Nummer eins braucht sie niemanden. Ihre sparsamen Worte sind daher geflügelte. Ihr Finanzminister spricht lithurgisch, die Zeitung sagte kürzlich: er schwurbelt, dann: er täuscht, jüngst: er lügt. – Kurz, die Debatte ist defizitär, weil auf Unterhaltung getrimmt, und die Regierung weiß, was sie tut.

LESER:
Sie meinen, sie kennt das desaströse Ergebnis?

SCHREIBER:
Ich sagte, sie hat Absichten.

LESER:
Sie steht zur Integration.

SCHREIBER:
Sind Sie jetzt auch Herr Schäuble?

LESER:
Ich zitiere sie.

SCHREIBER:
Stellen Sie sich den Tatsachen! Dann können wir gerne die Absichten würdigen, auf Kongruenz hin. ,Mehr Europa' reicht nicht! Mit Unkenntnis, Ungewißheit oder Nichtvorhersehbarkeit ist das nicht getan.

LESER:
So geht das politische Geschäft nicht. Ihr juristisches Weltbild „Tatbestand – Rechtswidrigkeit – Schuld" taugt im Gerichtssaal, hier ist es weltfremd! „Jeder hat seine guten Gründe" sagt Antonio Penacchi in seinem Werk „Canale Mussolini" und die Rezensentin ergänzt: die Gefühle, welche die Handlungen der Menschen steuern, „sind hart wie Beton, denn in ihnen haben sich die Erfahrungen der Generationen abgelagert."

SCHREIBER:
Seis drum. – Ich skizziere Ihnen die Auswirkungen und Folgen (Nr. 1 meiner Reihenfolge), soweit ich es verstehe:

1. Die Einführung des Euro hat den wirtschaftlich lebenswichtigen Mechanismus zwischen den Volkswirtschaften außer Kraft gesetzt. Dadurch haben übrigens die schwächeren Länder mit dem ersten Tag des Euro an Wettbewerbsfähigkeit verloren.

2. Sie hat ein ganzes Bündel von Fehlanreizen geschaffen, ich nenne den marktfernen billigen Kredit, Basis für konsumptive Überversorgung weit oberhalb der Leistungsfähigkeit der Empfängerländer, die allgemeine Verteuerung jenseits realer Wettbewerbspreise in diesen Ländern und die Umlenkung der Kapitalströme in südeuropäische Nachfragesphären.

3. Damit wurde das Leben ganzer Gesellschaften auf Pump umgestellt (unserer Sozialstaatsfinanzierung nicht unähnlich), das

bei Beginn bestehende zum wachsenden Gefälle als Systembe-
standteil.

4. Eine konstant ausgebliebene Regulierung der Finanzierungs-
und Transferinstitute hat diese Entwicklung zuerst beschleunigt. Auf marktinduzierte Zusammenbrüche hin wurde danach
unter dem Zauberwort der Systemrelevanz die Haftung für Ver-
ursachung durch Staats-, sprich Volkshaftung ersetzt.

5. Schließlich wird das Ganze im Euroraum wiederholt: der Vergemeinschaftung nationaler Schulden folgt jene der Schuldnerländer, deutscher Anteil aktuell etwa 3 Billionen Euro. – Haben
Sie Geduld, es kommt noch etwas hinzu: wir befinden uns ja seit
vier Jahren in der Folgenphase dieses Politiker-Spiels (höchste
Zeit übrigens für die Auflage eines Brett-Spiels, damit das allgemein nachvollzogen werden kann):

6. die hochverschuldeten Staaten des Südens schränken ihre Aktivitäten massiv ein, die Märkte leeren sich, die Produktion geht
zurück, Arbeit geht aus, soziales Elend breitet sich aus.

7. Die fiskalische Knebelung, ich nenne es Diktatur, wird nun vorzugsweise Deutschland angelastet, die Feindbilder aus dem letzten Jahrhundert werden mobil.

8. Die Schuldnerländer bilden die Mehrheit, sodaß alle Abstim-
mungsmodalitäten (ob Einstimmigkeit, eine Stimme pro Land
oder Stimmanteil nach Kapital/Haftung) gegen Deutschland
ausschlagen. Den Haftungs- und Geberländern wird eine Zusage
nach der anderen „abgestimmt", der Sache nach abgepreßt. – Ich
bin fertig, und kein Ökonom, verzeihen Sie.

LESER:
Ihre Philippika in Ehren, in vielem nachvollziehbar. Erklären Sie
mir eines: Warum ist, sagen wir, Griechenland, sagen wir, Portugal, sagen wir, Italien, diesem System beigetreten?

SCHREIBER:
Es war attraktiv: niedrige Zinsen, Berge von Geld, der sogenannte
Kohäsionsfonds für Infrastruktur, was Arbeit über Jahre bedeute-
te, viele neue Institutionen mit Mandaten usw.

LESER:
Also, Entspannung auf ganzer Linie. Warum schimpfen Sie, wenn es so nachvollziehbar ist? Eins zu Null für die Eurokratie! Das Schuldenmachen auch wie bei uns, 2:0. Aber noch eins, Sie sprachen von Erpressung der Geber- und Haupthaftungsländer. Wie funktioniert das?

SCHREIBER:
Da die Antworten auf die Krise quer durch das Berliner Parlament auf weitere und schnellere Integration lauten, da alle Rechtsbrüche der letzten neun Jahre akzeptiert sind, macht sich die Regierung zum Spielball der Schuldnermehrheiten. Ob Sie das noch Wahrlügen oder nur noch Lügen nennen, was zur Erklärung verlautbart wird, ist eine Frage des kommunikativen Geschmacks.

LESER:
Es gibt also keine Erpressung?

SCHREIBER:
Nein.

LESER:
Nochmal zu Ihrer Reihenfolge, nach den Tatsachen und Absichten: was sind die Motive, die Treiber dieses Handelns?

SCHREIBER:
1. da sich alles nicht mehr begründen läßt, veranstalten die staatlich ermächtigten Medien ein Phrasen-Theater. Ich nenne es die Pose des Märchenonkels. Das System dafür haben wir ja.

2. Die Akteure hoffen auf ein Abschieben des gigantischen Schuldenberges, der Regulierungen, der Eingriffe in die nationale Souveränität auf die nationenferne europäische Ebene. Deshalb auch das Wettern gegen „Renationalisierung" (Frau Süssmuth in einer Anzeige), gegen „nationalegoistische Politik" (Herr Schmidt an Frau Merkel), gegen „veraltete nationalistische Phrasen" (Frau Künast gegen Thilo Sarrazin). Sie wollen es schlicht los sein. Sie wollen Verantwortung – möglichst vor den nächsten Wahlen – los sein. Deshalb werden die Schuldtürme gefüllt, gegen die das Volksvermögen steht. Der Weg für dieses frivole Vorgehen: Zeit kaufen über Schuldscheine, um den Kollaps hinauszuschieben.

141

LESER:
So gibt es zwei Kommunikations-Wolken: das sogenannte Phrasen-Theater, wie Sie es nennen und Ihre Philippika, wie ich es nenne. Beide haben ihre Räume, wo sie zur Aufführung kommen. Es gibt keine Verbindung oder: sie verstehen sich nicht, eventuell aber auch: sie kennen die Position des anderen sehr gut – und wissen, wer am längeren Hebel sitzt, was meinen Sie?

SCHREIBER:
Das ist jetzt bitter. Zumal, wenn beide Seiten Gründe haben. Es gibt keinen *homo oeconomicus*, es gibt Wünsche und Sehnsüchte, die über eine gewisse Zeit erfüllt werden – und dann kommt der Aufruf: zur Kasse bitte.

LESER:
Das hätte ich nicht besser sagen können. – Dennoch: Ihr Ausblick?

SCHREIBER:
In Brüssel und metastasenweit durch Europa existiert ein gewaltiger Apparat von Funktionären mit weiten Personalbändern, 40.000 Leute derzeit, die auf Jahrzehnte Erfahrung in der Etablierung einer europaweiten Herrschaftsform zurückblicken können – übrigens ungestört von Wählern und deren Willen. – Dieses Institutionengefüge, HANS-MAGNUS ENZENSBERGER hat eine Zusammenstellung versucht, folgt einem gegen die Nationen weitgehend, im Falle der EZB ausdrücklich, isolierten Kernapparat, der Politbürobefugnisse hat. – Wegen des gewaltigen Gewichts dieser Nomenklatura, finanziell, rechtlich usw., werden nationale Formen der Demokratie weitgehend funktionslos. Das wird auf so illustren Versammlungen wie dem „M100 Sanssouci Kolloquium" in erfrischender Unverblümtheit formuliert. Angesichts der phalangenhaften Ausrichtung des Berliner Kartells, so nenne ich unter diesem Thema die Berliner parlamentarische Versammlung, wird das in Deutschland schon praktiziert. Ich erwarte Formen des Widerstands und bei hinreichender Organisiertheit, des Aufstands. – Das sieht das System Brüssel auch so. In Norditalien ist eine Eingreiftruppe von 3000 Söldnern stationiert, die wäre mit der Entwicklung Europas aufzustocken.

LESER:
Ein Wort noch zum „Wählerauftrag" in diesem Thema?

SCHREIBER:
Den gibt es nicht. Das macht eine politische Klasse „unter sich"
aus, daher spreche ich von Politbüro. Diese Apparate haben auch
für das Volk gehandelt, zu 100%. Im Volk der Deutschen liegt die
Zustimmung aktuell bei 12 Prozent. – Es zu befragen (mit Ent-
scheidungsvollmacht natürlich) wäre die effektivste Kehrtwende
– es ist daher völlig unmöglich, das Schauspiel durch Derartiges
zu unterbrechen.

LESER:
Entschuldigen Sie meine letzten zwei Fragen – das war wieder
„Tanz über Gräben".

SCHREIBER:
Stopp! – die bleiben. Sie haben mich überzeugt für die Seite der
Nachfrager. – Die Frage bleibt: was bringt die Anbieter, das Netzwerk Brüssel, dazu, ein solches Angebot zu machen? Sie wußten,
konnten wissen, hatten zu wissen, was sie anrichteten. – Was sind
deren Absichten, deren Treiber, ihre Motive? – Darauf ist zurück-
zukommen.
Und was treibt die Exekutoren in Berlin? – Herr Schäuble steht
vor dem Gefälle der genannten Tatsachen. Die Zeitung konfrontiert ihn mit Vorwürfen, die höchste Erklärungsnot signalisieren.
Nichts mehr da, was für die Öffentlichkeit tauglich ist, was ist es?

Ich bin erschöpft. Und fürchte, Sie auch – sind Sie überhaupt
noch da?

„*They just have no taste*", meinte STEVE JOBS im Interview 1995,
das jetzt in einer Garage (sic!) gefunden wurde. Das ist nicht
Verständnis sondern mehr, Empfinden von Markt.

Es gibt jenes „M 100 Sanssouci" – Kolloquium! Eingeladen
werden jährlich „Medienmacher", also Multiplikatoren des öffentlichen Geraunes. Dort stößt SCHÄUBLE auf DRAGHI an, es
fallen klare Worte dahin, das mit der Demokratie europäischen
Zuschnitts habe sich wohl erledigt. Am radikalsten, so Andreas
Nefzger, sei ROBERT MENASSE aufgetreten mit dem Plädoyer,
„die nationalen Demokratien abzuschaffen", weil der Nationa-
lismus überwunden gehöre. Das ist frivol und ungeheuerlich.

Doch steht er damit nicht allein. Das geflügelte Wort von der „Abschaffung der parlamentarischen Demokratie europäischen Zuschnitts" ist in vieler Munde, wie der Zeitungsausriß zeigt, hier vom Chef des Atlantik Clubs.

Ein tiefes Einvernehmen und über Jahre gewachsene Gewißheit prägen diese Versammlung: alle wüßten, was zu tun sei, hätten jedoch Angst, nicht wiedergewählt zu werden. – Solch einige Versammlungen gibt es mehr, nichts für die Tagesschau. – Es geht noch um den geeigneten Zeitpunkt, wofür das passende Ereignis vom Zaun gebrochen werden muß – vielleicht macht ja die griechische Regierung mit!

Keine vier Monate später notiert die Zeitung einen weiteren von Goldfinger Draghis Kreisen: er nennt sich „Group of Thirty", eine Ausbuchtung von Goldman Sachs, womit Staats- und Privatfinanz einschließlich Zentralbanken einen runden Tisch machen. Die Mitgliedschaft DRAGHIS stehe der Unabhängigkeit der EZB mitnichten im Wege, zerstreut der Grieche NIKIFOROS DIAMANDOUROS. Er gibt aktuell den Ombudsmann der EU in einem Auftrieb von Bock & Gärtner, ein in diesen Kreisen verbreitetes Geschäftsmodell. Wo alles glänzt, ist kein Raum für Schatten.

Sodann ist vom „direkten Durchgriffsrecht des Währungskommissars auf die Haushaltspolitik der Mitgliedstaaten" die Rede – diesen Vorschlag des WOLFGANG SCHÄUBLE unterstütze er

144

ausdrücklich, erklärt DRAGHI im Spiegel – und: viele Regierungen hätten noch nicht verstanden, daß sie ihre Eigenständigkeit längst verloren hätten. – Hier Ansichten weiterer Komplottis:

Typisch für diese rigorose und völlig gesetzlose Vorgehensweise der Euro-Outlaws, die nur die Regeln ihrer eigenen Clique respektieren, ist ein Ausspruch von **Guiliano Amato** (ehem. Vizepräsident des sog. Europäischen Konvents): *„Deshalb ziehe ich es vor, langsam vorzugehen und die Souveränität Stück für Stück zu zerbrechen, und dabei plötzliche Übergänge von den nationalen zu den Befugnissen des (europäischen, AdU.) Bundes zu vermeiden …"* Ähnlich äußerte sich **Jean Claude Juncker** (Vorsitzender der Euro-Gruppe): *„Wir beschließen etwas, stellen das dann in den Raum und warten einige Zeit ab, ob was passiert. Wenn es dann kein großes Geschrei gibt und keine Aufstände, weil die meisten gar nicht begreifen, was da beschlossen wurde, dann machen wir weiter – Schritt für Schritt, bis es kein Zurück mehr gibt."*

10.9. Das Politbüro China möchte eine Broschüre ‚Das Chinesische Modell' als Pflichtlektüre auch in den Schulen Hongkongs unterbringen, berichtet Petra Kolonko. Das ruft Aufstand hervor. – GUILIANO AMATO und Freund JUNCKER muß der Gedanke „von China lernen" (Sprichwort aus dem letzten Jahrhundert) geläufig sein, jedoch setzen sie eher auf Unaufmerksamkeit, genauer: Ermüdung des Publikums.

Das Jubiläum „100 Jahre Untergang" bekommt dramatisch stimmige Konturen. Dem symbolischen Untergang der alten Welt folgte das Zeitalter der Verwüstungen, der Versailler, die rassistische Unterwerfung der Welt. Nachdem der neue Weltkrieg erst in der Hauptstadt zum Stehen kam, nutzten die Roten die Gelegenheit und setzten das halbe Land unter die Knute ihrer archaischen Formen der Vergesellschaftung. Die Vereinigung des Landes 1989 in den zurückgenommenen Grenzen unter dem Druck des zweiten Aufstands war größtmögliches Glück nach alledem. – Es soll aber keinen Frieden geben mit den Verhältnissen. Bot schon der grüne Totalitarismus von Arten-, Natur- und Klimaschutz Anlaß zu erneuter Sorge, so droht jetzt übergreifendes Desaster: das Berliner Kartell liefert Land und Leute an eine Sklerotokratie aus, deren Sprecher aus der verschwörerischen Absicht kein Hehl machen. Beseitigung der nationalen politischen Demokratie durch Errichtung einer Fiskal-, Erziehungs-, Klima- und was sonst noch –Diktatur. Der Berliner Betrieb, grade als Hauptstadt einigermaßen wiederhergestellt, macht mit, wofür er von keinem Wähler beauftragt wurde. Wen scherts dort.

Zum dritten Mal schon schreibt die Zeitung: Schäuble lügt, er bewegt sich außerhalb der Grundregeln der Logik, so Rainer Hank sonntags. Das erfüllt allerdings zusätzlich den Tatbestand des Wahnsinns, annonciert das Wörterbuch der Medizin. (Meine Entdeckung ist kaum 48 Stunden alt!) Da besteht also ein Wahlrecht, oder es kommt kumulativ daher.

BOB DYLAN, das nächste Meisterwerk „Tempest" erscheint nach 50 Jahren – sein Blick, sein Ausdruck hat sich seitdem nicht verändert. Er trägt seinen Sprechgesang heraus, wie er es immer tat, mit 71 Jahren.

Nine Eleven – wir saßen wochenlang abends vor dem Fernseher. – Heute denke ich, es war der Beginn des Krieges der Maschinen, vorerst noch mittels Menschen, vorerst noch aus den Erdlöchern Afghanistans.

Verantwortung und Parasit sind die Themen, deren Verankerung in der Menschwerdung und Vergesellschaftung zu finden und zu definieren sind. Sodann sollten sie für das Thema tauglich sein. Das ist in diesem Projekt augenscheinlich der Fall.

„No ex ante limits are set on the size", stellt der Mann im Turm klar. Grenzenlos soll es werden, das Finanzierungsprogramm. Brächte DRAGHI das Geld persönlich vorbei, müßte er zweimal klingeln. Er sagt auch: „Der Euro ist unumkehrbar", ist er auch Kanzler? – Vertragsbruch sei auch dies, so reden aber nur noch die Deutschen. Und geklagt wird schon genug. Es gibt „precautionary programmes", so eine Art vorauseilende Radlader zum Geldschütten. Der Reisekader arbeitet vor, Athen ist angesagt! – Dort werden allerdings die Hintereingänge bevorzugt (1.10.). Die Zeit der Balkonreden geht zu Ende. Bedeutsamer wird, was hinter Türen und Vorhängen geschieht. Was es ist, läßt sich nur schlußfolgern, vom Ereignishorizont her. Die Parteioberen sprechen in Hyroglyphen oder schweigen. Die medialen Zauberlehrlinge sollen ihnen die Last der Ereignisse möglichst lange abnehmen, bevor es zu kataraktischen Abläufen kommt.

Targetsaldo der Bundesbank 751 Milliarden Euro, Stand 31.8.2012.

Nichts reimt sich:

> Wir essen weiter Peking-Ente,
> wenn wer satt sind,
> gehts in Rente.
> Alles steuerfinanziert,
> gell, Frau Roth!
> Wir hams kapiert.

Ich glaube, das läßt sie kalt, aber es mußte raus. Sie steht ja einstweilen nur auf der Seite der Kommentatoren, der lautstarken allerdings.

Unter dem Vorwand einer Steuerprüfung bei einem britischen Investor sollen russische Steuerfahnder mittels beschlagnahmter Stempel 142 Millionen Euro auf Strohmänner übertragen haben. Magnitskij, russischer Wirtschaftsanwalt, kam der Sache auf den Grund, wurde vor seiner Zeugenaussage jedoch verhaftet und war ein Jahr später tot.

OSKAR LAFONATINE stellt Schäubles Buch vor.

HELMUT SCHMIDT (93) ruft PEER STEINBRÜCK zum Kanzlerkandidaten aus, das ist früh! Dessen Buch hat er schon vorgestellt. Die Zeit drängt, kein Ratgeber. Wenn PS so denkt wie HSCHM, dann gnade uns Gott. – Imperiales hat auch die Kanzlerin. Welche Ausprägung gewinnt, entscheidet vielleicht das Frauenquotendenken.

Beneidenswert die gewaltige Recherche bei ALEXANDER KLUGE (80), woraus er seine Dialoge in Tschernobyl faßte oder Hitlers geheime Visite des grade besetzten Paris schildert, dazu die geführte Phantasie, welche das Gefundene in einen zulässig ahnungsvollen Bogen spannt, gegebenenfalls mittels Dialog... – DON DELILLO (75) könnte sein Freund sein.

DIETRICH VON CHOLTITZ, Kommandant von Paris, kein Parteigenosse, gab die Stadt gegen ausdrücklichen Befehl unzerstört zurück. Er stand den Frauen näher als dem Führer. – Das muß Jahre später erneut betont werden:

General von Choltitz' Widerstand *19.6. 18*

Zu „Nach der Okkupation" (F.A.Z. vom 9. Juni): Im Artikel behauptet Georges-Arthur Goldschmidt, dass Paris „dank des schwedischen Generalkonsuls Nordling verschont geblieben" war. Das ist definitiv falsch! Hitler hatte, wie Sie richtig schreiben, die völlige Zerstörung von Paris angeordnet und es war der General von Choltitz, der sich diesem Befehl widersetzte, wofür er nach Kriegsende vom französischen Staat mit einer Villa in Baden-Baden belohnt wurde. Ich bin kein Historiker, aber ich kannte General von Choltitz persönlich gut und verstehe nicht, wie die F.A.Z. solch eine Falschinformation unkommentiert drucken kann. *→ 2014*

HANS-KARL LÜBBE, GUMOND, FRANKREICH

13.9. DONNERSTAG

Wenn das Verfassungsgericht den ESM-Vertrag unter starken Kautelen für passabel, bereits in Sichtweite liegende Finanzabenteuer zugleich für europarechts- und verfassungswidrig erklärt, dann spricht die Kanzlerin von einem „guten Tag für Europa", eine ihrer rätselvollen Bemerkungen. – Wie erfrischend lesbar dagegen die Queen.

Wir sind amüsiert, sind wir nicht?

Das Land nimmt vorlieb mit einer immer auszulegenden Kanzlerin und einem unverständlichen Finanzminister. Derweil trommelt ein Belgier für die ,postnationale Zukunft' des Kontinents, Belgien ist da eben im Vorteil mit seinem immer schon vergleichsweise flüchtigen Staatsapparat.

15.9. Die Ozonschicht sei gerettet, zitiert die Ortszeitung das Berliner Klimainstitut, und zwar durch den Menschen dank des Fluor-kohlenwasserstoffstopp – Abkommens vor 25 Jahren! Neulich nahm sie noch ab, dann wurde es still um sie. Jetzt muß die Nordsee gerettet werden, die in 50 Jahren 1,7 Grad wärmer wur-de, so spricht der einzigartige Datenschatz. Obs auch wieder der Mensch war, bleibt offen.

Der Mord an zweiundzwanzigtausend Polen bei Katyn war der amerikanischen Regierung bereits im Krieg bekannt. Auf An-frage wurden die Dokumente jetzt freigegeben. – Leben im Be-wußtsein der Ereignisse ist ein Vorgang beständiger Disziplin. Vergessen ist lebensnotwendig.

Der Finanzminister wird 70. Jahrestage sind Haltepunkte für Besinnung, auch wenn das Begreifen fehlt.

16.9. SONNTAG
Nach dem Urteil zur Finanzierung bedürftiger Staaten werden die sprachlichen Artefakte justiert. „Wir empfinden das als eine Unterstützung unseres Kurses", irritiert die Kanzlerin. Die EZB könne „kaufen und verkaufen", erklärt Herr ASMUSSEN, das stehe im Statut. Recht und Gesetz seien der Maßstab, der Er-werb von Anleihen sei im übrigen „geldpolitisch motiviert". Die Tat tritt hinter das Motiv. Mein Vorgehen steht Kopf. Was sagt der Leser?

LESER: Was halten Sie von einem 3:0 ?

SCHREIBER: Wenn es mir verboten ist, Ihnen Kredit zu geben, weil ich keine Leser finanzieren darf und ich Ihnen den begehrten Betrag gebe mit den Worten: das ist geschenkt! – Habe ich dann das Verbot beachtet oder umgangen, sprich gebrochen?

LESER: Nun, ich bekam Geld, das ich nicht erhalten durfte – ein Transfer in anderer Form bzw. mit anderer Begründung bricht gleichwohl das Verbot.

SCHREIBER: Wie würden Sie eine solche Erklärung bewerten?

LESER: Sie ist unerheblich, beseitigt den Tatbestand nicht.

SCHREIBER: Der Autor dieses Kunststücks ist vom Fach, was bedeutet das für die Beurteilung seiner Erklärung?

LESER: Er handelt vorsätzlich verbotswidrig.

SCHREIBER: Akzeptieren Sie 2:0 ?

Der Haushaltsausschuß des Bundestages tönt in gleicher Qualität. Dort wird „zunächst einmal" geglaubt, man könne weiterhin „nur hoffen", weil man ja „sonst müßte", gar endlich sei der Eindruck zu vermeiden, „daß die Zentralbank in eine Abhängigkeit von der Politik rückt". Um jedes Wort wird gefeilscht. – So biegt sich der Souverän unter der Führung.

MARIANO RAJOY, auf der Suche nach auflagefreien Wegen zum Geld, warnt vor allzu konkreten Sparvorgaben. Er hört mit Genugtuung „Wortmeldungen" der Brüsseler Sympathisanten JOAQÍN ALMUNIA und OLLI REHN, Spanien erfülle doch im Kern schon alles.

„Die Patin" nennt GERTRUD HÖHLER die Kanzlerin auf den vorderen Plätzen der Bestseller-Liste, das ist entschieden. – Ich vermutete Verschwörung, das ist geheimnisvoller, wenngleich ohne Vorsatz ebenfalls nicht möglich. Der Pate ist ohne Geheimnis. Er organisiert und vollzieht sein Geschäft am hellen Tag.

MARIO DRAGHI lädt sich ins Berliner Parlament ein. „Nimm das Recht weg – was ist dann der Staat noch anderes als eine große Räuberbande?", waren die letzten Worte des Papstes dort vor einem Jahr. Ob er dagegen ankomme, fragt die Zeitung, unterstellt, das Hohe Haus läßt ihn.

In der deutschen Sprachinsel Dobrenz (Dobronin) hatten betrunkene Rotgardisten am 19. Mai 1945 unter Führung eines deutschen Kommunisten zum Abschluß einer Siegesfeier deutsche Zivilisten gezwungen, einen Graben auszuheben und sie dann mit Hacke und Schaufel erschlagen. Das Grab wurde 2010 geöffnet. – Was ist ein vaterlandsloser Geselle.

Deutsche Volksliste – Rückdeutschung – Selektion – aktiv verpoolter Deutschstämmiger – rassische Qualität – Wiedereindeutschungsaktion – verschüttetes deutsches Volkstum – aus dem Wörterbuch, mit dem die Deutschen 1939 in Polen einmarschierten.

GEORGE SOROS, amerikanischer Milliardär, liest in Berlin: *Europe – lead it or leave it.* Deutschland habe immer nur das Minimum getan. Das kann der Kern des Dramas sein, das nicht in die Tragödie Griechenlands sondern in die griechische Tragödie führt. Zögern ist charakteristisch, man schleicht umeinander herum, erst drastische Ereignisse werden „befreien". Katastrophen-Management statt Führung ist deutsche Stärke.

„Tschüß Opi!", heute war es soweit, als Markus mit Familie anreiste mit Peet (4) und Yves (2). Dadurch werde ich nicht älter, aber die Brillanz der Aussage zieht: so alt bist Du, meinte Peet nicht, höre ich aber.

„Sie sind gefährlich und mir dialektisch weit überlegen, ... beherrschen viel mehr Material", schrieb GOTTFRIED BENN 1956 an Adorno. Der verschob den geplanten Gesprächstermin. Der Tod holte Benn vor der Vereinbarung eines neuen.

Fast fünf Milliarden Euro Neuverschuldung möchte HANNELORE KRAFT, bereits zweimal gerichtlich daran gehindert, durchs NRW-Parlament treiben. Sie steht an der Spitze damit.

17.9. Zur Bankenkrise faßte GUNNAR HEINSOHN Wesentliches seines Buches 2009 in der Zeitung zusammen. Das fand ich jetzt, ein Sog, zweimal gelesen und verstanden: Kredit ist Vertrauen in die überlassene Sicherheit. Dafür wird Eingriffsrecht in das Eigenkapital gewährt. Zins ist dessen Kompensation.

Angela lachte wie die Queen in Dortmund, Henry Kissinger bei Greuther Fürth in seiner Heimatstadt dagegen gar nicht. Er wünschte sich ein 2:0 und bekam es umgekehrt. Kam er deshalb?

Das Islam-Video und die Mandatspolitik der europäischen Mächte im 20. Jahrhundert: England und Frankreich haben den Nahen Osten mit dem Geo-Dreieck vermessen, daher der Name? Ihrer Absprache über die Sphären folgten die Trennlinien, welche Katastrophenszenarien ohne Ende produzierten, so nach der Mandatsgeburt des Irak.

RICHARD NIXON ließ seinen Amtssitz verwanzen, um der Nachwelt die Gespräche zu hinterlassen. Er wollte im Kern ein guter Mensch sein, ging nachts zu den Protest-Campern im Garten des Weißen Hauses, um zu hören und zu verstehen. Und doch steckte er in der Falle wie seine Vorgänger gegenüber ROBERT OPPENHEIMER.

Das Gender-Mainstream-Syndrom gehört zu den Steckenpferden der Kommissariats-Kavallerie. Daher sind geschlechterbezogene Tarife auch für Versicherungen des Teufels und es wird der Uni-Sex-Tarif durchgesetzt. Die Risikoprämie als Ausdruck eines empirischen Risikos verwandelt sich in die Gleichheitssteuer, da ungleich ja gleich widerspricht. Jetzt kostet es mehr, für beide Geschlechter.

Femme Verte – 40 x 40 cm, Acryl auf Holz

GRAF LAMBSDORFF, Sitz in Straßburg, lobt den Schuldentilgungspakt als „echte Stabilitätskultur". – DANIEL BAHR will die Krankenkassen zur Ausschüttung von Überschüssen gesetzlich zwingen. Wirtschaftsminister RÖSLER will an den Tankstellen Preisvergleiche installieren. Der Entwicklungsstand liberaler Politik.

19.9. Jeder vierte Musiklehrer hat die Qualifikation, die das Fach fordert. Die Verachtung von Bildung kann keinen deutlicheren Ausdruck finden.

Elf Außenminister plädieren für eine Europäische Union, zwölf Prozent der Deutschen folgen ihnen darin, so viel wie der SED zum 40. Jahrestag. Da nicht gewählt wird, was da passiert, müssen Umfragen helfen. Diese erreichen die Kommissariats-Reisekader kaum, die an ihrem nächsten Text feilen. MARIO DRAGHI beantragt Rederecht im deutschen Parlament, Kommissarin REDING plädiert auf dem Juristentag. Die Einheitlichkeit der Redewendungen sticht ins Auge. Es muß Kaderakten geben. – Kommissar LÁSLÓ ANDOR macht niedrige Löhne in Deutschland mitverantwortlich für die Krise. Ein weiterer planwirtschaftlicher Denker auf Reisen. – Kommissar MICHEL BARNIER schleicht auch um die Häuser, der Sparkassen. Er sieht sich einfach um.

22.9. Unterhaltsames aus Italien: FRANCO FIORITO ist kein Kommissar sondern Fraktionschef und Schatzmeister (sic) der Partei „Volk der Freiheit". Er unterhält fünf Konten für Schwarzgeld im Nachbarland Spanien und eines in seinem Heimatdorf unter dem Namen seiner Mutter. ‚Austern & Champagner' lautet das aktuelle Motto der Region Latium. Da kann er mithalten. – Was die Einkünfte aus politischem Engagement betrifft, ist nur Sizilien teurer. Dessen Diäten, Pensionen und Dienstwagen wiegen zwei Regionen auf. – In Latium bieten neunzehn Sonderausschüsse Sitzungsgelder, die sich pro Ratsmitglied auf 4190 €, also jährlich auf 50160 € summieren, gedacht für die „Beziehungen zwischen Wählern und Gewählten". – Ein weites Feld, was sollte sich da abspielen! Es muß sich um wöchentliche

Feierlichkeiten in römischen Gewändern quer durch den Wahlkreis handeln, Trinkgelagen mit kurzen Statements, soweit der Menschenfreund noch zur Artikulation fähig war. Eventuell noch Einweihungs- oder Eröffnungsreden. Überschüssiges fingen Auslandskonten ab. – Jetzt sollen die Summen halbiert werden, die Zahl der Sonderausschüsse auch, offensichtlich lassen sich Aufgaben zusammenfassen, seit alles aufflog.

Auch der Regionalrat reduziert die Mandate von 70 auf 50, die Apanage entsprechend von 3,5 auf 2,5 Millionen Euro, das noch auf 50 Prozent, ein kollossales Sparprogramm, die Aufdeckung der schwarzen Konten nicht eingerechnet! – Zwischenzeitlich baute Fiorito eine Villa am Meer, hält neben dem Dienstwagen zwei Luxuskarossen deutscher Produktion in seinem Garagenhof und, da er nun schon am Meer wohnt, eine Yacht im nahegelegenen Hafen. Das Zeug dürfte bezahlt sein, es muß jetzt noch für den Unterhalt des Materials reichen. – Ich wurde soeben über ein steuerliches Debit von 9000 € auf meine Geschäftätigkeit informiert. Von solcher Post mochte Fiorito verschont geblieben sein. Sein *feeling* wich entsprechend stark von meinem ab, jetzt klagt auch er: „… sie haben mich reingelegt!"

Da sich Ereignisse zu überschlagen pflegen, springe ich auf den 12. Oktober, an dem DOMENICO ZAMBETTI (60, Kosenamen Mimmo, Länge 160) ins Visier gerät. Er ist Assistent für Wohnungsfragen bei der Regionalregierung der Lombardei, arbeitet auf Rechnung und im Namen der Partei „Volk der Freiheit" und möchte das auch nach dem nahen Wahltermin weiterhin tun. Er braucht Sicherheit. Da der Wähler immer Risiko ist, entschließt er sich, 4000 Stimmen käuflich zu erwerben. Die werden angeboten zu 50 Euro das Stück. Solche Geschäfte folgen Jahrzehnte währender Tradition von Parteien verschiedenster Couleur. Der Auftrag geht an den Chef des Clans „Mancusi di Lombardi", daselbst an Eugenio Costantino. Der betreibt Pfandhäuser, hat also klamme Kundschaft. Die freut sich über jedes pekuniäre Zubrot und so sammelt er ohne Aufwand gegen jene Handsalbe die erforderlichen Abstimmungszusagen. – Kollege Guiseppe d'Aghostino vom Clan „Morabito-Brussaniti" (der Teufel weiß,

was es bedeutet) ist mehrfacher Nachtclub-Besitzer mit verant-
wortlicher Position im Rauschmittelhandel. Er unterstützt das
Anliegen von Mimmo, der sich über die Wiederwahl freut,
allerdings nur kurze Zeit. Die Anmahnung der ausstehenden
Schlußrate von 80.000 Euro und die Verhaftung des näheren
Umfeldes treiben Mimmo hinter die sicheren Mauern des Un-
tersuchungsgefängnisses. Costantinos Plauderei ins abgehörte
Autotelefon wurde Mimmo zum Verhängnis. – Kabinettschef
FORMIGIONE behält einen kühlen Kopf. Seit 1995 im Amt, dar-
über mit Gerichtsverfahren wegen Korruption konfrontiert, geht
er von einer unbehelligten Amtszeit bis 2015 aus. Das spricht für
Kühnheit im Amt. Sein Fall kurz darauf kommt aus den eigenen
Reihen, nachdem aus seinem Kabinett heraus wieder einer ver-
haftet wurde, das sind kurze Wege. F. plädiert jetzt lebhaft für
Neuwahlen „am besten noch vor Weihnachten" und steht zur
Verfügung. Er ist das gewohnt.

Ein weiterer Kurzzeitsprung ist geboten, denn das Gebiet süd-
lich der Alpen bleibt in der Presse. In Reggio Calabria beträgt
die Prämie pro Wählerstimme 100 Euro, beim Stimmpaket *en
gros* ist Preisnachlass möglich. Der Geschäftsmann kennt kein
Halten mehr – die Zusammenarbeit der Behörden mit den 24
N'drangheta – Clans auch nicht. Die Kommune wurde schließlich unter Zwangsverwaltung gestellt, wegen „großer Nähe der
Stadtväter zur Mafia". Solchem Treiben soll Einhalt geboten werden. Der Kommissar heißt hier Präfekt. Ob er dem Bedürfnis der
Politiker nach Amt und Würden gewachsen ist, muß er binnen
achtzehn Monaten zeigen. Von Parallelgesellschaften mag man
einstweilen nicht sprechen.

Das Spitzentreffen vor der Wahlnacht erzwingt erneutes Vor-
greifen. MARCELLO dell' UTRI, langjähriger Vertrauter des
Parteichefs, beklagt den Verzicht BERLUSCONIS (76). Der hu-
manistisch gebildete Senator, prononciert die Zeitung, ist wohl
auch langjähriger Verbindungsmann zur Mafia. Das bringt den
Staatsanwalt auf. Was B. „aus Liebe zu Italien" verlautbarte,
war eher strafgerichtlicher Verurteilung wegen Steuerbetrugs,
Schwarzkasse u.a.m. zugänglich, die ihn eine Woche drauf er-

eilte. Ein Gefängnisaufenthalt, im Urteil bereits auf ein Viertel gekürzt, ist im Moment nicht in Sicht. – Fabrizio CICCHITTO, Fraktionschef des PdL, beklagt den Versuch „einer politischen Ermordung". B. möchte nächstens das Justizwesen erneuern. – Und er überlebt. Kaum verurteilt, tritt er wieder an, die nächste Verurteilung im Blick. Ein zwischenzeitlich durchgebrachtes Anti-Mafia-Gesetz, unter einschlägiger Beteiligung, darf vermutet werden, zwingt ihn zu einigen Umstellungen in der ersten Kandidatenriege. Dabei trifffts NICOLA COSENTINO aus der Hochburg Casal di Principe (Caserta) und andere „Unvorzeigbare". An der Verlautbarung, daß Chefe SILVIO nicht dazu gehört, wird gearbeitet.

Zuletzt kommt aus der Provinz <u>Sizilien</u> die Nachricht (30.10. 2012), daß der PdL des B. gegenüber Rosario CROCETTA ins Hintertreffen geraten ist. Dieser hat bereits einen Platz in Straßburg und heißt „Saubermann". Dem vorletzten Regionalpräsidenten stand er im Bündnis nahe. Der sitzt jedoch wegen Mafiaverbindung im Gefängnis. Gegen den scheidenden Regionalpräsidenten ermittelt die Justiz aus gleichem Grunde. Die acht Vorgänger saßen sämtlich vorübergehend ein, darunter Salvatore CUFFARO. Der startete im vergangenen Jahr einen – geplant – achtjährigen Aufenthalt. Möglicherweise kommt gute Führung dazwischen. Auf der Liste von CROCETTA & CO. stehen 32 Leute mit unterschiedlichem Abstand zum Gefängnis. Es wird ermittelt, vor Gericht verhandelt oder schon gesessen. „Viele kennen die Anklagebank besser als ihre Wähler", heißt es. Allgemein wird bezweifelt, daß CROCETTA größeren Aufgaben gewachsen ist. Immerhin kann er auf die umfangreichste Besetzung einer Regionalverwaltung in Italien zurückgreifen, 50.000 Seßhafte. – Ein lebhafter Ereignishorizont kreist um ein Zentrum, von dem man nichts vernimmt. Das ist beim Schwarzen Loch üblich, das bekanntlich selbst Licht absorbiert.

Überhaupt hats schwer, wer – so zwischen 'Ndrangheta, Cosa Nostra und Camorra einerseits und einem phantastischen Staatsapparat andererseits eingekeilt – ein Leben frei von Handsalbe und obligatem Zubrot führen soll. Hieß es einst „beim Teutates!", wenns zum Schwur kam, so verlangt der Verbrecher-Club heute das Aufsagen ganzer Namenslisten aus Italiens ehrwürdiger Geschichte (selbstverständlich Tarnnamen für Mord, Totschlag & Beutemachen), so etwa GARIBALDI, MAZZINI und LAMARMORA, wenn einer in die „heilige Kette" eingeschworen wird. Schwören muß er weiterhin, alle Verbrechen „bis zur siebten Generation zu leugnen", selbst vor der eigenen Familie, teilweise unter Blutentnahme oder mit Kanone und Oblate auf dem Tischchen. Eine durch die RAGGRUPPAMENTO OPERATIVO SPECIALE erbeutete Filmaufnahme zeigt derlei Praktiken, die manchen sich eher dem Staat zuwenden läßt. Auch das Verbrechen sieht die höchsten Profite im Betrug von Kommune und Stadt, läßt Stadtmafiosi MASSIMO CARMINATI verlauten. Jetzt hats den schießwütigen Haudegen der „Banda della Magliana", einäugig und mit langjähriger Knastadresse, wieder erwischt, mit seinem Anhang von 27. Kumpel SALVATORE BUZZI sitzt bereits. Fotos und ein „schwarzes Kassenbuch" machten dessen jüngstes Geschäftsmodell zunichte, das über eine gemeinwohlige Stiftung öffentliche Gelder einsammelte und daraus mit Monatsschecks Chefe, Müllabfuhr, Stadträte und niedere ausführende Organe schmierte.

Überhaupt bietet das Öffentliche Einzigartiges zum Wohlsein: die 8000 regionalen und kommunalen Unternehmen erwirtschaften jährlich Verluste in Milliardenhöhe, was in Sonderheit den 37 Tausend Verwaltungsratsposten geschuldet ist, die zu befüllen sind mit ausgeleiertem Personal. 1200 dieser obszönen Organisationen haben keinen Mitarbeiter, die Gesamtzahl jener Pöstchen übersteigt die der Angestellten um 2700. Da wird immer was frei! – Zu den Preziosen öffentlichen Daseins zählt die Dienstvorschrift, die Angehörigen der Streitkräfte das Tragen eines Regenschirms verbietet. Das macht die umfangreiche Dienstwagenflotte gegen Einnässen zwingend. Der Sparkommissar kapituliert.

DIRK SCHÜMERS Verallgemeinerung solcher Verhältnisse im Begriff des „abendländischen Konzeptes der Wählerbestechungsdemokratie" reizt zur vergleichenden Betrachtung. Italien sei ein „Europa im Kleinen", der Norden zahlt, der verbeamtete Süden kassiert, mit Personalkosten ohne jede Deckung.

Dabei hat etwa Rußland den Vorteil geradezu grober Übersichtlichkeit. Unter Einschluß des Klerus genügen ein Dutzend Namen, deren jeder eine Sektion, ein Stück vom Kuchen unter sich weiß. Patriarch KYRILL I., außer Amtes Vladimir Mikhailovich Gundyayev, trägt auch zur Fastenzeit gerne Schmuck zur Kutte, eine Schweizer Armbanduhr etwa, ein 45-Tausend-Format, darin den Vorlieben des weltlichen Gebieters Putinowitsch folgend. Der nennt zwanzig Schlösser, 43 Flugzeuge, 15 Hubschrauber sowie vier Yachten sein eigen, alles abseitig gelegen bzw. geparkt. Der Strom abgezweigter Mittel soll 200 Milliarden Dollar erreichen, meint BILL BROWDER Anfang 2015. – KYRILL I. ist noch skrupulös. Nach einem Fototermin ließ er seinen Armschmuck retuschieren, weil's sich nicht schickt, als Patriarch. Das Spiegelbild des teuren Stücks auf der glänzenden Tischplatte wurde aber leichthin übersehen – und blieb. Mit Trotzkis Schatten passierte das nicht, der einst vor einer Holzwand stand. Für KYRILL I. wars ein Schlag ins Kontor, er bestieg seinen Maybach, der ihn flugs näher zu Gott brachte, vulgo seinem Penthouse in Moskaus Innenstadt. Auch sein Vermögen soll in die Milliarden gehen, mit Zigaretten- und Alkoholimporten in den 90er Jahren erarbeitet. Der Mann war und ist schließlich nicht der Gesundheitsminister.

Vielleicht ahnte ALBERTO RECARTE, Fachmann im spanischen System ‚schwarzer Kreditkarten' der Madrider Sparkasse, solch drohende Unbill: auch dem boten die selbstgeschmierten Genossen eine Uhr zu 12-Tausend an für unschätzbare Dienste. Seinem Gegenvorschlag auf Aushändigung des Barwerts, spanisch ‚pasta', kam die einfühlsame Direktion in Form zweier Geschenkgutscheine umgehend nach.

À propos Maybach – fliegt doch da die unterhaltsame Schilderung von KERSTIN HOLM aus dem *Moscow Street Battle* rein. Das Großraumfahrzeug feiert dort fröhliche Urständ, wenn Sie ahnen: ‚orthodoxe Geistliche in rassigen Karossen' seien zum besonderen Unfallrisiko avanciert, so etwa Prodiakon Sergej Frunsa (34) – der quert eine Straße in dichtem Verkehr und streckt die höchst Gefährdeten, als die sich beschweren wollen, mit Faustschlag nieder. Grade donnerte Mönch Ilia, bürgerlich Pawel Sjomin (26), ‚mit schneeweißem Mercedes-Geländewagen in eine Baustelle‘, was zwei Arbeitende das Leben kostete. Er soll geschäftsführend beim Patriarchen zu Wege sein. – Je nun, Mönchspriester Timofej sei auch eine Notiz gewidmet ob seines Einsatzes im BMW-Cabriolet mit Malteser Diplomatennummer. Damit zerlegte er etliches Material, dazu hochalkoholisiert und bereits zwölfmal in gleicher Sache straffällig. Das sei nicht im Amt sondern ‚als Privatleut‘ begangen, läßt sich die Patriarchatskirche vernehmen. – Soweit der Einblick ins Moskowiter Verkehrsleben.

Zurück zur Uhr: vor Mißgeschick ist niemand gefeit, der die Rolex im Einsatz hat: Herr KLEINFELD mochte auch lieber den Arm frei haben, als die Verkündung eines erfolgreichen Geschäftsjahres von Siemens mit geplantem Arbeitsplatzabbau zusammenfiel. Leider gerieten beide Varianten seines Abbilds unter die Leute. Umgang mit Reichtum kann zum Spießrutenlauf werden. Die Signalwirkung der Uhr wird zwar gesehen, der Arbeit am Mann aber nicht die gebotene Sorgfalt gewidmet.

So gings auch Yang Dacai, Chef der Arbeitsschutzbehörde des Fleckens Shaanxi (China). „Bruder Armbanduhr“ heißt er inzwischen wenig schmeichelhaft. Im Fotovergleich per Internet wurden sechs diverse Stücke zu je 10.000 Dollar ausgemacht. Schneller Reichtum ist auf Zeigen bedacht. Zeigen ist schneller Genuß. Disziplin findet da schwer ihren Anker.

<u>Russisch:</u> IGOR SETSCHIN ist da freier. Seine gegen Null gehenden Wahlergebnisse hindern den Chef des Staatskonzerns Rosneft wenig, die 20-jährige Patenschaft aus KGB und Leningrader Zeiten mit Chef PUTIN hilft viel. Der ‚Oligarch in Khaki‘ aus dem Klan der Uniformträger, so Michael Ludwig, geht immer einige Schritte hinter Chefe, wohin der ihn schickt, von Öl nach Gas, um Privatbesitz zu arrondieren. Wenn Präsident MEDWEDJEW ihn absetzt, setzt PUTINOWITSCH ihn wieder

ein! Als Dolmetscher versteht er nix von Öl und Gas, aber Putin-kollega seit Stadtverwaltung in Leningrad! – Bei Öl ist der Status von 1993 wieder erreicht – ohne das System Kalaschnikow, von Einzelfällen abgesehen. Wer sich nicht absetzte wie OLLI' RO-MAN ABRAMOVITCH, lebt im Knast, so CHODORKOVSKIJ. Verhaftung folgt gerne wegen drohenden Umsturzes (Info durch Bekanntmachung desselben), gefolgt von Zwangsversteigerung und Wechsel im Aufsichtsrat nach Zwischenstation bei der Bai-kal (sic) Finance (sic) Group, die durchreicht.

Nochmal Italien, wo die Geschäftsmodelle ja wieder anders lie-gen. Das organisierte Verbrechen ist derart Teil des politischen und im Süden mit geringer Wertschöpfung auch des wirtschaft-lichen Systems, daß über Korruption und den immensen Staats-verbrauch der Ressourcen der Weg zum Kollaps kaum dauer-haft verlassen werden kann. – In Deutschland etabliert sich das Bestechungssystem behutsam, nicht direkt, selten offensichtlich – und vor allem auf Basis immenser privater Wertschöpfung, die fröhliche Abschöpfung beflügelt. – Den Neigungswinkel be-stimmt hier eher die Schlechtleistung staatlicher Anforderun-gen (Energie, Infrastruktur, Arbeitsmarkt, Bildung, Demografie, Fiskales), befeuert neuerdings durch die Überlastungen aus dem Europa-Zirkus. Der Abstand, das sei notiert, zu den Desastern im befreundeten und weiteren Ausland bleibt beträchtlich.

SIGNORE BERLUSCONI fordert Deutschland zum Austritt auf, wenig später schlägt er Italien Gleiches vor. – MARIANO RAJOY aus Spanien arbeitet zeitgleich an einer „Zauberformel", wie es heißt, um ohne Auflagen ans Geld zu kommen. Dann wieder fordert er lautstark, die genauen Bedingungen fürs Geld aus Brüssel zu nennen. Die seien „allen gut bekannt" repliziert OLLI REHN. Standspur oder Überholspur ist die Frage: während die Laubsägearbeit an einer erträglichen Version des ESM-Vertrages alle Energie beansprucht, sind RAJOY, MONTI und der Grieche schon bei ganz anderen Überlegungen. Das ist wie Hase (Net-tozahler) und Igel (finanzielle Eleganz und Sonnenbad auf dem 30. Breitengrad). Da gewinnt der deutsche Rechtsstandpunkt Operettenhaftes, ja Komisches.

Die ‚Sociedad Benefactora y Educacional Dignidad', d.i. die „Gesellschaft für Wohltätigkeit und Erziehungsanstalt für Würde" in Chile begann 1956 in Siegburg als „Private Sociale Mission" des Paul Schäfer (36). Der hatte den Traum eines eigenen Reiches, wo Züchtigung, Fasten, Enthaltsamkeit, Geschlechtertrennung und Beichtzwang das Leben regelten, genug für die Einweisung. – PS ließ bis in die Nacht arbeiten, predigte Apokalypse und sagte den Überfall durch die Sowjetunion voraus. Er war pragmatisch, verschaffte seiner Projektion von Haß und erlittener Gewalt eine Arbeitsfläche, in der geistig und körperlich Unterworfene zu seiner Verfügung standen, auch zum beliebigen sexuellen Mißbrauch. – In Chile kamen regelmäßig Deutsche zu Besuch.

Der Venezuelaner CARLOS wurde von Muammar al GADDAFI mit einem Anschlag auf die Opec-Konferenz in Wien 1975 beauftragt. Ausgeführt haben ihn Mitglieder sogenannter Roter Zellen, die jetzt 79- und 71-jährig vor dem Landgericht Frankfurt angeklagt sind. CARLOS wohnt in einem französischen Gefängnis.

Die Großen Koalitionen auf Landesebene verstehen sich so gut, daß sie gegen die Bundesregierung im Bundesrat Frauenquoten und Mindestlohn durchsetzen. Wer will es angesichts dessen dem Brüssel-Kommissar LÁSLÓ ANDOR verdenken, wenn der die gesamte Einbeziehung der Lohnfindung in den Staatsdirigismus empfiehlt. Die Empörung der Zeitung verkennt das kommissarische Weltbild, worin Eingriff und Steuerung von Mensch und Material in der Vorhand sind.

Bisweilen brauche ich das Tagebuch, um meinen Zustand zu überprüfen, in Sonderheit den des Verstands. Dann sperrt sich die Feder und ich frage, wer war das. – Wir sind nach Bremen ins Kriminaltheater gefahren: ‚Fisch zu 4t'. Das war gespielt!

23.9.   Zwei Drittel der Leute verstehen die Eurokrise nicht. Zwei Drittel der Macher auch nicht. Gleichwohl kommt Freude auf, denn diese Nachricht ist ihr Freibrief. Mein Ausschneide-

furor wird stimuliert. Warum ich das tue, ist nicht klar, wenn
Marion fragt. Sinn macht es nur bei Verwirtschaftung, wofür allerdings Promille der gelagerten Mengen genügten, von
Kartons im Keller aus den 90er Jahren abgesehen. Ich tue
es, vielleicht fragt ja mal einer nach! So wird die Zeitung
ein Teil von mir – ich bin aus zweiter Hand, mein Leben ja
auch. Das ist auch „unsozial", wie RAINER HANK notiert.
Je nun, es ist aufregend genug: Begegnungen, Erfahrungen,
Ereignisse zu lesen, Gänge, Untergänge, so grade FRANK
SCHIRRMACHERS Rede in der Düsseldorfer Synagoge über
die Inversion moralischer Zurechenbarkeit, den moralischen
Doppelagenten, Mephistos „Ihr Mann ist tot und läßt Sie
grüßen".

Es ist alles voller Kontakt, tangere, ja. Tangere, tango (unglaublich!), tetigi, tactum (noch unglaublicher, alles in der
Deklination dieses schönen Verbes). Das lernte ich bei unserem Lehrer Kuhn, der zog ein Bein im Sonderschuhfor-
mat nach, ein guter Mensch. Plötzlich sehe ich mich auf
dem schwergängigen Videoband von 1993 mit Leon auf dem
Arm, sehe uns, ja, so war es – und weg. Schon beginnt das
Aufrichten an diesem warmen Herbsttag und der Blick in die
Aussichten über Wochen, Monate. – Auf der nächsten Seite
taucht sicher ein Link auf, der diesem heißen Gefühl wieder
Schub gibt: ich muß nochmal nach NY, nicht wegen Kontakt,
ich kenn da keinen, nur um all dem Luft zu verschaffen, was
völlig vertrackt in mir sitzt, zu sehen wie New York geht,
fährt … und zack: berichtet Patrick Bahners übers Hup-Ver-
bot daselbst! Dann weiter nach Las Vegas, um in einem dieser
monströsen Elvis-Revival-Konstrukte zu sitzen, zu singen, ja.
– Verstanden? – Ich auch nicht. (Guxdu Band 11, 2018, Seite
101 ff.) Das unterhält das Ausschneiden & Sammeln, dieses
Unverständnis.

24.9. SCHIRRMACHERS Rede verstört mich, sie liegt in der Kladde.
Seine Reihung von Ereignissen weist das Zufällige aus dem
Raum, beginnend mit FASSBINDERS „Müll, die Stadt und der
Tod" in Frankfurt bis zum Akuttext von GÜNTER GRASS, über-

holt schließlich von den NSU-Nazi-Deckungsgeschäften der Organisation, die den Namen Verfassungsschutz trägt. – Auch ein Vergleich der Ressortorganisationen, etwa Finanzen und Inneres, erhärtet den Verdacht. Während dem Überwachungs- und Kontrollsystem im Bankenverbund kein Cent entgeht, die ministerielle Kavallerie dafür auch gerne ins befreundete Ausland vordringt, folgt die Organisiertheit der Verfassungsschützer eher dem Modell mittelalterlicher Ringdörfer – will man den Aussagen glauben.

Tatsächlich erklärte HORST MAHLER 1972 im Prozeß „den Zionismus" zum Nachfolger, zum „Erbe(n) des deutschen Faschismus". Belege zuhauf für Schirrmachers braunen Faden. – 1968 war voller inversiver Ereignisse. Die Ohrfeige der BEATE KLARS-FELD sollte einen Exponenten des Naziregimes decouvrieren. Die Stasi finanzierte. – Die Erschießung des BENNO OHNE-SORG galt als Ausgeburt der Kalte-Kriegs-Polizei West-Berlins. Das SED-Mitglied KURRAS handelte im Auftrag. – Die Abstimmung über das EG OWiG 1968 im Bundestag galt als standardmäßiger Vorgang. Von einem Ex-Nazi-Trio vorbereitet, gewann sie die Stimmen aller und rückte die Täter in den Gehilfenstatus. – Der Tod FRITZ BAUERS galt als Unglücksfall. – WOLFGANG ABENDROTH, dem Strafbataillon 999 entkommen, galt als Inbegriff der Integrität. – Alle Ereignisse waren zeitgenössisch von stupender Klarheit. Welche Verwirrung liegt rückblickend über alledem, da die Gewißheiten auf dem Kopf stehen.

Monate später zeichnet WOLFGANG KRAUSHAAR den Kommunarden-Terrorismus wie von einer DNS-Spur des Antisemitismus durchzogen und genährt. Der Krieg gegen Israel wurde ins Land getragen. Ich war davon entfernt, spüre aber Scham – worüber eigentlich!

LESER:
Was soll die Scham?

SCHREIBER:
Je mehr zutage tritt, desto unverstandener erscheint mir mein Handeln damals.

163

LESER:
Sie sagen selbst, daß Sie weit weg davon waren.

SCHREIBER:
Ich sollte das tun, wofür mein Herz schlägt. Das war nicht der Fall.
Ich war in allerlei Organisationen, die ein Regime propagierten, …

LESER:
…, das Sie ebenfalls verteidigten. Noch zehn Jahre später. Sie schä-
men sich für Texte, die Sie hier weglassen, weil es Ihnen peinlich ist.

SCHREIBER:
Ich suche den Grund, …

LESER:
Und niemand hat Sie gezwungen zu etwas. Vielleicht fanden Sie
nur die intellektuellen Strapazen ganz attraktiv. Sie wollen heute
das moralische Gewissen sein, welches Sie seinerzeit nicht küm-
merte. Was soll der Spagat! – Sie sahen das Unübersehbare, den
Vietnamkrieg. Sie wußten nicht, was jenseits der Mauer geschah,
verweigerten es möglicherweise. Sie erkannten nicht die Bedeutung des Gesetzeswerks von 1968 (EG-OWIG), fanden dennoch
genug Material in der „VdJ", sahen sich im Tod Benno Ohnesorgs
bestätigt, wußten nichts von den Zuständen Chinas nach dem
„Großen Sprung", nach der sogenannten Kulturrevolution. Sie waren Mitläufer in einer ideologischen Stoß-Front, fertig.

SCHREIBER:
Und es geht eventuell nur um eine solche Einsicht?

LESER:
Das ist möglich. Aber es ist nur eine, die Kehrseite. Sie sind keiner Ihrer Neigungen mit Entschiedenheit nachgegangen, Ihrer
sprachlichen Begabung, vielleicht sogar einer schauspielerischen,
die Ihnen jedenfalls nicht zugänglich war. Sie haben Fähigkeiten
nicht erschlossen und entwickelt. Ihr oben angeführter Milieube-
griff scheint mir einen Hinweis zu geben: was lag näher als dem
nachzugeben.

SCHREIBER:
Sie werden unverschämt …

LESER:

Ja, möglich, ich weise eine Rolle zurück, die mich als externalisiertes Gewissen neutralisieren soll. – Ich bin ein Teil von Ihnen, wenden Sie sich also nicht ab! – Sie waren absorbiert von Empörung, schlugen sich in die Parteilichkeit von Anti-Imperialismus und Antikapitalismus, trugen Matte, klauten auch Bücher, was proklamiert wurde als, ja als was eigentlich! – Sie hatten genügend Geld, machten Gewerkschaftsschulungen über die „AgF", machten eine gute Figur in Ihrem schwarzen Cordmantel, sonnten sich in der Nähe von Robert Redford in „Easy Rider" und genossen die Avancen der vielen schönen Frauen, die zwischen Club Voltaire und Schwarzem Wal die Stadt mit Leben füllten. Ihren Absturz in Vorbereitung auf die erste Staatsprüfung fingen Sie über einen kreativen Klinikaufenthalt in Gießen ab. Und nach knappem Erfolg gelangten Sie über die drittelparitätische Mitbestimmung in eine gut bezahlte Beraterposition des Satzungsausschusses der Universität. Was wollten Sie mehr. Marburg war – mit einer DKP-Fraktion im Rathaus – ein politisches Biotop wie später Tübingen oder Freiburg im Grünen-Format.

SCHREIBER:

Das ist korrekt – und es ging so weiter. Während die Arbeiten an einer Promotion sich hinzogen, folgte der Wechsel nach Bremen eher dem Drängen meiner ausbildungsinteressierten Freundin. Die zeitgleiche Bewerbung auf eine halbe Stelle an der HWP in Hamburg gelang wiederum durch die Unterstützung des politischen Milieus. Das ist allerdings nicht ungewöhnlich, denke ich.

LESER:

Durchaus nicht. Worüber beschweren Sie sich? Die Polarität im akademischen Milieu hatte für Sie den gleichen Platzhalter bereit – und Sie nahmen ihn ein, etwas verdeckt, verschämt, es war schließlich die Zeit immerhin abnehmender Reglementierung. Das ermöglichte das Entrée in die Institutionen. Warum blieben Sie „Ihren" Organisationen treu?! Es ging auch anders. Sie hatten keinen Zweifel, wars Opportunismus? Es traten Kollegen aus, wie reagierten Sie?

SCHREIBER:

Ich blieb, wo ich war. Lassen wir das, ich finde keine Argumente über das Gesagte hinaus.

ROGER GARAUDY (99) starb als Islam-Bekehrter unter dem Namen Ragaa Garodi bei Paris. Revision war sein Leben.

Griechenland braucht das Doppelte. Der ESM-Vertrag soll gehebelt werden, Idee 2 Billionen. Deckungsbeiträge gegen den Untergang im Umfang von aktuell 203 Milliarden Euro wurden seit 2003 außer Landes geschafft, so auf HSBC-Konten in Genf. CHRISTINE LAGARDE übergab einen USB-Stick mit 2000 Namen an PAPACONSTANTINOU. Der Grieche ließ sie liegen. Die Spur der Liste soll sich verloren haben, vermerkt Michael Martens. Sie tauchte wieder auf – und es fehlten drei Namen – Verwandte des zwischenzeitlichen Finanzministers PAPAKONSTANTINOU.

Der Ton sei getroffen, schwärmt die Zeitung über ALEXANDER KLUGES neue *short stories*. Es kann zur Sucht werden, den richtigen Ton zu treffen.

Das Gegenteil von Zufall, das, was mir zufällt, ist Abfall.

„Dionysische Faszination der Paralympics" – von Mitleids – Humanitarismus und Inklusions – Ethik zur Ästhetik der Prothesen; eine drastische und rauschhafte Erinnerung an die Körperlichkeit → Ekstase → Zerstückelung → Anthropologie.

25.9. Bei der Kandidatenvorstellung für die Urwahl der Spitzenkraft für die Bundestagswahl 2013 schafft es CLAUDIA ROTH mit zwei Sätzen, Anklage sowohl über tote Flüchtlinge im Mittelmeer als auch über horrende Mieten in Deutschland zu führen. Das „menschenverachtend" aus dem Handgepäck von Frau KÜNAST hingegen unterblieb.

Massendemonstrationen in Athen und Madrid. Die Troika reist mit Drohgebärde ab. Die griechische Regierung ruft erneut Schicksalswochen aus, routiniert wie der Einzelhandel den Räumungsverkauf, meint der Chefredakteur. Routinen überbrücken die Räume des Mißtrauens. Keiner glaubt dem anderen, der Kern des Kredits.

Der Demokrat BILL CLINTON veranlaßte seit 1996 Bankhäuser zur Kreditvergabe an Unbemittelte. Er unterzeichnete sodann 1999 das Gesetz zur Modernisierung von Finanzdienstleistungen. Das wurde die Mischung fürs folgende Jahrzehnt, vielleicht auch für das darauffolgende. Sein Motiv bleibt einstweilen oberflächlich.

26.9. „Die Tiger des Zorns sind weiser als die Rosse der Belehrung". Diese Worte nahm KARL HEINZ BOHRER (80) von WILLIAM BLAKE und sieht die Bundesrepublik als „fettprangende Händlernation". – Zuweit gesprungen, meine ich. Wehleidiger Provinzialismus könnte treffender sein, darin etwas „Wutbürgerliches" durchaus Platz hat – als Kommentar der irgendwie in allem steckenden Beklemmung. Und davon nährt sich doch glatt dieser, wenn nicht die Menschheit so doch Europa beglückende Götterfunke. Nur aus der Provinz kommt die Idee des Hintersassen, er werde dort erwartet, wo die Menschheit eins werde, alle gleich natürlich. Völlig in Frieden, bitte. Danke. Bitte. Danke. Mein Hirn scheuert. – Dabei nur diese Konfliktscheu, die bei jeder Auffälligkeit außer sich gerät und darum ständig erpressbar ist. Und als Umweg für alles einen Beauftragten etabliert als Pädagogisierung jeglichen Dissenses. Da fühl ich mich als Coach schon mal zum Kotzen. Dann lieber die Mainzelmännchen oder BOHRER dreist in Marbach: „Ich bin nicht dialogisch, ich höre mich lieber selbst reden."

27.9. Sie zeigen die Gasöfen von Auschwitz mit den Rollwagen, mit dem ein Toter ins Feuer geschoben wurde. Ich möchte es nicht ansehen. Weltkulturerbe seit 1979. Buchenwald soll es auch werden, die halbe Stadt daneben ist es schon, warum die halbe! Schließlich erhielt sie seinerzeit zwanzig Reichsmark pro Einäscherung und Urnenversand.

JUREK BECKER starb vor seiner Zeit, sagt der Reporter, an Krebs. Was soll der zweite Teil, das ist der Verschleiß des Lebens. Das war seine Zeit. –
Der Leitartikel thematisiert die Verbindung, engl. *connection,* von ANGELA MERKEL und HELMUT KOHL. Sie hat es geschworen,

das entnehme ich ihrer Wortkargheit. Vorher sprach ich hilfsweise von Verschwörung. – Das Souveränitätsdefizit scheint institutionalisiert, weitergegeben. Der Respekt vor den Alten ist mal Taktik, wie Hitlers tiefe Verbeugung vor der Urkunde in der Hand Hindenburgs, öfter jene Unterwürfigkeit im Gewande paternaler Dankbarkeit, womit Ziel und Mittel der Vision Europa in Starrsinn gemeißelt sind.

28.9. Über die Hälfte des Benzinpreises entstehe bei der Herstellung, textet die Lokalzeitung. Ich bin sicher, sie weiß es nicht besser, denn die Leute haben die örtlichen Schulen besucht. So bleibt verborgen, daß das Publikum für dumm verkauft wird. – Denn bekannt ist, daß zwei Drittel des Preises beim Finanzminister „entstehen". Solches ignoriert ökologische Formatierung.

König WULFF mit seinem Hausformat wird von kleiner Habgier und Bestechlichkeit verfolgt, die StA erweitert das Untersuchungsfeld zügig. Ach, wir sind das Land der bedauernswerten Könige. Überall sprießen sie und erreichen keine Größe. Dabei sehnen sich die Leute nach König. Unter der Sehnsucht sieht es weiterhin finster aus. – Den Traum von König KURT formulierte schon F.C.DELIUS (1981), als dessen Protagonisten nach dem Versteck von HANNS-MARTIN SCHLEYER forschten:

> „Mensch, Eifel, das ist überhaupt ein weißer Fleck ... wir brauchen in der Eifel ein richtiges Las Vegas ... alles muß stinken nach Geld und Gold, damit es den Leuten nichts ausmacht, pleite zu sein, der deutsche Geizhals, der deutsche Schnellverdiener, die aufs Sparen programmierten Dummköpfe dürfen endlich mal Mark und Pfennige verlieren, befreit vom Gewinnzwang ... weißt Du, die ganze Anlage sollten wir um die Nürburg herum bauen ... der Ring wird als Attraktion mit einbezogen, zur Spannungsaufladung ein paar Rennrunden zwischendurch im eigenen Wagen oder in Formel-1-Attrappen mit Golf-Motor ..., darauf Poll: jetzt mal Spaß beiseite, der Plan ist wirklich Gold wert ..."

Das war nicht die Art von KURT BECK, aber die Art seiner Finanziers. Davon erzählt Thomas Holl. Pierre S. Dupont V. nannte sich ein Hochstapler mit Bankguthaben von 57,18 $. Sein an das in Luxemburg ansässige Firmengeflecht ausgestellter Scheck über 67 Millionen Euro war daher hohl. Der Finanzminister im Kabinett BECK trat jetzt enttäuscht zurück. Besagtes Firmengeflecht wurde von einem vordem-Mitglied des Zirkus Sarrasani und einem vordem-Hotelmanager vorgehalten, gleichfalls bargeldlos, beide Herren Vertraute des Vorstrafenregisters. Diese hielten sich mit Spesenrechnungen über 400.000 über Wasser. Seine Auswahlentscheidung verteidigte der Aufsichtsratsvorsitzende gegen vielfache Hinweise mit bemerkenswerter Konstanz. Nun trat ein Schweizer Finanzmakler herzu und stellte einen Milliardenkredit aus Dubai und umzu in Aussicht. Der Kontakt war beschwerlich, wegen Autounfall oder Funkloch in der Karibik.

Erneut finanzierte das Land, gefordert war eine „Kapitalnachweisbareinlage", *if you know, what they mean.* – Zurück aus Arabien bot der Schweizer schließlich jenen Mr. Dupont V. auf, mit tragischem Ausfall, wie oben gezeigt. Auf Drängen der Leute vom Firmengeflecht soll der Finanzfachmann und Finanzminister die Überweisung von 4 Millionen Provision telefonisch angeordnet haben – bevor die Gutschrift jenes Scheckchens auch nur versucht worden ist. Ein sogenannter Zahlendreher, also Arbeit mit der Präzision eines Uhrwerks auch an anderer Stelle, hinderte das Verschwinden des Geldes in den Schweizer Bergen. – Das Kabinett war schließlich achtmal mit der prozessierenden Affäre befaßt, ohne eine Spur von Argwohn zu entwickeln. Jetzt zog sich der König aus der Politik zurück, gesundheitliche Gründe angebend. Sicher wollte er auch einen freien Kopf gewinnen

Nürburgring: die Daumen Kafitz, Eggers, Deubel am Start 2007

für den anstehenden Auftritt vor der Wirtschaftsstrafkammer des Landgerichts Koblenz. – Auch der ehemalige Finanzminister und promovierte Volkswirt bereitet sich mit der Ankündigung vor, er werde „bei Gericht die Vorwürfe der Staatsanwaltschaft gegen mich vollumfänglich entkräften und meine Unschuld belegen." Es ist der Jargon des UWE BARSCHEL von 1988, wo es hieß: „Meine Damen und Herren, ich gebe Ihnen mein Ehrenwort ..."

In der Post sticht ein ockerfarbener Umschlag ins Auge, betitelt „Förmliche Zustellung". Das kennst Du doch, meint Marion und regt Demut an. – Am Tag ihres Geburtstags fuhr ich 24 km oberhalb der Begrenzung von 120 die zwei Kilometer bis zur Abfahrt in unser Dorf. Just an diesem Tag versteckte sich ein dreibeinmontiertes Radargerät unter der Leitplanke. Verkehrsgefährdung war auf dem dreispurigen Teilstück nicht erkennbar, die Handschrift des Umweltsenators hingegen schon, der hier für Umweltschutz sorgt. Das ist der Regelung nicht anzusehen, eine Diskussion des Motivs irrelevant. 70 Euro sind fällig, zuzüglich Bearbeitungskosten, Porti und mehr. Als in Hannover jüngst die Aufhebung solcher Begrenzung angekündigt wurde, meldete der Oppositionsblock sogleich Verkehrsgefährdung an. Der regiert in Bremen.

29.9. In <u>Dubai</u> steht der Burj Khalifa. Ein Inder eröffnete auf dem Sandplatz 1975 eine Apotheke – mit Nivea-Lizenz. Heute gebietet er über einen Tross von Kliniken. Wegen seines Reichtums angesprochen, ob er nicht auch eine Wohnung in diesem Turm kaufen wolle, zögerte er, stellte sich dann aber in die Reihe der Interessenten. Alle Wohnungen waren weg, als er dran kam, das Stück für etwa 20 Tausend Euro oder Dollar für den Quadratmeter. Das 100. Stockwerk sei noch frei, gab man ihm zu verstehen. Da kaufte er die Etage mit drei Wohnungen zu je 480 Quadratmeter. Er ist immer noch etwas überrascht, seine Frau sieht ängstlich aus dem Fenster, sie mag diese 500 Meter über Normal Null mit bodentiefen Fenstern nicht. Es scheint unvermeidlich in dieser Märchenwirtschaft. – Der Frühstücksservice hingegen läßt Wünsche offen, stellt der Restauranttester fest. –

Die Fensterreinigung entstammt einem fernen Zeitalter. Dafür sind erfahrene Bergsteiger aus dem Himalaya angeworben. Sie gehören zu den Trupps, die sich aus 700 Meter Höhe abseilen, wenn etwa Wohnung Nr. 130/3 eine Fensterwäsche wünscht.

30.9. CGT und der PCF sind wieder auf den Straßen von Paris, gegen den Fiskalpakt. In Madrid ist das auch so. Die Parallelität der Ideologien derer, die da gegeneinander antreten, liegt wenn nicht auf der Hand so direkt daneben. Die gescheiterte Vergangenheit schlägt sich mit der Gegenwart.

In zwei Wochen wird das Nobel-Komitee dem EU-Komplex den Friedensnobelpreis verleihen, um ANGELA MERKELS Friedensdividende einzulösen. Nutzt ja nix. – Zehn Tage darauf wird in Madrid auf der Straße die EU-Flagge verbrannt. Das könnte ein Akt der Entwirrung sein, den sich das Volk herausnimmt.

1.10. Staatsgarantien haben ihren Platz im Staatsrecht, beim Gewaltmonopol, beim Rechtssystem und manch anderem. Wenn Staatsmänner Wirtschaft „garantieren" wollen, handeln sie außerhalb ihres Auftrags, schlimmer noch: außerhalb ihrer Kompetenz. Treiber sind Wählerstimmen, Bestechung, Profilsucht oder Feigheit. Letzteres (und am sympathischsten), um zu vermeiden, daß passiert, was vorbereitet ist: Pleite. – Das betraf vor vier Jahren Banken, jetzt die Währung. In den Fallgruppen eins und drei ist das Geld schnell weg, eher gleich. In den Fallgruppen zwei und vier dauert das gleiche Ergebnis länger. So jetzt bei den Nordlandkönigen Hamburg und Schleswig-Holstein, denen das Institut, größter Schiffsfinanzierer auf dem Planeten, zu 85% gehört, mit dem Appendix 35.000.000.000 Gewährträgerhaftung, weiteren 7 als Garantie und nochmal 3 als Landeskrediten, raundabaut 45 also. Eine Pro-Kopf-Umlage mit Umfrage bei den Leuten haben sie unterlassen, obwohl die Forderung nach mehr Bürgernähe in aller Munde ist. Da ist sie wieder, die tiefe Gewißheit des Scheiterns, die drapiert wird.

Zurück zur HSH-Garantie: die Wahrscheinlichkeit der Inanspruchnahme liege inzwischen über 50%, hat Bankchef Paul

Lerbinger hinter den Hamburger Rathausmauern eingeräumt. Es droht Klumpenrisiko in der Vertikale des Staatsgebäudes, nachdem schon der ESM auf zwei Billionen gehebelt werden soll. Es gibt nur noch wenige, die helfen können. Sie werden Bedingungen stellen. Sie sind da, aber im Moment unbekannt. Das soll so bleiben, hoffen die Protagonisten. Es erinnert ein wenig an Rußland. Dort gibt es kein Politbüro, das macht die Sache einfacher.

PS, der neue Kanzlerkandidat, möchte strenge Bankenregulierung, das Geschäftsmodell von Einlagen plus Investment zerschlagen. Das lobte er kürzlich noch. Zudem war er, zusammen mit jenem JÖRG ASMUSSEN, maßgebend am Garantieren bei den Staatsbanken und anderen beteiligt. – ‚Gestalten und abseilen‘ könnte ein Motto für diese ruinösen Spiele mit fremden Mitteln sein. Die bleiben konstant außer Verfolgung, die staatlich gesetzten Regeln für Private hingegen unerbittlich. Das macht Staatsdienst möglicherweise so attraktiv: Handlungsfreiheit ohne Haftung.

Die Berichterstatterin der Tagesschau spricht nicht, sie keift, jedenfalls, wenns um Sicherheitsmängel bei den AKWs geht. Da ist wohl ihr Weltbild berührt, das sie aus der Fassung wirft.

HELMUT SCHMIDT (93) nutzt seinen Kredit, um der Kanzlerin „nationalegoistische Politik" zu attestieren. – Der Internationalismus hat Tradition, diese Sehnsucht nach der Auflösung des Nationalen, des Existenzrahmens mit Gewißheit. Beim Einzelnen ist das die Identität. Identitätsschwund, Todessehnsucht zählen zum Repertoire des Krankhaften. Sozialismus soll die Organisationsform dieser Krankheit sein. – Zugleich hat der Alt-Kanzler das Abräumen des „Platzes des himmlischen Friedens" 1989 als „vielleicht doch notwendig" umschrieben. „Das war für die chinesische Regierung unerträglich, der extreme Gesichtsverlust nicht hinnehmbar", meint er. Der deutsche Aufstand fünf Monate später war es ebenfalls nicht. Da dem sklerotischen Politbüro Rückendeckung fehlte und die Niederschlagung ausblieb, blieb Herrn Schmidt ein Urteil in dieser Sache erspart.

Er hält auch aktuell Kritik an China für unschicklich, das mit Japan wegen einiger Inseln, mehr wohl deren angrenzender Unterwasserschätze wegen, in ernsthaften Disput gerät. Es tue nichts anderes als Großbritannien vor einhundert Jahren tat. Wenn nun aber das Volk auch dahintersteht, so wie seinerzeit im Sportpalast? Immerhin arbeitet ein Pekinger Imbiss unter dem Banner: „Unser Laden empfängt keine Japaner, Philippinos, Vietnamesen und Hunde." Ein Pekinger Restaurant sortiert ebenfalls: „Hunde willkommen. Aber keine japanischen Hunde." – Herr Schmidt war wohl ein Meister des Status Quo. Dessen Überwindung konnte vielleicht nur ein Konservativer begleiten und etwas steuern. – Danach waren beide Helmuts wieder zusammen. Das „Planziel Europa" verfolgen sie starren Sinns. Was nutzen Weltbilder aus der Vergangenheit mit solchem Rigorismus – bis alles in Scherben fällt. – Ich bin wenigstens geschmacklos.

Vielleicht käme die Statik manchen Weltbildes in Bewegung, würde die aktuelle Form der Kriegführung einbezogen. Daran arbeitet auch China. Das sind noch nicht die Surrogates, wie sie im Science Fiction-Genre gezeigt werden. Es sind neue Flugwerke mit rasch wachsenden Autonomieanteilen. – Was die konzeptionelle Seite betrifft, so hat wohl ein Systemwechsel gegenüber der Ein-Mann-Kampfmaschine ‚Pitman' (1988) stattgefunden (*guxdu Band 1, Seite 361–363*). Die Studios des Militärs, Los Alamos und Hollywood liegen nicht weit voneinander entfernt. Jedenfalls wurde dieses Modell ‚reversed' Grundlage für den Start des Terminators 1993. Hier wars umgekehrt: der Kampfapparat bildete den Kern, der menschliches Applikat als Ummantelung trug. Selbst dieser schmerzfreie Formmensch fand es nicht lustig, wenn ein Rocker seine Zigarette auf seinem Rücken ausdrückte. Seine Software registrierte Angriff und der Rocker flog gegen den Müllcontainer.

Das Drohnensystem beläßt den Mann am Schreibtisch. Es handelt sich um eine Art Bürokrieg mit dem ‚Piloten' an der Kontrollkonsole, der im Schichtdienst arbeitet. Um der Datenströme Herr zu werden, reagieren die „entscheidenden Sensoren" auf Muster und geben Handlungsempfehlungen. Letzte Feinheiten lernen die Algorithmen aus Beobachtung von Menschen, bis sie ihn zurücklassen können. Sie haben dann das Stadium letaler Autonomie erreicht. Die Exekution heißt konsequent *signature strikes*, Grundlage sind *patterns of life*. Aus ihnen werden *patterns of death*. Accumulo entscheidet, das Datenbanksystem.

Area denial – Waffen kontrollieren ihre *killbox*, das eingegebene Areal, und feuern, bis sich nichts mehr bewegt. – Die Militärforscher setzen in diesem Thema auf eine „spezielle Ethik", einer logischen Kombination von Verboten und Genehmigungen. Das Ethik-Modul wird einsatzspezifisch konfiguriert und programmiert. Es ist immer mit von der Partie, mit wechselndem *outfit*. Diese adaptive Ethik entlastet den Mann am „*joy stick*". – Hier wird China genannt, dem solche Entwicklungen zugetraut werden, auch robuster Umgang damit. – Die Tendenz geht zum Breitband, das Kanonenboot-Denken alter Schule wird schnell pulverisiert werden. – Sterblichkeit wird zum Trost.

In seltsamer Gleichzeitigkeit plant die Europäische Union den Verzicht auf Ethikprüfung bei medizinischen Tests an Menschen. Die Prämien für die Sponsoren seien dramatisch gestiegen, erklärt das Hohe Haus sein Anliegen. Das entspricht dem unterstellten Weltbild dieses Apparates, einem voraussetzungslosen Pragmatismus. – Gemeinnutz geht vor Eigennutz, finden Sie die Quelle! – Einwände werden auf Tagesformat gekürzt. Die Kommission mahnt zur Eile während der Sommermonate, die bekanntlich träge machen. Das tut sie oft in delikaten Dingen. Urlaub macht nicht nur abwesend, körperlich und mental. Die Sache soll am Mittwoch „durchgewunken" werden. Vielleicht erhält jeder Abgeordnete eine Winkekatze mit Emblem.

Was solle sie denn machen, fragt Frau Mattheis den Reporter. Es trete ja sonst niemand an. So kommts zur Einstimmigkeit für PEER STEINBRÜCK. Die Parteiorganisation, alle Verfahren der Nominierung und Kandidatenauswahl ruhten.

2.10. Eine Frau steht vor dem Kühlschrank mit der Bratpfanne in der Hand. Sie öffnet ihn und – noch zögernd – stellt die Pfanne hinein. Ihrem Mann zugewandt, der zusieht, sagt sie, mit großen

Augen, suchend: „Ich glaube, ich verschwinde langsam." Kortikale Atrophie nimmt den Zusammenhang. – Steh mir bei, so mein Gedanke nach diesem Film.

Flucht ins Alltägliche: – Es gibt ihn, den „Ausschuß für Klimaschutz, Umwelt, Naturschutz, Landwirtschaft und Verbraucherschutz". Ein offensichtlich komplexes Gebilde, in dem das umfangreiche Gemenge von ökologischen und sozialen Verbänden und Interessengruppen ihre Adresse haben. Dieser Komplex plant in <u>Nordrhein-Westfalen</u> ein „ökologisches Jagdrecht". Beim Koalitionspartner haben daher Waidgenossen den „Initiativkreis sozialdemokratischer Jägerinnen und Jäger" gebildet (sic!). Der steht dem Ansinnen des Komplexes kritisch gegenüber. Über weitere Aktivitäten wird nicht berichtet. Unterstellt, solche Ereignisse spielen sich in jedem der sechzehn Bundesländer ab, kommst du aus dem Staunen nicht raus.

Nachrichtenstau vom LZB-Block: Bayern-LB 10 Milliarden, im Mai 2013 ist Frist, der Notverkauf lastet dann auf der Alpenrepublik mit 14 Milliarden + Ausfällen quer über den Balkan. – West-LB (Anteil NRW 48% plus zweimal Sparkassen zu je 25) aktuell nicht zu erfassen, Taxe bis 2027 ca. 18 Milliarden, die 2009 gegründete EAA, nein, nicht die EAV, sondern „Erste Abwicklungsanstalt", zum Verwechseln ähnlich, oder? Also die Anstalt wird grade „nachbefüllt", Portigon mit 100.000.000.000 zur Abwicklung „weitergereicht". – Nordbank 7 Milliarden, in Kürze wird die „Zweitverlustgarantie" über 10 Milliarden angesprochen, ein „überaus unangenehmer Vorgang", da die Inanspruchnahme in Sichtweite gerät. Im Spiel sind 35 Milliarden Gewährträgerhaftung, sieben Garantien (Kreti & Pleti), drei Landesgarantien. NONUI – ? – bekam noch vier Millionen, unter Auflagen, beim Verlassen des Hauses. Er nahm, was er bekommen konnte. Es durfte in den folgenden zwei Jahren „nichts Nachteiliges" bekannt werden. Das bedeutete Arbeit, die Zeit ist rum!

Alle 134 Atomkraftwerke seien mängelbehaftet, erklärt die EU-Kommission. Da wird eine weitere Vision angefüttert, etwa der Art: ganz Europa ein Windrad?

175

Besonders fortgeschritten sei die Überalterung im öffentlichen Dienst in Bremen. Damit ist nicht nur alles gesagt sondern auch erklärt zu diesem Schwerenötersystem. Ausharren bis zur Pension kann Leben kosten. – Solch Informatives traut man der Statistik gar nicht zu.

Eric Hobsbawn (95) starb. Dirk Bach starb (51). Arnold Schwarzenegger lebt (65), Udo Lindenberg lebt (66), Frank Elstner lebt (70), Dieter Paff (65) an Lungenkrebs erkrankt – Konturen meines Horizontes.

Der einzig sichere Ort für das kulturelle Welterbe zwischen Mittlerem und Nahem Osten seien die Museen der Vereinigten Staaten und Europas, heißt es nach der Ruinierung von Aleppo. Alle Betrachtung findet in Raum und Zeit statt. Die Aussage stimmt zur Zeit.

3.10. UWE TELLKAMPS „Turm" in der Verfilmung – ein Glück. Das Thema der Klassenarbeit lautet: „Woran ist die Gesetzmäßigkeit des Sieges des Sozialismus über den Kapitalismus zu erkennen? – Verwenden Sie dazu den materialistischen Geschichtsbegriff von Karl Marx." – Das ist voller Ernst. Was ist das Anfang der Achtziger Jahre, Autosuggestion oder der Zynismus der Macht. Es ist der Sozialismus bei der Arbeit.

Kurz drauf in einem Stasi-Korrekturgespräch mit einer Romanautorin lautet das Thema: „Wem nützt es, wenn man sowas schreibt!" – An dieses geflügelte Wort erinnere ich mich. Ich habe auch genickt. Es war selbsterklärend, dieser suggestive Schutz vor dem inneren und äußeren Feind, für das Neue, die Zukunft. – Heute Abend sehe ich, wie es wirkt: es erledigt jede Frage, jeden Dissens, Widerspruch oder gar Widerstand gegen die Macht. Nichts bringt den Anspruch totaler Unterwerfung und Kontrolle des öffentlichen und ihm folgend, des privaten Raums ultimativer zum Ausdruck. Was nützt, wem was nützt, steht auf dem Banner, dem Spruchband. Jede Äußerung, jedes Handeln abseits des Kollektiven läuft in das Verdikt des Fremd-, also Feindnutzens und in ausweglose Rechtfertigung. Die gestaltende Kraft gibt dieser beiläufigen Frage die Wucht. Es ist der Souverän blanker Macht, der alles vor sich hertreibt, in Flucht, Resignation und Anpassung, zuweilen in verzweifelten oder heroischen Widerstand.

Vom Verhör frißt sich der Gedanke in alles Private durch, wo beständige Vergewisserung zur Tagesordnung gehört. Wenn die neutral befrackten Herren alert aus ihrem Fiat-124-Nachbau aussteigen, dann trifft der Verfolgte auf eine seit den 50er Jahren akkurat geführte Stasi-Kladde. Jede Anspielung ist ein Eingriff in sein Leben und treibt ihn ins Grübeln. – „Wir sind seit dreißig Jahren befreundet", geht die beschwörende Einleitung einer Unterhaltung. Der Umgang mit dem Minenfeld ist einfacher, weil die Minen liegen, einen festen Platz haben. In der Folge wird dem Privaten, dem Innenleben, dem Eigensinn der Ausdruck verriegelt. Daran geht der Mensch zugrunde. Jede Form des So-Seins produziert ihr Verdikt: vom Individualismus über Desinteresse, Gleichgültigkeit in die parierenden Formen von Defaitismus, Abweichlertum, Hetze, Verrat und natürlich Widerstand, Republikflucht. Die Frage „wem nützt es" umreißt ein geschlossenes System der Zurichtung.

Mein direkter Anschluß: was macht ein solches Konstrukt, ein solches System so attraktiv für den linken Intellektuellen, der seine Einzigartigkeit, die Abweichung, sein eigen nennt? Er wäre der Erste, den die Zurichtung zu Fall brächte. Vielleicht ist er deshalb der Eifrigste. Der Staatsratsvorsitzende, Vorsitzende des Ministerrates und Erste Sekretär der *Sozzjalisdschn Einheidsbardei* Deutschlands, keuch, WALTER ULBRICHT, pflegte bei einem bestimmten Diskussionsstand zu bemerken, die Diskussion sei jetzt beendet. Wer keine Ruhe gebe, mit dem würde gegebenenfalls an anderer Stelle diskutiert. Er kannte das Hotel Lux.

Und dieses Leben geht weiter! Kein Dissens, kein Konflikt, kein Nicht-einverstanden-sein findet einen Weg jenseits des Gedankens. – Wie konnte jemand dichten: „Die Gedanken sind frei …"! Er konnte, weil Schweigen geboten war. – Sowie es raus ist, muß es auf der Hut sein, sich rechtfertigen, verteidigen, gegen

Verdacht angehen. Es gibt kein Vertrauen, nicht einmal Zuverlässigkeit jenseits der Parole, auf der es keinen Boden hat. So wird Leben zur Deckungssuche, zur Kunst des Absicherns, des Konformen, des gespielten Konformismus oder des laufenden Widerstands. Eine Kunst, darin zu existieren, im kleinen Ausweg der Ironie, im rebellierenden Sarkasmus, der auffrißt. – „Der Kommunismus ist wie der Kult der Azteken," heißt es bei EUGEN RUGE, „er frißt Blut". Zum wiederholten Mal, es geht nicht anders.

Der Stubendurchgang betritt das Zimmer ohne Anklopfen – von wem haben Sie das Buch – der Vater: das fällt auf uns zurück, auf die ganze Familie, schlägt zu. Der Kreisschulrat wird über den Schulausschluß entscheiden. Der Vorsitzende hat ein Haus am Stadtrand und bräuchte Dachpappe. Ich stell mich tot, nichts sehen, nichts hören, vielleicht lassen sie mich. – Was kostet der Dissidentenanwalt. Die Mutter geht hin. Sie soll mit ihrem Leib bezahlen. – „Bei unserem Bestreben um den entwickelten sozialistischen Klassenstandpunkt auf dem Weg zur Entwicklung der allseits entwickelten sozialistischen Persönlichkeit treffen wir ab und zu auf Revanchismus", kommt es vom Ausschußvorsitzenden.

Danach beginnt der Verpflichtungszirkus. Christian strengt sich an und schmettert seine Proklamation: 3 Jahre NVA. – „Ja, ja, lassen Ses mal gut sein, Herr Hoffmann, unterschreiben Sie und es ist gut." – Keine Masche zieht.

Der Film spielt in der vom Zerfall geprägten Stadt der 80er Jahre. Der Widerstand postierte sich 1983 vor dem Hotel, in dem F. J. STRAUSS logierte. Leute forderten, daß es auch gesendet wird. – Ein Dirigent erhält Auftrittsverbot. Mit einem Gedicht wendet er sich an die Machthabenden: … ich kann nichts mehr essen, ich will nichts mehr essen, notfalls bis zum Tod. Es folgte die Einweisung in den Stasi-Knast, „Sie können auch hier verschwinden auf Nimmerwiedersehen". Nach einem Jahr wird er ausgelöst. PETER SODANN als Mielke.

Rückblende in die unversehrte Architektur der Stadt, in ihre versehrten Erinnerungen – bis zum 13. Februar 1945. „Um elf hat die Oma mich geweckt und ans Fenster geführt: guck mal, Dresden brennt." – Die Prager Straße wird im Rahmen des sozialistischen Wiederaufbaus zur zweiten Zerstörung. „Es ist uns gelungen sie umzuerziehen", resümiert der Bürgermeister, eine unendliche Freifläche mit Arbeiterschließfächern, endlose, zu bestimmten Tageszeiten menschenleere Gänge, jede Etage mit einem Parteisekretär bestückt.

Flugblatt zum 13. Februar 1982, Gedenkstunde an der Ruine der Frauenkirche. Wurde abgeholt zum Verhör, links und rechts, Typ, vor mir zwei, dachte ans Dritte Reich. – 1985, Semperoper, die Innenstadt weiterhin eine Ruinenlandschaft. Meine Mutter liebte Frankreich, obwohl sie nie da war; wohl einfach aus dem Gedanken: was Besseres als die DDR gibt's überall. – 1989, die Schreie aus der Prager Botschaft nach den Worten Genschers, die „Ausreise ...", Befreiung.

Fragen eines Lesers:

LESER:
Sie waren begeistert, linker Intellektueller. Was war es?

SCHREIBER:
Es stimmt, und kürzlich sprach ich vom ‚nostalgischen Ideologen'.

LESER:
Halt! ich meine nicht das Stadium des ausgebrannten Sterns, den Roten Riesen. Was war es, als Sie hell leuchteten für die Sache?

SCHREIBER:
Es war gerecht.

LESER:
Gegenüber welcher Ungerechtigkeit?

SCHREIBER:
Faschismus und Kapitalismus waren zusammenhängende Ursachen für den Weltkrieg.

LESER:

... wogegen die westdeutsche Demokratie gebildet wurde.

SCHREIBER:

... mit all den Nazis drin. Aber es war anders vorbereitet. Ich war schon als Schüler fasziniert von der Größe und Geschlossenheit dieses Weltbildes, vom ‚Histomat' und ‚Diamat'. – Die Notstandsgesetze und der Konflikt zu Hause darüber stabilisierten die Offenheit dafür. Als Student traf ich in Marburg auf ein Milieu, das von Widerstand und antikapitalistischer Politisierung geprägt war.

LESER:

Als Kind reisten Sie regelmäßig „nach drüben", beide Großeltern lebten dort.

SCHREIBER:

Das war keine Gegenerfahrung. Selbst die Klassenfahrt nach Berlin 1962 und mein Besuch der Großmutter in Köpenick mit Äpfeln im Gepäck führten nicht zu Verunsicherung. Ich habe darüber einen stimmungsdüsteren Bericht verfaßt mit der U-Bahnfahrt durch die zugemauerten Haltestellen im Osten, der an einem Dia-Abend in der Schule im Dunkeln vom Band lief. Es führte nicht zu Zweifeln.

LESER:

Es war genügend Anderes bekannt.

SCHREIBER:

Das wurde bedeutungslos nach der Entscheidung im Milieu zu leben. Was gar keine Entscheidung war, es ergab sich nach Schule und Elternhaus. Grobe Ereignisse wie der 17. Juni oder Tote an der Mauer wurden interpretiert und aus dem Antagonismus gerechtfertigt. Mehr noch, der finstere Satz „Wem nützt es", die Parteilichkeit wurde zur Folie schon der Wahrnehmung, woran Zweifel abglitten. Es ging um die Idee, eine Zukunft. Es ging ja nicht um ein Leben, das konkrete Leben unter der Herrschaft der Idee.

LESER:

Sie meinen, Ereignisse wie Prag 1968 konnten der Idee nichts anhaben, Sie nicht ins Wanken bringen?

SCHREIBER:

Prag verunsicherte, aber diese Haltung war meine konkrete Lebensform, ‚gesellschaftliche Natur', wie es heißt. Das war allseits verankert. zum Beispiel im Hörsaal. WOLFGANG ABENDROTH galt als der Inbegriff einer im schroff politisierten Milieu souveränen und integren Persönlichkeit, ich folgte seiner Vorlesung in Marburg Wort für Wort, fast exegetisch. Die Enttarnung traf mich noch spät. Es waren viele ‚Am Krummbogen‘, wo ich mehr war als bei den Juristen, abends im Schwarzen Wal oder im Club Voltaire. Diese Partei war der mutige Gang durch die Stadt. Sie forderte pragmatisch Nachvollziehbares, war zugleich Partei des gerne so genannten ‚sozialistischen Weltsystems‘. Das war auch tröstlich.

Die andere Fraktion mit der roten Bibel hatte Rückendeckung in ihrem Teil des Weltkommunismus. Und die Befreiungsbewegungen verliehen der Sache einen unbändigen Effekt, Legitimität gegen die Bombenteppiche über Vietnam etwa. Das Herz schlug höher, wenn einer von da kam und berichtete. Das war der Schrei nach Befreiung und er zentrierte wie ein Sog alle Sehnsucht nach einer anderen Welt, darin so recht kleinbürgerlich. Keine Ahnung vom Weg dahin.

Die Auseinandersetzung mit dem täglichen Leben, Studium, Abschlüssen, Geld, Perspektive bekam zeitweilig etwas Läppisches. Jeder Streik war willkommen. Wir fuhren hin über die AgF. Ich mochte das nicht, egal. – Später ergab sich ein System von Übergängen, in meinem Fall die angestellte Mitarbeit im Satzungsausschuss der Universität, sogar ein Stipendium der Hans-Böckler-Stiftung, das ein Professor unterstützte. So konnte ich mein Studium abschließen. Ja und dann der fast nahtlose Übergang an die HWP in Hamburg. – Es kommt viel zusammen, was die Zustimmung ausmachte.

LESER:
Noch ein Wort zum Ausblick, was hat Sie erschüttert, von der Sache abgebracht?

SCHREIBER:
Das war ein schleichender Weg. Zum einen fehlte die organisatorische Einbindung an der Hochschule, die Parteizugehörigkeit wurde eher verdeckt bzw. heruntergespielt. Der interpretative Ansatz blieb wohl von Bedeutung. Und das Zeitalter meiner finanziellen Katastrophen mit allen persönlichen Konsequenzen absorbierte mich irgendwann völlig. Als ich im 40. Lebensjahr in den Scherben meiner Taten stand und das Theater meine Zuflucht wurde,

habe ich, es war 1985 oder 1986, das Parteibuch zurückgeschickt mit dem 2-Zeiler: „Ich kann nicht mehr Kommunist sein". – Die Erschütterung meiner Existenz bestimmte alles, die Erschütterung in der Sache „Kommunismus" kam später.

4.10. Der „Turm" ist Lehrstück. Er zeigt das Leben der Macht in den Menschen. Wie sie in den Leib kriecht, ihn besetzt, sich der Gedanken, Empfindungen und Wünsche bemächtigt, sich als gesellschaftliche Natur etabliert, ihr Leben übernimmt. Sie zu Mitläufern in einer täglichen Aufführung macht. – Wo dies als plötzlicher Gewaltakt erfolgt, wird das Leben unterbrochen, stillgestellt. Diesen Impuls, den Einschlag in sein Leben, wiederholt der Getroffene als Subjekt: sein Leben zu beenden. – Schließlich die Konfrontation des Systems friedlicher Koexistenzen: während FJ STRAUSS als Nährmittellieferant eines sich in pure Macht auflösenden Apparates zu Besuch kommt, treten ihm die von der Macht Besetzten mit ihrem Leben entgegen: das Füttern der Macht ist nicht ihr Interesse. Die Reichweite dieser kunstvollen Vereinbarungen endet vor dem Hoteleingang. Mit diesem Eindruck reist der Politiker nach West-Deutschland zurück. Und er kam als Politiker und dachte im Zusammenhang.

Ich wollte den Turm nicht ansehen, nach dem „Leben der Anderen" – und habe soviel gesehen. Interpretation ist aseptisch, Anschauung zeigt (sic!) die Sepsis, den Befall. Ihm darf sich Erklärung stellen. – Nachzutragen bleibt, daß die Gewißheit, keine Unterstützung durch russische Truppen zu bekommen, das Stillhalten der eigenen Verbände maßgebend beeinflußt haben muss. Es wäre auch dann zu Ende gegangen, aber dramatischer. „Wir hatten nur einen Gedanken: nicht nochmal vierzig Jahre", der Satz fiel mehrmals.

6.10. Der Turm, Teil 2 – Brutalität des Armeedienstes, Beihilfe zur Republikflucht – die Kladde der Stasi trifft den Sohn, dazu die des Vaters – die Mutter bietet ihren Leib an, um den Dissidenten-Anwalt zum Mandat zu bewegen, also zu bezahlen. Es geht um „öffentliche Herabwürdigung", § 220 Strafgesetzbuch. Der Vater wird regelmäßig kontaktiert, sammelt Urkunden. Der Sohn verliert den Studienplatz, geht 20 Monate in den Knast,

unter Anrechnung der U-Haft. Die Haftzeit ist nachzudienen.
– Der beißende Schlußdialog der Erschöpften: „Ich bin fertig
– Du hast mich jahrelang betrogen" – „Und Du, was war das
mit dem (Anwalt) Sperber!" – „Liebe Mama, auf dem Weg der
sozialistischen Umerziehung sind wir zum Chemiekombinat
Schwedt verlegt worden." – „So, und was erreichen Sie mit einer
Revolution? Nur die Vermehrung der Angler!" – Bei mir bleibt
Fremdschämen und tiefer Respekt.

Ab 1983 wuchs die kritische Masse des Widerstands.

5.10. Bremens Übernahme nach Niedersachsen wäre noch bezahl-
bar. Der Kleinstaat bleibt „weit hinten", ob beim Grundschul-
test, bei der Aufklärungsquote Straftaten oder grade bei der
Krankenhaushygiene. Der Gutachter spricht von „kompletter
Inkompetenz". Das war ähnlich im Fall Kevin, ein Kind, das
im Gefrierfach verendete. – Der Gesamteindruck von den lokalen Verhältnissen hat sich längst zum Klischee verhärtet, das
kommt vom Sammeln. Sammeln macht nicht frei. Das Klischee
wird zum Vorsatz, der steuert die Wahrnehmung. Das Material
häuft sich noch schneller, *selffulfilling*. Und alles stimmt, trotz
Schwachhausen.

Ich fahre zum Abend der Kochgruppe. Vier ältere Männer
wollen unter sich sein. So spitzt es die Speisenkarte zu: „Essen
mit Freunden (deshalb ohne Frauen)". Das ist grammatisch
korrekt. Der Autor, unser genialer Chefkoch seit siebzehn
Jahren, hat sich die Gleichheitsversicherung im Schriftgut
zunutze gemacht. Ein Schelm, wer Böses denkt, gell? So sind
wir. Und dann dieses Geschwafel von Gleichheit. Verstehen
Sie mich? Egal.

7.10. SONNTAG
Marion singt, ich fahre hinterher. Protokoll des Abendmahls
mit der Pastorin und ihr zur Seite Stehenden:

„Brot des Lebens – für Dich gegeben,
der Kelch des Heils – für Dich gegeben.

Die Organistin spielt blue note

Jesus Christus spricht:
Den Frieden habt Ihr von mir. Geht nun
zu den Menschen, die ihn brauchen.

Jenseits biomorpher Anpassungen gibt es kein signifikantes
Lernprofil der Menschheit. Wie sollte es auch, der Begriff ist ein
Abstraktum! – Niemand weist etwa angesichts des 30-jährigen
Krieges in Afghanistan auf die Schlächtereien der Kreuzzugsfah-
rer mit vorsichtigen 22 Millionen Toten. – Der religiöse Kannibalismus des späten Mittelalters, wo in Auxerre etwa Katholiken
das Fleisch gerösteter Protestanten verspeisten und die Verfolgung der Juden durch die katholischen Könige mittels detail-
lierter Rassegesetze mit Vorbildcharakter haben wenig bewirkt.
– Die Aufklärung wirkte als Aufrüstung des weißen Mannes,
gefolgt vom Kontinuum des Antisemitismus und veritablem,
weil jetzt wissenschaftlichem Rassismus.

Die Unterwerfung des eigenen Volkes erreicht im Staatsterrorismus des 20. Jahrhundert weltweit Höhepunkte. – Nur die Zahl
der beklagenden Institutionen hat sich vergrößert und die Re-
gistratur der Verluste von Mensch und Material (also Kulturgut)
wurde verfeinert. – Netzwerke des Handels mit Menschen sind
Begleiter dieser Zeit seit Anbeginn.

Körpergröße und Einkommen hängen in Führungspositionen
zusammen. Pro Zentimeter gibt es 0,6 Prozent mehr, sagt die
Untersuchung. Bei 1,91 Meter sei Schluß.

8.10. Marion hat in der Inklusions-Klasse, 5. Schuljahr, unterrichtet.
Fünf Integrierte versuchen zu addieren ... 5 ... + 3 ... – was
machst Du? – Rechnen! ... ist ... 8! Eine Andere erklärt sich:
bis 10 kann ich, dann nicht mehr – wegen der Finger. Zwei der
übrigen sind gut – und warten. – Schule ist kein Lernplatz mehr
sondern eines vieler Paralleluniversen zum Erproben von Ge-
sellschaftsmodellen. Unter den Parolen von Gleichheit, Gleich-
behandlung und Diskriminierungsverbot etabliert sich ein Ver-

fahren umfassender Ignoranz und je besonderer Diskriminierung, hier der Guten und ihrem Anspruch zu lernen.

Jeder vierte Schüler in Bremen und Berlin, kommts den Tag drauf, kann in der vierten Klasse nur Buchstaben entziffern, aber keinen Text sinnentnehmend lesen. Von Rechtschreibregeln haben diese Schüler „nicht die blasseste Ahnung". Die Absenkung des Grundwortschatzes liegt aktuell bei 700, da ist noch Spiel drin. Der Neigungswinkel bringt den Wettlauf zwischen KMK und Schulbehörden auf Schwung. Hamburg hat schon mal die Schreibschrift abgeschafft. Was soll die auch, wenn nur buchstabiert wird.

9.10. Der letzte Sommer der DDR, wieder beeindruckende Facetten, wie das System verendete. Am Ende waren bisweilen eine Million Menschen unterwegs an einem Tag, vor allem mit der Antwort auf die rhetorische Frage: nochmal 40 Jahre? Sie fanden ihren Weg, das Jubiläum zu feiern: endlich.

Des Finanzministers „Wetten daß" hat sich wieder als umverpacktes Produkt entpuppt. Die Zeitung faksimiliert und bedauert, 2010 keinen Wetteinsatz vereinbart zu haben, bei den Griechenland-Papieren. Auf eine Million mehr käme es auch nicht an. Ob wahrgelogen oder einfach geschwurbelt, ist ebenso belanglos. Es ist dieser Gesamtzustand, der nur noch Absonderliches gebiert. – WOLFGANG SCHÄUBLES nächsten Dreisprung legt ihm die Zeitung als „erfahrenen Dialektiker" aus. Dabei ist der üppige Instrumentenkasten der EU ganz undialektisch für jede einfache Rolle rückwärts gut.

11.10. ALEXANDER KLUGE beschreibt die Arbeit eines Frauenvermittlers hinter der Front, nicht für eine Nacht sondern im gehobenen Segment. Seine Stilsicherheit macht glauben, er selbst sei es gewesen. – Und heute früh, beim Räsonnieren, kommt mir in den Sinn: wie schön ist so ein Krügerrand, wenn er, schwer, in der Hand liegt. Der Schönheit dieses Dings habe ich mich verweigert, als ich zwanzig Stück davon zu 31,1 Gramm das Stück in Händen hielt. Davon ist ja schon gesprochen (*guxdu Bd. 1*), aber es gibt etwas Gemeinsames in diesen Themen: die Abwesenheit von moralischer Ansicht. Und davon ist KLUGES Tagebuch so voll, daß ich wie im Starknebel stochere, um Fakten und Orientierung zu gewinnen. Das ist diese zweite Haut, von der ich freizukommen suche, Versuch der Häutung, die alles kostümiert. Customizing heißt das, wenn die Ware für den Kunden ansehnlich, fein gemacht wird. Ein nachvollziehbarer Vorgang. Wenn die Geldspur zum Verfolger wird, fehlt jede Neigung, Ignoranz des Sinnlichen, wenn das Geld für einen Moment zu Gold wird. Ich sah immer den Verfolger. Geldflirt, nannte Freund Nic die Aktion.

Wie schön ist es beim Bankhaus Plump, mal sehen, ob aus Sympathie ein Geschäft wird. Fachmann Klude von Warburg stellt die Ereignisse in das Dreieck von Verschuldung, Zinslast und Zinssatz sowie Wachstum und empfiehlt das Ausweichen in die Peripherie und andere Oberflächen des Planeten. Wieder ein sehr unterhaltsamer Abend mit feiner kulinarischer Unterstützung.

Einen Tag nach dem „Turm" erreicht mich ein Text der GEZ. Die Organisation bedankt sich für die Anfrage – ich habe keine gestellt, eine dreiste Form der Selbsteinladung. Daraufhin teilt sie mir die Einstufung meines Büros als nicht mit der Wohnung verbunden mit. Das ist noch dreister, denn hier war niemand. Es kann natürlich jemand in Abwesenheit ums Haus schleichen, was zum Auftritt dieser halbstaatlichen Apparatur paßte. Doch hätte er dann das Gegenteil erspionieren können. Ein solches Vorgehen setzt auf Resignation, Vergessen oder Wutanfall, gefolgt von Ignoranz des Papiers. Das Ziel ist die Belastung auch dieser Fläche mit Gebühr. Die Bezeichnung Quasi-Stasi nehme ich trotz dieser explorativen Qualität zurück und fülle aus. Ich müßte unter der GEZ-Annahme übers Fenster einsteigen, was landläufig unüblich und näher beim Einbruchsdiebstahl läge, sähe das ein Dritter.

12.10.   Es geht zum Segeltörn nach <u>Sizilien</u>, die Vorbereitungen sind hart: ich überweise, erreiche die Steuerberaterin nicht, das Bundesamt für Justiz kündigt die Zwangsvollstreckung an, faxe meinen Standpunkt dazu („Frechheit"), packe den Seesack, gehe Gassi mit Elvis, bespiele den Speicher zur Hinterlegung in der Sparkasse (verstehen Sie? ich auch nicht mehr – es war ein Vorgang!), drucke das Bahnticket aus, packe den Laptop ein, den Jonas für die Zeit meiner Abwesenheit ordert, kaufe *sweet proviant* fürs Schiff, hole Geld, vergesse das Bahnticket und lasse mich von Leon in die Stadt fahren, Stopp bei Jonas, Stopp bei Sparkasse, Ausstieg am Bahnhof, Erwerb einer neuen Fahrkarte – und nehme Platz. – Klingt wie *curled heart attack.*

Das Spiel in Hamburg hat auch Aufführungsqualität: Markus bittet um Entgegenkommen. Ich versuche das, ziehe mit dem Seesack zur S-Bahn, die in die falsche Richtung abfährt (das ist jetzt kein Vorwurf, sie fährt planmäßig). In Diebsteich ziehe ich mit Seesack in die gegenüberstehende Bahn, die aber nicht zurückfährt. In Holstenstraße stürze ich in den gegenüberstehenden Zug (wie immer), erreiche Bahrenfeld und stehe im Regen. Nach Einstieg in sein feines Fahrzeug sitze ich im Trockenen. Wir sitzen bei Käsekuchen in Eimsbüttel, nach zwei Stunden fährt er mich zum Skipper. – Beim Inder gibt's scharfe Kost und Irland muß sich mit 1:6 geschlagen geben. Der Tag endet im Doppelbett mit Werner.

13.10.   Mimi kommt bei einundneunzig an. Vor siebenundfünfzig Jahren lernte ich Dich kennen! Ich gratuliere vor dem Abflug nach Stuttgart. – Karina wurde am 13.11.2011 geboren. Sie starb am 10.10.2012. Ich kannte sie nicht, aber Dir geschah das auch.

Wir erreichen Palermo, weiter Porto Aquasanta, wie vor neun Jahren, übernehmen ein 50-Fuß-Schiff, richten ein und gehen ins nächste Pollo-Restaurant. Das wird schrecklich und durch Grappa kaum gelindert. Milde Nachtluft, selten schöne Stimmung an Deck.

14.10.   Sechs Stunden gegen den Wind motort. Fünf Meilen vor dem Hafen fallen Sturm, Regen und Gewitter vom Berg voraus.

Wir springen ins Ölzeug, zehn Minuten drauf zieht der Spuk hinter uns ab. *Castellamare del Golfo,* seitlich die *Clarin Oyster* unter britischer Flagge. Ein sehr altes Städtchen, wir wandern im Corso um den Eckturm herum, dahinter eröffnet sich ein grandioses Wolkenpanorama: ein weiches, vernebeltes Sonnenlicht zeichnet die gegenüber liegenden Berge und Dörfer in den Farben der holländischen Renaissance, Gold- und Brauntöne von unwirklicher Zartheit und Schönheit. Wir kehren um in eines der vollen Hafenrestaurants. – Etwas Unwirkliches hat das alles. Als sei ich nur Besucher, der ein paar Bilder zum Abgleich im inneren Raum mitnimmt. Bei Bier und Grappa gehen die Gespräche um jüngste Todesfälle im nahen Kreis und ärgerliche Begleitumstände.

15.10. Konstante Brise durch die Nacht, morgens mit Stärke sechs. Wir bleiben und machen Stadtgang. Ein Mann im Anzug mit weißem Schuh (wie die von Tom Wolfe) und Schutzgeldmappe am Arm geht seines Weges, wie vor neun Jahren.
21 Uhr: innerhalb von fünfzehn Minuten fällt in die Windstille ein Höllensturm mit Blitz (Donner nicht hörbar) und fallendem Wasser ein, in Böen 9. Das Schiff zieht zur Seite, wir holen die Muring dicht.

16.10. Wir laufen bei gutem Wetter aus, über *Capo San Vito* nach Westen, in flachem Wasser durch wachsende Wellenberge – mir wird es schlecht. Das 50-Fuß-Schiff schlägt auf, große Krängung, als das Groß eingeholt wird – mir ist schlecht. Abends in Trapani. Eine schöne Stadt in weichem Braungelb, voller Kreuzfahrtschiffe, mit breiter Promenade zur See. Die Brandung schlägt viele Meter hoch.

17.10. Unter Segel, bis der Wind ausfällt. Egadische Inseln, Stopp in der Bucht von *cala rossa,* das Wasser warm! Eckhard kommt mit Tomaten-Zwiebel-Salat und Gummikappe am linken Daumen hoch, dazu Weisswein vom Hafenmeister in Trapani, nette Leute! Die *Guardia Finanza* umrundet das Schiff mit stupendem Blick und zieht weiter. – Im Hafen ist es eng, wir finden Platz längsseits. Thunfischgeschäfte und ein Kranz von Bars um den Hauptplatz, *minimarket closed,* mit Brot zurück. Fischfänger ringsum. Ein Bild von Johannes XXIII an der Wand setzt mich unter Strom. Der Mann steht für etwas Übergreifendes, das mir durch Leib & Seele fährt: Abschied gehört zum Leben. Hinter dem Hafen erhebt sich eine Feste, dahinter dreht die Sonne ab.

18.10. Liebe und Schmerz erfährt der Mensch. Im Umgang damit bildet sich sein Charakter. Darüber erhebt sich … – Ich habe Erkenntnis gewonnen, spät und sie wächst an. Meine Weisheit bleibt gering. Eher könnte ich sterben, als weise zu leben. Aus dem Weltbild in die Offenheit und Unfaßbarkeit der Welt gelangt zu sein, hat meine Wahrnehmung befreit. Der Schrei nach Liebe hält mich am Boden.

Von *Isola Farignana* nach *Capo San Vito.* Wir hatten den schönsten Segeltag, der Nordostwind trieb das Schiff nach Palermo, bis zum Reffen. – Wir finden ein Lokal, adrett, gute Bedienung – rein fachlich. Das Essen schmeckt nicht, aber die Frauen sind schön anzusehen. Zurück an Bord stehen fünf Grappa auf dem Tisch, das hilft. Bevor er alle ist, läuft ein mächtiges Schiff am Liegeplatz vorbei, Geschütz auf dem Vorschiff. Es beleuchtet seine Umgebung und legt sich neben ein Boot, zehn Meter länger. Wieder die *Guardia Finanza* im Belagerungsmodus, ist das noch zivil oder schon militärischer Auftritt. Die Antriebsaggregate werden heruntergefahren und das Gespräch beginnt. Ich freue mich über meine Steuerberaterin, die sich so etwas bezahlen läßt. Kann sein, daß es nur Landgang zur nächsten Pizzeria ist. Stunden später verläßt das System den Hafen in Richtung Nacht. Ich bleibe an Deck, bis das Hecklicht hinter der Mole verschwindet. *Merweisjanie.*

Ederers Beispiele zur Einführung der sozialen Marktwirtschaft 1948 ernüchtern schlagartig. Das neue System der Daseinsvorsorge und Vollregulierung trug alle gegenteiligen Aspekte auf. Kein Wunder, daß der Drang zur alten Gleichheit schnell wieder an Kraft gewann, mit 1542 Seiten Sozialgesetzbuch, Schriftgrad 1, im Rücken.

19.10. Heller, weicher Oktobermorgen. Wir haben einen motorstarken Rückweg nach Palermo, tanken, Übergabe, Ablegerwein, drei Flaschen gehen übers Achterdeck.

Dann legen drei Polen aus Allenstein längsseits an. Der Skipper erzählt in fließendem Deutsch von dreizehn Jahren Hannover – und mir sitzt etwas im Hals – die Stadt hat doch einen polnischen Namen. Und: was war vor 70 Jahren in Allenstein, und: ich habe damit nichts zu tun. Und trotzdem. – Und jeder an Bord hat eine Geschichte dazu, Eckhard die mit seinem Vater, der mit dem Motorrad hinterherfuhr, wenn sie im Gebüsch saßen, nur mit dem Finger winkten – und er folgte – und dann, über den Motarradsitz gebeugt, mit drei Zweigen geprügelt wurde. Den Schmerz übertraf die Scham – vor den anderen. Das war das Schlimmste. Mit sechzehn fand er die Kraft: wenn Du mich schlägst, schlag ich zurück. Das verstand der Vater. Die Mutter verblieb seitlich und schwieg. – Später beim Pollo-Pizza-Antipasti-Workshop die Bundeswehr, zweite Erziehung. 36-Stunden-Marsch, vorweg der Truppführer: in den Dauerlauf, marsch, marsch. Der Erste mit dem MG 42 auf der Schulter, der Zweite mit dem Munitionskasten, der Chef mit der Uniform. Und dann war das Wochenende für den ganzen Zug gestrichen. Und dieser Haß auf das Unfaßbare dieser Kollektivstrafe, alles schon gehabt, in der Familie. – Wann hört das auf, wo es so lange schon vorbei ist! Wenn der Gaumen sich löst, kommt Anderes nicht hoch, die alten Kamellen. So sind die Waffen verrottet, aber der Krieg geht weiter in der nächsten Generation. Es ist Waffenstillstand, mehr nicht. Jahreszahlen sind beliebig gegenüber dem, was die Stimmungslage der Nation ausschwitzt.

20.10. Palermo – wir verlassen das Schiff, fahren zum Hotel und bleiben vor dem Bellini-Haus. Pompöser läßt sich Oper nicht feiern, seitliche Spruchbänder behaupten: *senza competenze*. Das Viertel steckt voller Kleinkunst und Essen. Wir setzen uns. – Der Abend wird zum Rausch. Eine Bar mit Eric Burdon Songs und vier *crazy guys* hebt die Stimmung. Wir essen weiter oben, ein Blick in den gewaltigen Dom und suchen einen Platz für *espresso*. Die ganze Stadt ist randvoll mit den Jungen. 20tausend schieben, stehen, sitzen – als läge die Zukunft des Planeten auf Sizilien. Ich kaufe schwarze Unterwäsche. Die Stadt rund um die Oper war ein Fest.

Angesichts des kontinuierlichen Desasters lehnen achtzig Prozent der Bevölkerung den Föderalismus im Bildungswesen ab. Das interessiert die politische Klasse nicht, so wenig wie die Ablehnung der EU mit 92%. Sollen die Leute doch wählen, sie haben ja nur uns. – Das Land ist zu reich für Veränderung. Es gibt zuviel zu verlieren, das Leben in hochmoralischen Veränderungswünschen bei stabiler Grund- und Selbstversorgung im politischen Apparat ist zu schön. Das ist Wohlstandsverwahrlosung. Der moralische Dekor bedient die Eitelkeit und schützt vor plumpem Vorwurf, alles sei wohl nur des persönlichen Vorteils wegen. – Dabei nutzt der agile Grünenkader die Herkunftserfahrungen. Er organisiert als einsatzfreudiger Reisebegleiter die Straße, ggf. mit BahnCard-50 und unter Mitführung seiner Fibel der „21 gute(n) Tipps für Einwender bei Anhörungen". – Steilvorlage für vieles wurde das FFH-Gesetz des CDU-Granden KLAUS TÖPFER („wir müssen die Erde retten"), erst in die EU hochgestemmt, dann als Fauna-Flora-Habitat-Gesetz in die Staaten zurückgedrückt. Naturschutzwahn gedeiht vorzugsweise auf deutschen Böden. – Die Diktatur des frommen Wunsches ist stabiler als Lukaschenkos und Putins Regime. Sie kennt keinen tätlichen Übergriff und kein Straflager und leitet die Geldströme.

21.10. SONNTAG

Palermo ist alternder Reichtum. Eine Straßenkreuzung wird durch vier zu einem Rondell geformte Ecken eingefaßt, in jedem Stockwerk Figuren aus reichem Stand vergangener Zeit. Die Kapitelle ziert, besser besetzt ein Adler, natürlich mit Krone. Dazu Kirchenräume voll überbordenden Zierrats, steinerne Intarsien jedes Details, vorbei schließlich an der geschlossenen Kathedrale, dem Komplex des Normannendoms und zurück zur Oper Bellini. Dort verschwinden wir im Halbdunkel und setzen uns zum Antipasti-König. Das Publikum ist so köstlich wie die Speisen.

Abends sind die Straßen für den Corso gesperrt. Wir besuchen das Puppentheater und sehen den Kampf des Ritters gegen die Mauren und seine Erkenntnis im Himmel. Frenetischer Beifall, schöne Farben Italiens.

Die nächsten vier Stunden gehören den Jungs von der MOD's Bar bei unerträglich guter Musik. Nach 200 schönen Frauen kommt eine weitere an den Tisch: wer seid Ihr? Sie hat in München gelebt, Deutschland ist schön, sie will sagen „Du siehst gut aus", ich weiß es, da ich die Frauen liebe. Mojito und Russian White, wir schieben zurück durch die Massen, vorbei an Porsche. Man muß die Dinge so ernst nehmen, wie sie sind.

22.10.   Mit dem Bus nach Monreale. Das Innere des Doms ist überwältigend. Die Säulen erreichen eine Höhe, bevor sie sich verbinden, die Demut zurückläßt. Seit 1183 war dieser Bau im Wachsen, in vier Jahren in Grundfesten, die über einhundert Meter im Längenmaß fassen. Die Fertigstellung in allen denkbaren Varianten erfolgte in den nächsten sieben Jahrhunderten. – Der Abend wird konsequent. Wir essen und ordern drei Stühle an der Hauswand bei MOD's. Ein beständiger Soundstrom aus den 60er Jahren treibt. Am Ende fragen zwei Verliebte aus Holland nach dem Sinn des Lebens, dem Plan. Wir sind da grade unsicher.

23.10.   Besuch der Oper Teatro Massimo. Sechzig Meter tiefe Bühne, Aida mit Elephanten zuletzt 1967, 1400 Plätze. – Weiter durch die Stadt, die voller Carabinierei ist, das Hotel auch, ich nehme die Treppe. Nach dem Grund frage ich nicht, da ich umstellt bin. Das Zimmer ist frei. – Über den Bahnhofsvorplatz vorbei an den angreifenden Mädchen, schon Frauen, mit gleitenden Händen und gleitendem Blick, Verfolger im Wegdrehen, begreifend im langen Haar, des Jungen, drehend kein Kuß, nur der Blick geht durch sein Gesicht, die leichte Wölbung unter den frischen Brüsten drückt ihn kurz gegen die Mauer, ein Schubs in den Bus, engstehend weiche Lippen, weiches Lächeln – abfahrend und lärmresistent. Einfach am

Ball, mir (67) zieht ein Verlangen nach Null durch den Leib – Ausstieg bitte rechts.

Vor dem Hotel kommt zeitgleich ein zweiter Großraum-transporter mit Carabinieri an, Anzug, Auto, Waffen alles schwarz, Ausflucht ins Zimmer. Den Lift benutzen die Schwarzen. Später gucken sie in Mannschaftsstärke japanische Trickfilme. – Mag sein, daß es ein Einsatz der in Valencia konzentrierten Schutzstaffeln der EU ist, beauftragt mit der Abwehr EU-feindlicher Äußerungen, Bewegungen und Praktiken. – Nach dem Abendessen sofort zum MOD's Standort, Eric Burdon und The Who stehen auf dem Zettel. Als wir auf dem Hocker an der Wand sitzen, passiert dasselbe wie neulich, vielleicht nur mir: sie sitzt ihm gegenüber und spinnt ihn mit ihren Fragen ein, und mit ihrem Blick, sie überschlägt die Beine, wechselt, rückt das Glas zur Seite, umschließt seine Hand, der Blick ruht auf ihm. So ist der Tag voll von Heißhunger – einfach vor meinen Augen, einfach Tatsache. – Später soll ich gegen den Sieger im Tischfußball antreten, nix da, Gruppenfoto und weg, 23.30. Gruppenfoto gibt's jeden Abend, jawohl.

ERNST FORSTHOFF schuf 1938 den Begriff der Daseinsvorsorge, der seither als Synonym für staatliche Allzuständigkeit meandert. Ihr inhärent ist ein Versorgungswerk für gescheiterte bzw. unterversorgte Politiker. Das Nazisystem war ein umfassendes Versorgungswerk, welches über Raub, Ausplünderung und Massenmord refinanziert wurde. Der militärische war daher auch der fiskalische Kollaps, darin ähnlich dem Niedergang der folgenden Diktatur. Als dort die Knebelung mit Parolen von der Einheit der Wirtschafts- und Sozialpolitik abgelöst wurde, begann der lange Abgang, über die koexistierende Auslandsfinanzierung um einige Jahre verzögert.

Im dritten System ist die gleiche Mechanik installiert.
Der neue Gedanke reizt:
Nazisystem Phase 1: Massenintegration durch Sozialpolitik + Rassenideologie (G. EDERER, S. 219), die Rassenpolitik als Mit-

telbeschaffung (Rechtlosstellung, Besteuerung, Ausreise gegen Enteignung, Raub) + Staatsverschuldung.

Phase 2: (planmäßige) Flucht in den Krieg. Plünderung, Raub und Massenmord wurden mit dem Reichskassenkreditschein (RKK) individualisiert. Den führte der Landser im Handgepäck mit. Beute konnte kostenfrei ins Reich verbracht werden. Diese Mechanik von Anreiz und Belohnung regimetreuen Verhaltens ist bekannt und von ergreifender Überzeugungskraft. Sie macht aus dem System durchaus ein Geschäftsmodell sui generis, was mir kaum erwähnt, geschweige denn erforscht scheint. Es widerspricht wohl der gebotenen Sicht und findet keine Gönner. Seine Offenlegung hätte Ernüchterung zur Folge, und ein Geschmäckle.

Ein weiterer dramatischer Fall, wie die formierte Wahrnehmung den Analysegegenstand vorab mumifiziert und Ableitung allfällig kanalisiert. Solche reduzierte Analysematrix blendete einen durchaus substantiellen Wirkungsmechanismus der rassistischen Ideologie aus, nämlich ihren Transfer via Sozialpolitik, ebenso Eckpfeiler des republikanischen Systems hernach. Ohne diese Sozialpoltik war die Distanzierung radikal vereinfacht und transportabel als verwerfliches Verbrechen, in Ost und in West.

Warum habe ich nicht erkannt – weil ich Mitläufer war, eingebunden ins Milieu, froh um jeden Band, den ich gelesen hatte, um all die Bände, die ungelesen im Regal standen. Ich bin zu Fragen nicht vorgedrungen angesichts der massenhaften Antworten, die ständig das Wesentliche wiedergaben. Da war kein Zögern, kein Zweifeln. Ich verstand, worum es ging, sonst nichts.

Und es gibt eine Ökonomie bei diesem Massenmord an den Juden. In früheren Arbeiten wurde sie bestritten. Die KZs seien großer Aufwand ohne Ergebnis gewesen, wurde gerechnet. Diese Sicht der Ereignisse, die EDERER beiläufig erschließt, hat etwas Schnödes, sie ist der Monstrosität des Ganzen nicht angemessen, nicht den Opfern, nicht den Lebenden gegenüber. Und nicht dem eigenen Volk und seinen Verlautbarern gegenüber.

Da wird es peinlich, weil der ökonomische Effekt ja normal ist. Denn Jeder wird – über die Haltung hinaus – unversehens Teilhaber, Profiteur. – Und das linke Spektrum bis hin zu den Kommunisten ist als primäre Ideologie-Partei auch nicht interessiert. Allenfalls dem Kapital wird Interesse attestiert, weil eh alles in seinem Dienst stand – und steht.

Hier noch eine Zusammenfassung, ich nenne es diese „Einheit von Wirtschafts- und Sozialpolitik": das Regime machte den virulenten Antisemitismus zur Staatsdoktrin und organisierte den Entrechtungs-, Enteignungs-, Raub- und schließlich Mordprozeß gegen den Staatsfeind Nr. 1. Zugleich schuf es Sozialpolitik aus dem Guß der Staatsdoktrin, finanziert aus geplündertem jüdischem Eigentum. Schließlich verband es diesen Prozeß mit seinem Aggressionsplan.

Was nun ist die Moral dieser Geschichte. Sie scheint unerträglich. Ich fasse meine Wahrnehmung zusammen: das Regime organisierte mit inszeniertem Paukenschlag (Reichstagsbrand) sowie rechtlich und für den Staatsdienst tatsächlich die Außer-Recht-Stellung der Juden, schöpfte anfangs nur ab bei der Auswanderung, enteignete unter der massentauglichen Formel der Arisierung, die genug Profiteure schaffte. Zugleich inszenierte es Arbeitsbeschaffung (Autobahnbau) und weitläufige Sozialpolitik (Steuerfreibeträge, Mutter-Kind- und weitere Sozialleistungen). Eine solche Mischung, gewürzt mit imperialem Auftritt, behagte letztlich. Sie war über Verschuldung und aus Repression finanziert, das interessierte nicht. Sie wurde auch gegen starken Widerstand durchgehalten, zumal mit der Einbeziehung überfallener Länder in die Beschaffung, Plünderung, Raub und Mord. Das Charisma des Führers wurde unterfüttert. Die Industrie profitierte in Teilen besonders, in anderen nicht. Ein Motivbündel nährte Zustimmung, wenigstens Hinnahme. Der Satz, das geflügelte Wort „... das mit den Gaskammern, den Krieg hätte er nicht anfangen sollen ..." gewinnt so einen tiefen Grund: es war schon zum Aushalten, zum Teil mehr als das. Die Refinanzierungsseite der Judenverfolgung war vielleicht nicht sichtbar. Im moralischen Aufschrei wird zugleich der Blick auf diesen Umstand verstellt. Ideologie ist eben interessiert, bis zur perfekten Maskierung.

Die „Daseinsvorsorge", ein Kunstwerk des „überzeugten Volksgenossen" FORSTHOFF wird zur Vorarbeit für beide Systeme nach Kriegsende. – Wirtschaftliche Sicht und Erklärung der Diktatur fanden in der Schule nicht statt – was ja stabil ist. Diktatur, zumal in dieser Ausprägung, findet nicht im Banalen statt. Vorzugsweise das Ideologische wurde betrachtet. Wie es verankert war und hielt, verblieb dahinter. Ist das Bildung? Die Ignoranz des Banalen? Des Geschäfts, an dem alles hängt? – Das führte in die Hochkultur von Rechtfertigung und Schuldzuweisung. Ob der Satz „… es ging uns besser als vorher, erst seit den Bombenteppichen und am Schluß wars schlimm …" Verständnis geweckt und Ruhe reingebracht hätte, bleibt zweifelhaft. Zu deprimierend ist solche Einsicht, für alle Beteiligten, für die Überlebenden.

So geriet die Finanzverwaltung bis hinunter zu den Finanzämtern bis heute nicht unter wissenschaftliche Betrachtung, mir Krähwinkel fiel jedenfalls nichts auf. Diese Behörden sollen Hunderttausende zur Deportation eingewiesen haben, welcher der Zugriff auf das „zurückgebliebene Vermögen" (EDERER, S. 223) folgte. – ALFRED FLECHTHEIM, oder MARTHA LIEBERMANN, mit dem Tod ihres Mannes 1935 zur „Reichsfeindin" erklärt, wurde aus dem Haus am Pariser Platz und aus der Villa am Wannsee ausquartiert. Gestapo konfiszierte die Gemäldesammlung und allen Besitz gegen Quittung. Alles wurde erfaßt, bewertet und verwertet, der Erlös „zugunsten des Deutschen Reichs" eingezogen. Der Deportation ins KZ entzog sich die 85-Jährige 1942 durch Gift. Dem Leipziger Kaufmann und Eigner bibliophiler Sammlungen, ARTHUR GOLDSCHMIDT, teilte das Weimarer Archiv mit, das Ankaufsgeld sei nicht zu beschaffen, „weil Herr Goldschmidt natürlich Jude ist." Woraufhin Eigentum und Lebenswerk eingezogen wurden, ihm gelang noch die Flucht. Das Nazi-System basierte eben auf Mord und Raub, national und international. Was nicht privatisiert wird, dient dem Terror und der Daseinsvorsorge. – Bezahlt wird den Erben 76 Jahre später.

Ein Stahlschränkchen wird im Keller des Münchener Auktionshauses Naumeister entdeckt, verstaubt im Raum für Haushaltstechnik, hinterm Schaltpult. Darin finden sich vierundvierzig Auktionskataloge, die das Geschäft des Adolf Weinmüller zwischen 1936 und 1945 dokumentieren. Er wurde Marktführer nach der Liquidierung jüdischer Kunsthandlungen und versteigerte das Zurückgelassene und Geraubte. Der vollständigen Rehabilitierung im Verfahren vor der Spruchkammer 1947 folgt jetzt die Offenbarung (April 2013), denn Käufer und Verkäufer sind peinlich annotiert. – Manches bleibt kleben gegen alle Restitutionsregeln, etwa „Martha Liebermann im Lehnstuhl" im Museum Schäfer.

Im 74. Jahr ihrer Schöpfung kann die „Daseinsvorsorge" in ihrer Bedeutung kaum überschätzt werden. Sie prägt die Sozialpolitik seit 40 Jahren, seit der Bremer Senat 15- oder 30 Tausend Arbeitslose einstellte, grundiert den gewaltigen Schuldenaufbau in dieser Zeit, nährt eine unübersehbare Sozialindustrie und ist ein gefährliches Instrument in der Hand des Verfassungsgerichts. Nicht zuletzt bildet sie eine Plattform für Immigration: mit Einsetzen des Winters verlassen Roma und andere ihre winteruntauglichen Quartiere auf dem Balkan und ziehen nordwärts in den Einzugsbereich der Daseinsvorsorge. Bis Verwaltungsgerichte hier zum Ergebnis kommen, ist es im Süden wieder wärmer. Isso.

Das Thema der selektiven Wahrnehmung, der fast privaten Wahrheiten, beunruhigt mich, seit ich es im Schizo-Modus erfahre. Ein vollständiges Bild von einem Ereignis gibt es spät erst, wenn überhaupt. Leben findet in dieser Beschränktheit statt, lauthals. Es für vollständig zu nehmen, schließt Umgang mit diesem Peripheren aus. Typisches Ergebnis längeren Nachdenkens, Teil der Melancholie. Es kann auch Hinwendung zu mehr Leichtfertigkeit provozieren. – Immerhin, die Melancholie liegt vor der Depression, läßt der Steuerung Raum. – Und schon passiert es, abends beim Pokern unter Deck, merke sofort, wenn ich die Oberhand habe, treffe den Anderen härter als gewollt. Habe es in der Hand zu korrigieren, tue es. Weils sonst nervt! Nix da, „edel"! Passierte auf dem Schiff.

Spaniens Agentur-Wertung steht auf BBB, bis zum Jahresende ist Ramschstatus in Sicht. In dreizehn Monaten gingen 331 Milliarden außer Landes, wer füllt die leeren Silos? In Madrid wird die Flagge der Europäischen Union verbrannt, der Friedensnobelpreis hat es hier schwer. Wer bekommt die 930.000 Euro! Neue Flaggen kaufen? MARTIN SCHULZ jedenfalls ist aus dem Häuschen. Kinder sollen das Geld bekommen, Sozialpolitik auf höchstem Niveau. – Vom In-sich-Geschäft ist die Rede, wenn auf beiden Seiten das gleiche Interesse sitzt. Diese Preisverleihung hat etwas davon und außerhalb Europas wundern sich Leute, vom Schmunzeln der Amerikaner abgesehen.

ANGELA MERKEL ist ein gesättigter Machtmensch. Das ist gut in diesen Zeiten, heißt aber nichts für die Zukunft, die offen ist. Sie sollte den erreichten Grad purer Ignoranz von Parlament und Volksmeinung nicht dauerhaft überschreiten. Ich könnte sie wählen und glaube ihr kein Wort. Auf die Protokolle der EU-Geheimgespräche und -absprachen sind mit Sicherheit hohe Prämien gesetzt.

24.10. Dabei ist die respektable und Wahrheit suchende Forderung, den Vorhang der Aufführungen „Bonum contra Malum" hoch- und wegzuziehen, selbst illusionär. Wir leben nicht als Matrix, denken nicht einmal so. Wie das Leben die Zeitachse als „Linie" abbildet (Einleitung – Hauptteil – Schluß), so auch die Erklärungen für Ereignisse, die uns bekannt werden.

Verändern Sie einfach den Blickwinkel am Beispiel des 30-jährigen Krieges in Afghanistan: a) Perspektive Politbüro, b) Perspektive CIA, Weißes Haus: wie stellte sich diesen imperialen Zentren die Weltdominanz, das Kräftegefüge, die Chancen auf Sieg oder Niederlage dar? Welche Ereignisse prägten die Wahrnehmungen und Entschlüsse der Protagonisten? – Vielleicht 1978 minus 0: Verlust Persiens nach der Errichtung eines Gottesstaates mit Speerspitze gegen die USA?, vielleicht 1978 minus 3: Aufgabe Vietnams nach dem Sieg des Vietcong? u.v.m. – Was veranlaßte das Moskowiter Politbüro, gegen das Votum der Generalität eine Invasionsarmee in dieses Hochgebirge mit archaischen Herrschaftsstrukturen zu entsenden? – Was veranlaßte das Weiße Haus, Beziehungen zu den lokalen Widerstandskräften aufzubauen, den Warlords und Taliban, die 20 Jahre später im Zentrum der westlichen Welt ein- und ausgingen und über Jahre den Anschlag auf NY vorbereiten konnten? Es gibt eine Abfolge dieser 30 Jahre, die kaum in Umrissen bekannt ist. – Vielleicht ist jedes Jahr ein Ensemble von Parallelwelten, d. h. 360 Grad in der Ebene, z. B. entlang des 50. Breitengrades + 180 Grad in der Vertikalen. Zum Beispiel 1961: Kuba: Schweinebucht, USA: Rassenunruhen, Berlin: Mauerbau, Kongo: Ende + Abzug der belgischen Regierung. Zahllose Aufteilungen in Gut & Böse, Sieg & Niederlage, in Pathos, Weltgeist & Verschwörung.

Einer sagt: die Leute wollen Märchen! Wahlkampf: „Wenn der Märchenonkel 2x klingelt" – Stimmenkauf ist vielleicht nicht das schlechtere Geschäft: der Vorteil ist bar, der Ärger über vergessene Versprechungen geringer. – Leute aus den Schwellenländern erkundigten sich bei ANGELA MERKEL nach der Funktionsweise dieser europäischen Demokratien mit der Frage, ob das nur ginge, indem die Leute mehr versprechen, als sie halten können. Das sollte doch alle Versuche einer Veränderung rechtfertigen. – Meine hohe Auffassung vom Markt und seinen Regeln hält dem derzeitigen Demokratiemechanismus leichthin stand. Diese Regeln haben ein höheres Maß an Verläßlichkeit für sich, ungeachtet gebotener Verfahrensregeln.

LESER:
Sie wollen Stimmenkauf als Prinzip einführen?

SCHREIBER:
Ich suche nach dem Kern des Verfahrens, Leute mit Staatsaufgaben zu betrauen.

LESER:
Die Leute wissen um die Qualität vieler Reden.

SCHREIBER:
Die Leute wollen Märchen! Warum sollen sie für das Versprechen

einer bestimmten Stimmabgabe kein Geld erhalten, gewissermaßen eine umgekehrte Parteispende.

LESER:
Es zwingt die Parteien zur forcierten Geldbeschaffung.

SCHREIBER:
Die Parteien wissen schon heute anhand der Spendenergebnisse, welche Unternehmen zahlungswillig und -kräftig sind. Das würde sich verstärken. Aber, denken Sie an Kohls Schweigen! Der Mann hielt durch. Das sollte aufgehoben werden.

LESER:
… und der Einfluß der Unternehmen verstärkt werden!

SCHREIBER:
Das wäre fatal, das System Berlusconi …

LESER:
Was bleibt von Ihrer Idee?!

SCHREIBER:
… den Stimmenkauf zu legalisieren, statt die Beeinflussung zu dokumentieren, was ist daran ehrenrührig oder unmoralisch? – Die Zeitung schlägt grade vor, an die Talk-Show-Teilnehmer Stillegungsprämien zu verteilen, das ist die gleiche Verzweiflung! Dafür will sie sogar Neuverschuldung in Kauf nehmen.

LESER:
Sie klären keinen Ihrer Kritikpunkte!

SCHREIBER:
die Kollateralschäden des Parteienbetriebs sind kolossal: ein sich von Wahl zu Wahl steigernder Gestaltungswahn – ein permanent wachsender Eingriffsgrad in den verfassungsmäßig geschützten Raum freien Wirschaftens – ein ausufernder Verschuldensprozeß – ein ausufernder Raum staatlicher Betätigung ohne Kompetenz – ein parallel wuchernder Ausbau von Staatsfunktionen mit zahllosen Sitzplätzen, Funktionsträgern und Pensionsberechtigten – der Staat wird zur Beute eines Kartells von Parteien, die über den legislativen Prozeß die Hand auf allem haben – die verfassungsmäßigen Kontrollinstanzen (Verfassungsgerichte & Rechnungs-

höfe) steuern dem nicht effektiv gegen – die mediale Öffentlichkeit „bedient" sich dieses Ereignishorizontes eher als Funktion adaptiver Selbstdarstellung.

Weder parlamentarische Balance noch Gewaltenteilung, noch Öffentlichkeit beeindrucken das „System kollusiven Zusammenwirkens", das von Haftungs- und Verantwortungslosigkeit gekennzeichnet ist.

Über alldem werden die Grundanforderungen staatlicher Aufgaben systemgefährdend vernachlässigt bzw. in katastrophaler Weise verfehlt. Sie sollten weitgehend privatisiert werden. – So!

LESER:
Sie suchen Rationalität, wo sie nicht besteht, wollen das Konstrukt des homo oeconomicus auch noch auf den politischen Raum ausdehnen.

SCHREIBER:
Keineswegs. Ich halte von diesem Konstrukt aus dem Elfenbeinturm überhaupt nichts. Es ist selbst nur Ideologisierung von Lebensvorgängen, die das Handeln der Marktteilnehmer in Ratio / Intelligenz einerseits und Motivation / Emotion andererseits aufspaltet. Welcher Erkenntnis kann sowas dienlich sein? Das ist künstlich, interessierte Reduktion! Beobachten Sie nur die Spiele an der Börse. Der Markt vermittelt genau all jene Hoffnungen, Ilusionen und Wünsche, welche die Menschen umtreiben und zum Handeln bewegen. – Warum kann man diesen Mechanismus nicht für die Beauftragung in politischen Angelegenheiten nutzen, mit einem höheren Maß an Verbindlichkeit, als es derzeit gegeben ist.

24.10. PALERMO

Wir reisen mit dem Zug nach Cefalu. Über der alten Stadt erhebt sich ein mächtiger Dom, Monreale ähnlich, 30 Jahre früher begonnen, vom gleichen Auftraggeber. Dahinter eine hunderte Meter hohe Felswand, angeschlossen ein ausgreifender Kreuzgang, die Säulen werden stückweise ersetzt. Damit verschwinden die Figuren der ehemaligen Kapitelle. Wir sitzen mit Rotwein auf den Felsen vor der Stadt, ich mit dem Monreale-Katalog vor der in diesem Kolossalbau bebilderten Schöpfungsgeschichte. Und bin verstört über Passagen, welche die Erschaffung der Frau sowie die Gründe dieses Vorgangs betreffen.

- Es ist nicht gut, daß der Mensch allein sei. Ich will ihm eine Hilfe machen, die ihm entspricht. – Wie kommt es zu diesem *a priori*? Der Mensch ist Mann und Vervollständigung der Schöpfung. Der ist gottähnlich.
- Und Gott, der Herr, baute die Rippe … zu einer Frau und er brachte sie zu dem Menschen.
- Danach sah Gott, „daß es gut war."
- Da sagte der Mensch: diese soll Männin heißen, denn vom Mann ist sie genommen.
- Adam steht unter dem Befehl Gottes, sich vom „außergewöhnlich schönen, fruchtbeladenen Baum der Erkenntnis von Gut und Böse" fernzuhalten.
- Jetzt kehrt sich alles um: darum wird ein Mann seinen Vater und seine Mutter verlassen und seiner Frau anhangen und sie werden zu einem Fleisch werden. Das ist der „Augenblick höchsten Glücks", heißt es. – Dieser Augenblick liegt außerhalb der Existenz. Die Schöpfung ist unvollendet, erst mit dem Auftritt Evas „wirklich vollkommen".
- Gott führt Eva zu Adam: dieser scheint beim Anblick eines Wesens, das ihm so ähnlich ist, wie gelähmt. Es scheint ihm, als könne Eva die Leere füllen, die er, der Besitzer des ganzen Paradieses, dennoch in sich spürt.
- Und jetzt: sowie Gott sich aus dem Blickwinkel des Weibes entfernt, enthüllt sie ihre Schwäche. Von den Genüssen des Garten Edens bezaubert, …

Hat Gott mit Eva das Böse geschaffen? Ist sie die Projektionsfläche für das Böse, für Schuldzuweisung, für „Hexe"? Ist das dieser Freibrief für den Mann!?

Eva hat Adam zum Schuldigen gemacht – Das Paradies wird zum uneinnehmbaren Turm. Ihren Namen haben Beide erst mit der Austreibung. – Sterblichkeit ist die göttliche Strafe, weiterhin Arbeit.

Und weiter: verwirklicht die weitgehende Vergeistigung das „Gute"? – Wird das Gute (nur) durch Peinigung möglich, erreicht? – Welchem zeitgeschichtlichen Prozeß verleiht die Schöpfungsgeschichte Ausdruck? – Wird Maria durch die unbefleckte Empfängnis rehabilitiert? – Ausschließlich durch Maria erhält der irdische Vater seine Menschlichkeit!

Palermo. Ich mache mich auf durch die bekannten Räume, allein. Das ist mehr, die ‚anima urbana' kommt mir näher. Palermo hat viele Leben, Berlin eines. Und wehe, es wird ruiniert. Dann wacht es auf zu neuem Leben! – Die *Via Maqueda* ist gesäumt von Kirchen und quer liegenden großen Räumen voller Stille. Die Piazza Pretoria besetzt ein Brunnen mit zwei Reihen großer Skulpturen, Gesprächsstoff für Einsame. Auffallender ist der gesprächige Lärm von einhundert Alten, nur Männern, die in Gruppen stehen und palavern, dahinter zwei Großraumwagen mit Carabinieribesatzung. – Über was reden diese Leute, das gibt's bei uns nicht. Das erklärt sich nicht durchs Klima. – Gegenüber öffnet sich die juristische Fakultät. Über Seitenwege komme ich zurück zur Piazza Verdi.

26.10. Der „König von Berlin" baut einen Flughafen. Leistung führt zu Lohn, sagt die Idylle. Leistungslohn verdichtet diese Beziehung. Leistung kann auch die Erstellung eines Produktes sein, aus dessen in der Zukunft liegenden Erlösen Lohn bezahlt wird. Vor dieser Zeit ist Lohn Vorschuß, wenigstens Prämie auf Erwartung. – Für den Bau der Anlage „holte" KLAUS WOWEREIT als Geschäftsführer den RAINER SCHWARZ. Der ist nun seit sechs Jahren verantwortlich, gegen respektables Salär. Aktuell wird der vierte Eröffnungstermin bekannt gemacht.

Nach dem dritten hat WOWI Rainers Vertrag um fünf Jahre verlängert, möglicherweise mit Blick auf weiter anhaltende Bekanntmachungen zur Eröffnung. Für den *wörst keyse*, daß auch in der Folgezeit dem Salär kein Deckungsbeitrag gegenübersteht, wird die Schatztruhe des Steuerzahlers in Anspruch genommen. Betroffen sind monatliche 44.416 Euro, die sich in Festgehalt, Tantieme (sic!) und Altersversorgung teilen. So hat der Aufsichtsratsvorsitzende in die sichtbar gefährdete Balance von Leistung und Lohn beherzt und verantwortlich eingegriffen und die Folgenseite unbeirrt festgeschrieben. Denn das alles gilt auch für den absehbaren Fall vorzeitiger Trennung, die Tantieme ausgenommen. An der hängt nun mal Erfolg als Bedingung und dieses Vertragsmerkmal kann der dann Ausgeschiedene ja beim besten Willen nicht mehr beeinflussen – was im übrigen, steht in Frage! Einen gescheiterten Probelauf der Anlage verschwieg er dem Aufsichtsrat, was ihn vor eine Sonderkommission zwang. Nun geht sein Blick zum Himmel, wo sich nichts tut.

Weiterhin soll das Machwerk bei Eröffnung – diesen Umstand unterstellt – „an der Kapazitätsgrenze" operieren. Das wiederum kann dem Rat nicht unbekannt sein. – Anfang Januar 2013 wird die Oktobereröffnung (Nr. 4) gestrichen. WOWI tritt zur Seite und der Stellvertreter vom gleichen Schlag setzt sich. Eröffnung Nr. 5 wird jetzt auf 2014 gesetzt, die Umbenennung von BER in PWA („Platzeck-Wowereit-Airport)" erfolgt schon jetzt. *FäthvotreJööh!* – Das Brandschutzkonzept verlange wohl, daß „große Teile des Terminals wieder aufgerissen werden (müssen)". Berthold Kohler fehlen die Worte, er zieht PUTIN und MEDWEDJEW an, den „Monarchen von Berlin" – im Oktober nächsten Jahres folgt die Rochade: WOWI (60) rutscht zurück, Freund PLATZECK steigt aus, HORST AMMANN gibt ab, aber vom Geld keinen Cent. Bis Vertragsende 350.000 bleiben gebucht. Das Ganze heißt parlamentarische Demokratie, lachst Dich tot – oder nicht? Ist eher die Abseite.

Der Untersuchungsausschuß setzt erstmal die Polizei zur Fahndung nach Dokumenten ein. – Auch RAINER SCHWARZ erwischts auf dieser windigen Baustelle: mehrfache Kündigung treibt ihn vom Hof, aber seinen kostspieligen 5-Jahresvertrag mit Freund Wowi kann er retten! – Das Landgericht Berlin ist im Oktober 2014 überzeugt, daß der Aufsichtsrat über den ganzen Mist informiert war, wer ist das nicht! Also Kündigungen unwirksam und Durchzahlung des Vertrages bis Ablauf, Herrschaften! Das sind bis Mai 2016 bummelige eine Million. Auch diese Staatsaffäre wird sich gelohnt haben.

Drastisches Schaustück aus dem Staat-als-Beute-Komplex. Mag die Balance von Leistung und Gegenleistung noch so prekär sein, die Anstellung folgt honorigen Bedingungen. So treten Selbstverpflegung und Selbstversorgung in den Ergebnissen bisweilen gleißend zutage, häufig als einziges Ergebnis. Markt- und

Ausfallrisiko sind nicht ersichtlich. Daß allseits positionierter Wille zum Bürokratieabbau regelmäßig das entschiedene Gegenteil kaschiert, leuchtet ohne intellektuellen Aufwand ein. Zu wertvoll ist jede verfügbare Position.

PS.:
Um Frischluft zuzuführen, werden leere S-Bahnzüge durchs Gebiet geschickt, später eventuell Flugzeuge ohne Passagiere, einfach zum probefahren, verstehen Sie? – Im Abgeordnetenhaus ist alles sicher, alles Mehrheit – WOWI sitzt aus und Fraktionsgrüne gratuliert dazu.

> Sizilien ab bei 25 Grad, Stuttgart ab bei 8 Grad, der Kapitän erläutert, daß wir uns in einer Linkskurve in Richtung Heilbronn befinden. Auch für so etwas muß es ein Bedürfnis geben, ich fühle mich unwohl bei solcher Gesprächigkeit. – Der Hauptbahnhof Hamburg ist schlicht überfüllt, im Minutentakt geht es weg von Gleis 14, In Bremen holt mich die Familie ab – das ist kulinarisch, die Kommentare weniger. Konfrontation mit dem Familienleben hilft bei der Anpassung, das Thermometer geht auf minus 3.

27.10. Seit ich den Blickwinkel justiere und Urteil, zumal moralisches, meide, gewinnen Recherche und Schreiben an Fahrt. Die Imperien entfalten sich. – Sie schmunzeln?, wundern sich? Nun gut, manche Einsicht kann schon vor dem Rentenalter gelingen – aber, ist sie von Wirkung? – Die Wahrheit, lassen wir die Schimäre, die Tatsachen haben lange Wege zur Erkenntnis. Gleich einem römischen Brunnen laufen sie über viele Schalen, bevor sie den Boden, ihren Boden erreichen – und den Raum für Erkenntnis freimachen, oder versickern, Sie Nudelsieb.

Im Geschäftsmodell Tschad ist es ähnlich wie bei EDUARDO DOS SANTOS & *family*. IBRISS DÉBY regiert seit zwanzig Jahren und es lohnt sich. Der Oppositionsführer verstarb unter Fremdeinwirkung, die Leiche unauffindbar. Die Einnahmen aus der Ölförderung verteilt ID auf sich und – weitsichtig – das

Militär. Die Annuität schwankt um zwei Milliarden. Im Staatshaushalt dominiert der Posten „*Mission d'État*", ein Geheimnis. Der Clan des Chefs, eine winzige Ethnie, siedelt im Norden des Landes. Posten und Aufträge absorbiert er zu hundert Prozent. Aufwändige Wahlerbestechung oder Stimmenkauf entfallen hier. Neunzig Prozent der Bevölkerung leben abseits des Staates, erklärt ein Diplomat: „Wir wissen eigentlich überhaupt nicht, was die machen." Bei aufkommender Unruhe wird der Ministerpräsident entlassen. Dieses Postens enthält sich der Clan.

Vermögenshäufung ist auch kennzeichnend für die Familie des WEN JIABAO, in Sonderheit während seiner Amtszeit als Ministerpräsident Chinas. Gleiches schließlich auch im Falle XI JINPINGS, schon vor Antritt seines jobs als Parteichef. Wie überall ist eine große Familie für solche Vermögensgestaltung zwingend. Der Name BO XILAI ist hierfür Programm. Selbst hochbetagte Familienmitglieder zeichnet hierbei lebensfroher Aktivismus aus. So soll die Mutter des Regierungschefs kürzlich über eine der familiären Transfergesellschaften 120 Millionen Dollar investiert haben, offensichtlich ein Fremdwährungsgeschäft der gewieften Dame. Die Ehefrau ist eine Kennerin des Edelsteingeschäfts. Bruder und Schwager stecken ebenfalls tief im Reichtum, seit WJ 1988 in höchste Ämter gelangte. Nicht ausgeschlossen daher, daß „Onkel Wen" den Onkeln „Haus" und „Armbanduhr" aus dem Amt folgt. Fotos seiner Armbanduhren zu zehntausend das Stück brachten Letzteren zur Abgabe des Amts.

Immerhin, die Spanne zwischen arm und reich ist im Volkskongreß schon weit geringer als außerhalb: daselbst sollen 70 Delegierte 90 Milliarden ihr eigen nennen. WEN JIABAO läßt dementieren. Reichtum existiere nicht. Oma habe Rente, sonst nichts. Jedenfalls ist die Welt voller Onkels. – Die Kampagne gegen Korruption ab 2013 legt noch ganz andere Schätze frei: in der Wohnung eines Wasserwerkers finden sich 120 Millionen Yuans und 37 Kilo Gold, dazu Belege über 68-fachen Immobilienbestand. Handsalben gibt's für alles, Enteignung, Umwidmung in Bauland, Abriss, Neubau, Genehmigung von Bergwerk,

Privatisierung. Familie LING JIHUA begreift die Kohle-Provinz als „Lehen". Ihre Einnahmen entsprechen dem. Vielfach wird die Anmietung von Zweitwohnungen als Lagerraum fürs Schwarzgeld zwingend.

Auch zu Hause gebührt den Großen Vorfahrt. MARIO DRAGHI besucht den Bundestag, wo kurz zuvor seine Einkünfte bekannt wurden, darunter 760.000 bei der italienischen Notenbank, seine, sagen wir 400.000, bei der EZB und eine jährliche Apanage, Rente nennen sie es, von 200.000 „aus Italien", alles keine Lire, Leute. Die Scheine italienischer Herkunft könnten den Mann entscheidend beeinflussen, argwöhnt ein Abgeordneter. Ob die Gelder von Goldman-Sachs eingepreist sind, wurde nicht deutlich, die könnten natürlich – auch beeinflussen. – Er tritt beherzt auf. „Viele Regierungen hätten noch nicht verstanden, daß sie ihre Eigenständigkeit längst verloren hätten", erläutert er und fordert das Durchgriffsrecht auf die nationalen Haushalte. Wenigstens sagt er das dort, wo es hingehört, vor dem deutschen Souverän. Der lauscht, Sachen packen? Goldfinger beherrscht den Ausnahmezustand, wo andere nach strafrechtlichen Sanktionen hinter dem Rechtsbruch suchen.

Die Schere öffnet sich zur „Kluft", es ist ihr eigen: dem Staatspensionär in BundLandDorf gebühren zwischen 2800 und 3000, gegen so um die 1000 draußen im Land, notiert die Zeitung. Das ist kein Vorwurf und kommt ja vom Einkommen her!

Bildungsrepublik: seit Oktober 2008! In Baden-Württemberg führt das Kultussekretariat eine Einheitsschule ein, die Gemeinschaft von Gleichen im Unterricht von Einheitsausgebildeten, einheitlichen Lehrplänen, ohne Schulempfehlung und ohne Sitzenbleiben. Vom Zielkriterium der Studierfähigkeit wird abgesehen, Inklusion als unterrichtsstrukturierende Deformation dagegen eingeführt. Schule als Sozialarbeit dominiert fürderhin diese Institution.

Linearem Denken ist Hinterlist fern, es erkennt den Beitrag zur Privatschulförderung nicht – womit Bildungsdifferenzierung ausgebaut wird, die sie lauthals abbauen wollen. Derweil wird die Mehrheit der Schüler im Elend des 2. thermodynamischen Satzes, der Gleichheit, ohne Antrieb und Ziel ihre Sturmjahre des Gehirns vertreiben lassen. Ein perfides Wählerbindungsprogramm. – Das gerecht-ökologische Kultusministerium dieses ausnehmend sehenswerten Bundeslandes wird programmgemäß daher eine vierjährige Studie zu Hochbegabtenklassen nicht weiterfinanzieren. Die guten Ergebnisse widersprechen neuer Ansicht, verlautet die überflüssige Behörde (2.4.13).

Nach der Beseitigung der Schreibschrift hat die Hamburger Pädagogik die Prozentrechnung in der Grundschule abgesetzt, die Hebelgesetze im Physikunterricht gleichfalls. – Ein Prüfer bei der Handelskammer kam der wiederholten Aufforderung nicht nach, die Noten hochzusetzen. Er prüft nicht mehr. Der Abgang eines Landes ist konkret. – Schließlich möchte die Inklusions-, Gleichheits- und Sozialregierung das Sitzenbleiben abschaffen. KMK-Chef und Parteikollege ist sogleich des Lobes voll. Die NRW-Schulministerin, Frau Grün, hält Sitzenbleiben für verschwendete Lebenszeit. In Hamburg ist es für Klasse 1 bis 9 als „unzeitgemäße Disziplinierung" abgeschafft. – Berlin treidelt in die gleiche Richtung, auch Kollege STACH in Baden-Württemberg hats in der Grundschule abgeschafft, „keine sinnvolle Lernmotivation", erklärt ers. – „Planwirtschaftliche Erfolgsmanipulation", kontert der Chef des Lehrerverbandes. Die Schüler würden von Leistungsnachweisen freigesprochen. Eben.

28.10. SONNTAG
Ich hatte vor, Ordner nur noch aufzulösen, die ausgebrannten. Es ist zu früh, der neue lautet „Geschäftsmodelle", eine Folge ideologischer und moralischer Abrüstung, reduzierter Wahrnehmung der Welt. So zeigen Ereignisse unvermittelt Vergleichbarkeit, so ungleich ihr Auftritt. Hinter ihrer Dramaturgie treten Wunder und Schrecken zutage, ja Erkenntnis. Der ‚Ersten Allgemeinen Verunsicherung' gebührt dabei die Referenz von ihrem Start weg (1986). – Der Ansatz bringt mich näher zur Welt, ohne im Einzelfall hinzuzufahren, Zeitgründe. Sie ist mir so weniger fremd als in den Stereotypen

– 16 Uhr, der Daimler-Zug passiert den Garten. – Das Ähnliche wird das Vertrauensbildende.

STEFANOS MANOS würde seinen Landsleuten kein Geld geben, allenfalls via Sperrkonto. Der einstige Wirtschaftsminister hat „keinerlei Vertrauen in den griechischen Staatsapparat. Nicht das geringste." Das hat der Finanzminister auch nicht, er kann nur nicht anders. – OSI ist ein neues Kürzel in ENZENSBERGERS Loseblattsammlung. Official Sector Involvement heißt der „Schuldenschnitt" unter Notenbankregie. Solches fordert der IWF, der im Schatten des großen Wettbewerbers residiert. In wirtschaftlichen Dingen ist die Frage „Wem nützt es", von geradezu frappierender Direktheit. Hier führen die Kulissen ein erbärmliches Dasein. – Was damit durchschnitten wird, entzieht sich der Physis. Ein Staatsbankrott ist nicht vorgesehen und es bleibt beim Schattenspiel. Ein WOLFANGO PICCOLI ist auch fürs OSI, er ist Chef einer ‚gewinnorientierten Denkfabrik'. Ich sollte eine Fabrik werden.

Das japanische Geschäftsmodell kommt in die Zeitung, da der IWF zur Jahrestagung nach Tokio ausweicht. Dort wird angesichts von ‚Denominierungsrisiken', vulgo Euro-Astritten, für große Vergemeinschaftung plädiert: Bankenaufsicht – Haftung für Schrottbanken – Fiskalunion – Umverteilung von allem, so Patrick Welter (10.10.). Der Ausblick sieht verfestigte Wachstumsschwächen, genährt durch verschleppte Bankensanierung, expansive Geldpolitik und steigende Staatsschulden. Nicht zu vergessen eine ausufernde Regulatorik.

Gleiche Tendenz bei den Ökonomen KENNETH ROGOFF und CARMEN REINHART, wovon Asoka Wöhrmann berichtet: bevorzugte Antwort auf die Krisensituation könne sein oder sei die Finanzrepression, Maßnahmen zum Absenken von Zinsen und Renditen (1. Schritt), sodann die steigende Ausgabe von Staatsanleihen, die einerseits gegenüber privaten privilegiert sind (steuer- und bilanzrechtlich) und zu deren Ankauf Private genötigt werden, äußerstenfalls als Zwangsanleihen. – Ein praller Instrumentenkasten zur Staatsfinanzierung, der jeglichen Anreiz zur Schuldentilgung nimmt.

Wo wir grade beim wirtschaftlichen Neigungswinkel sind: DIE-TER HEIN (29.10.) von ‚Fairesearch' liest den Geschäftsbericht des 1,9-Billionen-Institutes Deutsche Bank – mit vernichtendem Ergebnis. Das zuletzt 528 Seiten starke Konvolut kennzeichne wegen ‚intransparenter Abgrenzung von Erträgen und Aufwendungen … eine Beliebigkeit des Gewinnausweises, (damit insgesamt eine) Aussagelosigkeit der Geschäftsberichte' – wohl seit 1999, als das Investmentbanking erstrangig wurde – und ohne die Milliarden-Boni für so 90 bis 120 Spitzenverdiener auch nur summenmäßig zu nennen – Bonus-Anteil am Gehalt nach geschätzt 77% in 2010 in 2011 auf galaktische 92% gestiegen – ohne dass die Bank selbst verdiente. Solch strategische Ruinierung des Instituts konnte nur Plünderermentalität der Dealer nach sich ziehen – und den Kurs von 83 (1999) über 29 (2011) auf 6 (2019) niederwirtschaften. Und keinem Wirtschaftsprüfer, keinem Finanzamt fiels auf.

1.11. Der Produzent von „Rommel" NICO HOFFMANN zitiert HANNAH AHRENDT: „Wir sind auch für unseren Gehorsam verantwortlich." Dieser Satz war radikalste Konfrontation mit der sich dem Nazi-System entwindenden Gesellschaft. Handeln durch Unterlassen ist im Strafrecht ein seit jeher bekannter Topos. Die Justiz ging über die Ignoranz dieses Aspekts hinaus: sie veredelte die Täter mit dem ideologischen Drusch des Gefolgschaftskörpers, dessen Exposition die SS-Fixierung „Treue ist unsere Ehre" war. Die Anweisungs- und Befehlskette wurde zur Spur der Entlastung. So entstand erneut das Volk der Gehilfen, seit 1968 mit überriechendem Weihrauch des parlamentarischen Souveräns sanktioniert. Dem hatte eine NS-Justiz-Troika mit dem Einführungsgesetz zum Ordnungswidrigkeitengesetz die kategorische Überführung in den Gehilfenstatus untergejubelt und 508 Zustimmungen kassiert. HANNAH AHRENDT holte die Substanz zurück, gegen die Hohlform-Debatte, worin der Eid, diese gesteigerte Form der Gebundenheit, zu wohlfeiler Legitimation verkam. – Wird dem Eid solcher Absolutismus genommen, ist er seiner Substanz wieder zugänglich. Das schien im aufgeklärten Absolutismus der Fall. – Am 6.5.2013 wird ein „Bediensteter des KL Auschwitz" (93) verhaftet, die Anklage wegen Beihilfe zum Mord vorbereitet. Gerechtigkeit hat Raum und Zeit.

ERWIN ROMMEL, Paris im April 1944. Einige Juden konnten fliehen, deshalb werden sie jetzt nackt transportiert. – 20. Juli 44, 14 Uhr: Anruf bei Kück: „Übung abgelaufen" – Telegramm – Feldmarschall Keitel: der Führer lebt. Wir sind gekommen, Sie zu verhaften, Gruppenführer, Befehl von General Stülpnagel, Ihre Pistole bitte. „Herr Feldmarschall, ich denke, Sie wußten Bescheid!" – „Nein, keine Ahnung hatte ich." – „Wenn ich Sie wäre, würde ich versuchen zu fliehen. Versuchen Sie überzulaufen, Stülpnagel." – Am See peitscht ein Schuß durch den Nebel. – Kluge nimmt Gift. – Hofacker stellt sich dem Schreien Freislers und wird gehenkt. – Speidels Sohn erweitert den Kreis der Eingeweihten erheblich. – Vor einer Woche wurden die Pariser Verschwörer verurteilt. Das Wüten von Gestapo und SS beginnt, Speidel tritt Hofacker gegenüber, nur noch schwarze Ledermäntel.

Rommel schreibt an den Führer. – Es kommt die Antwort: „In Anerkennung Ihrer Verdienste wird Ihr Verrat dem deutschen Volke verschwiegen, wenn Sie … ich habe Ihnen etwas mitgebracht. Das wirkt in drei Sekunden." – Die Familie wird zum Schweigen verpflichtet. – Die Straßen einer großen süddeutschen Stadt ermöglichen noch ein Staatsbegräbnis mit Lafettendurchfahrt.

Die Kommentierungen sind fade, der Reportage-Nachspann hingegen nicht. Im Klima hohen moralischen Anspruchs genügt das Zeigen von Tatsachen, Neigungen, Schwächen, sei es so benannt, nicht. Der Sender möchte sicher gehen und setzt mit Belehrung nach. – Ich überlege: seine soldatische Seite, militärische Kompetenz und Furchtlosigkeit („Draufgängertum") bewahrte ihn vor stupendem Befolgen der Berliner Kartentischanweisungen („Aufgabe unter keinen Umständen", „Halten bis zum letzten Mann", „keine Gefangenen"). Seine Aufenthalte in der Aura der Macht ließen ihn dann die Grenzen des Gehorsams hin zur Unterwerfung überschreiten. Das nahm den Mut zur Konsequenz bei den letzten Fragen, die militärisch klar vor ihm lagen. – Unter der „Macht der Frisuren" heißt es später: in Deutschland hat man sich entschieden, daß der saubere, glatte, polierte Look der natürliche Look der Nazis ist. Mit meinem Muster, meinem Vater in Uniform, ist mir das wohl auch so gegangen beim Zusehen.

Die Nacht ist das Traumland tiefer Wahrheiten und Empfindungen und der Brillanz. Texte schwimmen in einer Eleganz auf, die sich im Morgengrauen verliert.

Der gewaltige Wirbelsturm hat NY zum Stehen gebracht. Die U-Bahnschächte stehen voll Wasser, ein Umspannwerk explodiert, ein Straßenzug fängt Feuer, die Rettung steht im Wasser, Krankenhäuser evakuiert. – NY habe schon Schlimmeres erlebt, ich wende mich ab. Die Stadt verkörpert eine tiefliegende Botschaft, einen Werbetext an die Menschheit. Ich wollte wieder hin.

Vor der Haustür fehlt der Schlüssel, Marion sitzt bei der Nachbarin – ich setze mich. Die bekam Schmerzen, verließ das Büro und wollte nach Hause fahren. Sie kam nicht weit, fuhr an den Rand, der angerufene Notarztwagen fuhr vorbei. Nach dem zweiten Anruf wurde sie gefunden, höchste Zeit. Nun erholt sie sich. Zeit des Schweigens.

Fünf Jahre lang hat die EU Leute und Geld nach Serbien geschickt und in den Kosovo, mehr als drei Milliarden. Da sollte ein Rechtsstaat errichtet werden. Der Rechnungshof stellt fest, das sei nicht passiert. Es sei alles unverändert korrupt, desorganisiert und ohne Aussicht auf Besserung. Das Regime bevorzugte möglicherweise die Laiki Bank in Limassol, wohin zeitgleich ein Direktflug eingerichtet wurde. Der Transport in schwarzen

Handkoffern, vulgo: unterschlagenes EU-Geld, mag der Finanzaufsicht entgangen sein, den EU-Granden ohnehin. Sie gehen planmäßig vor, das heißt, es wird nach Osten mit Geldsäcken geködert und erweitert, und sie achten auf gute Bezahlung vor Ort, die Qualifizierung steht hintan, ein standardisierter Vorgang. Es wäre ergebnisfördernder, Überlegungen und Motive der Brüsseler Zentralämter zu untersuchen als Geologie, Menschen und Umstände im Zielgebiet. Das geschieht nicht, die Verschickung von Geld und Leuten ist das Ergebnis.

2.11. Drei Protokolle, abends ins Sportlerheim, der alte HAG-Betriebsratsvorsitzende lädt die Pensionäre ein und ich habe zugesagt. Also gebe ich dem DJ meine CD und steige ins Kostüm. Das knallt. Nach vier Songs höre ich auf, es war das erste Mal gegen Gage, erfahre ich. Applaus, Rose, 1 Paket Kaffee HAG, Milka, umziehen und nach Hause. Seltsam schön.

3.11. Die Damen und Herren Volksparteien bieten Mitgliedern Rabatte auf Versicherungen. Kundenbindung gehört zur Schnäppchendemokratie. Ein ganz normaler Vorgang, erläutert Herr Fröhlich vom Kundenauftrieb. Da können sich die Theoretiker von *homo ökonomikus* und *zoon politicon* gehackt legen, jawohl! Damen auch. Leben geht anders, nämlich über gutes *feeling*.

4.11. Ein Stück aus dem Nordend-Biotop (Frankfurt): der Gutmenschkrieger mit Radhelmzwang, Rauchverbot und nahezu stillgelegtem Autoverkehr erzählt von den emeritierten Systemkritikern, deren einer nach dem Absingen aller Strophen des Deutschlandlieds umgehend Verfolgung und Ahndung aufnimmt.

Sechzig Minuten Gespräch mit Mimi, wie unterhaltsam.

Das vom Zyklon verwüstete New York kommt sehr langsam wieder hoch, weil alles schlecht oder nicht geht. Das Militär transportiert Lebensmittel und Benzin, das Wasser hinterließ seinen Rand in eineinhalb Meter Höhe am Business, an Wohnhäusern und Galerien, zwei Billionen werden geschätzt. – Sechs Milliarden gingen in den Wahlkampf, danach ist die Aussicht nicht besser, weil das reiche Land jährlich den Abstand zur Zahlungsunfähigkeit vermißt. – Vielen Naturereignissen folgen die finanziellen. So gleichen viele Finanzströme dem Golfstrom, der außerhalb der Zwölfmeilenzone entlang der amerikanischen Ostküste seinen Weg nach Norden nimmt.

Infolge der Außenbordbuchungen seines Vorsteuergewinns kann <u>Apple</u> seine Steuerlast an Land auf 1,9 Prozent verkürzen. Das schont seine 37 Milliarden. Q4/2012 allein erhöhte um 16 Milliarden auf eine Barschaft von 140 Milliarden. Leichtes Spiel ohne Steuerlast und ohne Dividende seit 1995. Die Teilhaber fragen. Von entscheidendem Vorteil sind seine zwei staatenlosen Gesellschaften, weshalb es keinen Adressaten für eine Steuererklärung gibt. – <u>Google</u> reüssiert mit 3,2% Steuerlast auf seine meandernden Geldberge. *„Double Irish (hicks) with a Dutch sandwich"* wird das Verfahren tituliert, also Irland – Holland – Karibik, Golfstrom rückwärts – wenn Sie bitte folgen wollen. Der Steuergläubiger nennt es *„Base Erosion Profit Shifting"*. Für kleinere Stücke genügt die California-Nevada-Connection, es kann dann aber auch wie der Blitz nach Luxemburg weitergehen. Das liegt außerhalb für den großen Schluck, 80 der 120 Milliarden bleiben so verschont. – Eine Spende für das amerikanische Stromleitungsnetz oder die NY-Subway würde jene „höchsten ethischen Standards" stützen, unter denen der Konzern seine Geldbewegungen vollzieht. – Auch die Coffeeshop-Kette <u>Starbucks</u> fährt sparsam mit Steuern: auf 3,7 Milliarden Umsatz kamen ca. 11 Millionen Steuern, ein kaum zu berechnender Steuersatz, klingt nach Spende auf einer Tombola.

Angesichts solcher Mengen erscheint das Wiegen des Geldes sinnvoller als das Zählen. RONALD MIEHLING wog sein Geld aus dem Schnee von gestern. – Die reduzierte Betrachtung der Dinge radikalisiert ihre Ergebnisse. In diesen Verhältnissen stimmt vieles nicht so richtig, obwohl ich Verteidiger dieser Ordnung geworden bin. Das mit den Rolling Stones stimmt aber. Seit KEITH RICHARDS im Rausch von der Palme flog, geht's ihm nicht gut. Aber er spielt, mit seinen gichtigen Fingern. Das VIP-Hospitality Package, hierbei handelt es sich um eine

Konzertkarte, kostet 1425 Dollar. Das ist ihm fröhlicher Profit, obwohl seine 200 Millionen für den verbleibenden Aufenthalt reichen. Ich packe den Artikel zu den älteren, die unter dem achteckigen Cover von Decca stecken, nichts Originales, aber Erinnerung an den *Streetfightin' Man* von 1969.

Um vergleichsweise kleines Geld geht's auch bei Mme. Florence Lamblin. Bei der Bürgermeisterin des 13. Pariser Arrondisements wurden 350 000 Euros gefunden. Gewaschenes Drogengeld wird vermutet. Leben ist einzigartig, entsprechend die Kombination beruflicher Umtriebe.

Stumpf hingegen wird's wieder bei Goldman Sachs, wo der Ertrag sich gegenüber dem letzten Quartal auf 8,3 Milliarden Dollar erholte. Die Barschaft liegt um 170 Milliarden. Ich stelle mir vor, die drei Größten der hier Genannten täten sich zusammen, um etwas zu unternehmen. Nichts wäre sicher vor ihnen. Sowas ist machbar. – Die Kumulierung des Zahlenwerks kann zu radikalem Klimawandel führen, einem Klumpenrisiko, das zum Schwarzen Loch tendiert: wenn Apple 37 in der Umlaufbahn hat, Google 80 (+ vierzig Inland) und Goldman Sachs, was sagt der Geschäftsbericht, sage 50, also drei Prominente um die 200 Milliarden durch den Orbit kegeln, dann setze ich das einem Prozent des Meander-Kapitals gleich, besser Promille, ist kein Rechner zur Stelle! Durch die Branchen hindurch wären das 20 Billionen, die den Himmel verdunkeln und ihr Recht auf Niederlassungsfreiheit geltend machen. Dabei scheu wie ein Reh und begleitet von 360-Grad-Information-Tsunamis. Das ist die Masse, jetzt kommt das Schauervollste, die Steuerung: es müssen Menschen sein, die da Hand anlegen, vom Büro aus! So geht das mit den Surrogates, den automatischen Flug- und Kampfaggregaten, so geht's in den feinen Büros im 20., 40. oder 60. Stock der Soll + Haben-Türme in Frankfurt, London, Paris und NY.

Hier spricht der weiße Mann, dem inzwischen die halbe Welt entgeht! – Denn, wo die Bewegung in rechtlichen Formen wenig entwickelt ist, wird auf grobem und einfachem Weg dennoch Vergleichbares erreicht. Durch unterlassene oder falsche Rechnungstellung gelangten im letzten Jahrzehnt 4,3 Billionen Dollar außer Landes, aus China alleine 2,7. Danach folgt Mexiko mit 476 Milliarden, wo Rechnungstellung überhaupt nicht zum Geschäft gehört. Die russische Zentralbank kommt allein für 2012 auf 49 Milliarden Dollar. – Ich verliere den Überblick, wohin mit alldem. Es gibt die regulären Billionen, dazu die irregulären und gewaschenen Billionen, die Fiat-Money-Berge Europas – wo konzentriert sich die Habenseite und was sagt die Soll-Seite dazu, Kampf oder Deal? Das Kapital handelt größere Positionen kursschonend vorzugsweise in den „Dark-Pools", „damit nicht alle wissen, was sie vorhaben". Hier muß sich Goldman Sachs mit dem 3. Platz begnügen. Credit Suisse führt. Das verzweigte System der Unterwelt hält alle Türen offen, mit Türsteher, versteht sich. – Und dann diese Menschen im Büro, die einmal vormittags das Bruttosozialprodukt kleiner Länder „switchen", Lichtschalter?

Zwei weiße Zwerge umkreisen einander in dreizehn Minuten. Bei zunehmender Geschwindigkeit kommen sie sich beständig näher. Dabei strahlen sie Gravitationswellen ab, welche die Raumzeit zum Erzittern bringen. Sie verstehen, was ich meine! Solche unverstandenen & unvorstellbaren Erschütterungen verbinde ich mit diesen „switches", die imaginäre Geldberge in Lichtgeschwindigkeit über die Oberfläche des Planeten jagen, berührungsfrei.

JÉRÔME KERVIEL ist einer der Vielen, die ab 17 Uhr das Bankenviertel in Frankfurt mit ihrem schwarzen Anzug verdunkeln. Seine Wetten am Finanzglobus gingen gegen fünfzig Milliarden Euro. Die Société Génerale pocht auf Erstattung, fünf Milliarden, verzinst. „Ich hätte mir gewünscht, jemand hätte mir … gesagt, hör auf mit all dem Unsinn", sagt der Schuldner. Erzählte er, wie das Spiel mit den Milliarden seinen Widerstand zersetzte, verstände ichs. Aber er ist auf den Deal mit der Reumut aus, oder wie das heißt. Er wird vor Gericht ziehen gegen seine Entlassung – und vier Jahre später Recht bekommen, plus 450 Tausend, darin vorenthaltener Bonus von 300.000 – er wird verurteilt werden zu 5 – und freikommen kurz darauf – beschwert mit elektronischer

Fußfessel – er wird gegen die Rückzahlungsforderung angehen, und der Bank Kenntnis seiner Spiele vorhalten.

„Ich war ein wahrer Gläubiger, schon bevor ich den Fuß in das Gebäude (von Goldman Sachs) gesetzt hatte", klärt hingegen Kollege GREG SMITH seinen Weg. Da kommt kathedrale Ahnung auf. – Oder FLORIAN HOMM (53), der grade beschließt aufzutauchen. Er lebt in Paris in einem unbekannten Hotel, dessen Adresse über Dritte und Codes ermittelbar ist. Eingangs findet elektronische Leibesvisitation statt. Das Handy ist auszuschalten, Ortungsgründe. Die florentinischen Uffizien werden dem Großneffen des Josef Neckermann zum vielleicht ersehnten Verhängnis. Dort wird er auf den Wink eines FBI-Beamten hin diskret in Handschellen gelegt. Dabei war er grade noch im ZDF zu Gast. Der Cayman-Fan ist aber ein Glückspilz, fünfzehn Monate später verläßt er die Einöde der U-Haft, die Höchstdauer ist rum – und ist weg. Amerikas Auslieferungsantrag läuft in die leere Zelle, Abstimmungsmängel. – Solch gefahrengeneigte Arbeit zieht Experten an, so KWEKU ADOBOLI (ups, 2,3 Milliarden Dollar, 7 Jahre). Seine Arbeit sei allseits bekannt und geduldet gewesen. Die Fälschung der Bücher blieb ungeklärt. Auch BORIS PICANO-NACCI hats erwischt, 315 soll er erstatten, Ratenzahlung sei nachgelassen. – Ich Miniaturausgabe davon, vor dreißig Jahren, es könnte ein ganz normaler Vorgang sein. – Später läuft die Schlacht um acht Milliarden zwischen Deutscher Bank und ALEXANDER VIK. Dessen Händler KLAUS SAID bediente TPF's, „Target Profit Forwards", wenn Sie mitschreiben wollen. Darauf stand die Bank. Rausch trieb ins Desaster. Ex-Goldman Sachs-Mann LEX VAN DAM bemerkt noch, die Banken machten sich durch Gebühren reich. – Was soll also das Gejammer, mir wurde das neulich auch klar, als ich nach dreißig Jahren meine Auszüge von Bache Halsey Stuart studierte.

Neue Hochrechnung: 5 Billionen aus Chinas Top Ten, 5 weitere aus Schwarzgeld, 20 Billionen steuerscheues Konzerngeld (USA), dazu 5 aus Old Europe, 35 hab ich grade … die Addition wird schnell langweilig. Die nächste Geschichte vom Libor-Zinssatz-Künstler CHRISTIAN BITTAR ist angekündigt und wird auch mit Rückzahlungen an sein Institut enden. Zurück zum Motivations- und Bewegungsmodus: wer bietet was? wer organisiert? – Für die Bezüge der Frau Bafin kommen die Banken auf. 500 Millionen sind kein Spielgeld, Herrschaften. Das spricht für starke Verbundenheit. Substanz für die Theorie vom großen Komplott. – Hier stimmt keine Gleichung, von den Grundrechenarten abgesehen, kein Gefühl für die verhandelten Mengen, da nicht gewogen wird. Mr. Kerviel könnte abgenommen haben. Er hat Depots „verwaltet", nun walte Gott, was ihm bleibt. (Walter schützt vor Torheit nicht, hieß es vordem mit Blick auf den 1. Vorsitzenden, Eltern aus Kalau).

Die Erde steht voll dieser babylonischen Türme, von denen kein Bild existiert. Ihre ballistischen Verbindungen entdeckt kein Apparat. Das ist faustisch, aber ohne Gretchen, chancenlos. Diesen Planeten retten? Vor was! Vor 20 Billionen? Schon ihre Existenz verändert alles, und die Frage „wofür?" belegt alle Leitungen. Also doch wieder Trabbi! Nur diese Masse kann Pläne „erzeugen", um das Wofür zu beantworten. Sie kann Tatsachen, Ereignisse herstellen, kaufen, vor denen andere Halt machen. Der Fetisch gebiert Ideen. Absichten treffen sich im Sonnengürtel des Planeten und kommen zu Vereinbarungen. Dagegen nehmen sich die täglichen Übungen am Dax aus wie die Suche nach einer Zugverbindung im antiken Fahrplan. Ich freue mich daran, daß die Aktie PAH wieder im Geld ist.

Dagegen fünf Euro, falsch platziert, werden zum persönlichen Schicksal, wie gestern vor dem Arbeitsgericht geschehen. Die Richterin konnte nächtelang nicht schlafen über dem Bemühen, den Vorgang, Abgabe eines Pfandbons, kassenmäßig zu erfassen! Nach Anhörung und Videoaufzeichnung wurde einer Kassiererin im 24. Beschäftigungsjahr fristlos gekündigt. Sie kam mit Familie und einem Landsmann als Prozeßvertreter und schwieg über mehr als vier Stunden, *a small clash of cultures*. Betriebsbedingte Kündigungen gehen hingegen regelmäßig verloren, zumal wenn sie aus dem englischen Sprachkreis gefordert werden. – Drei Ecken weiter ist Vertrauen sinnlos.

Im Radisson Berlin am Flughafen Zürich werden Schwarzgeld-
seminare angeboten zur Überbrückung langer Wartezeiten.

Der Bericht vom neuesten Germanisten-Kongreß lenkt ab,
schürft aber auch nur das Hirn auf, wie es Benno Hundekoffer
in „Krankheit oder Moderne Frauen" äußert. Da waltet Groteske,
ke, deren der Berichterstatter sichtbar auch nicht Herr wird. Es
gibt fromme Berufsstände, die eben auch verzweifelt nach dem
angemessenen Ausdruck der Welt suchen.

5.11. Auch auf <u>Zypern</u> lagern Berge von Geld. Neunzig russische
Oligarchen haben schwarz deponiert, gewaschen und Zugang
zum Euroraum gefunden. Das Land hat großen Kredit in Brüssel beantragt, Kredit kommt von Vertrauen, ihr Phantasten. Bei
Chefkommissar JUNCKER ist das mehr Zutrauen, so wie er Zy-
pern-Chef CHRISTOFIAS zärtlich zwischen seine Hände nimmt
und auf die Stirn küßt. Seine Antwort auf die Anfrage: Aussicht
auf Kredit gut! – Später muß ASMUSSEN die Kanzlerin ermah-
nen, sie verweigert sich für den Moment.

Überhaupt, an JEAN-
CLAUDE kommt nie-
mand   unbearbeitet
vorbei, Geheimnis sei-
nes Erfolgs. Er zieht
am Schlips, an den Da-
men, zerrt, klatscht ab,
Bussi für die Kleinen,
notfalls wird gewürgt.
Niemand darf sich in
Sicherheit wiegen. Das
hat fast Biografisches,
weiterer Text überflüs-
sig. – Die Ergebnisse,
besser die Folgen geben
ihm recht.

Annäherung: *Zyperns Präsident Christofias (r.), Eurogruppenchef Juncker* Foto Bloomberg

JCJ bei der Arbeit ...

... kein Entrinnen ...   *ein bißchen gewürgt ...*   *Schlips korrigiert ...*

... gut geführt ...   *oder eins auf die Backe ...*

... gimmy five   *oder einfach stehen lassen ...*

6.11. Chinas KP-Mitglieder wählen 2270 Delegierte. Die fahren am liebsten mit dem Audi nach Peking und bilden den Volkskongreß. Die Formulierung ist anspruchsvoll. Sie machen eine Probeabstimmung, danach wählen sie das Zentralkomitee, das sollen 200 sein, dazu 170 Kandidaten. Sodann stehen die Delegierten auf und fahren weg, wieder mit Audi.

Der Volxkongreß beim Abfahren

Derweil wählt das Zetka den Parteivorsitzenden und das Politbüro. Dieses wählt einen Ständigen Ausschuß, sieben oder acht Leute mit dem Charme der Unsterblichkeit. Ihre Abgeschirmtheit vom Öffentlichen hat etwas vom EZB-Modus. Von Millionen-Vermögen ist hier durchweg die Rede, von Milliarden in 260 Fällen. Die Hurun-Liste nennt sie allerdings nicht, Partei-Vorteil. Die Wege des Geldes in diese Zirkel zeichnen ein Beschaffungssystem im Monopolstatus, garniert mit Parolen. Es kommt vor, daß ein Privater wie Huang Guangyu wiederholt zum reichsten Mann des Landes wird, weil ihm unter dem Kaleidoskop von Vorhaltungen wiederholt alles genommen wird. Dazu zählen „Säuberungsaktionen gegen die Mafia", wie sie ex-Polizeichef Bo Xilai als System persönlicher Bereicherung bevorzugte. Das treibt Transfers in Billionenumfang und Auswanderung. CHRISTIAN GEINITZ macht einen Gang durch das System der ‚Prinzlinge' wie der reich gewordenen Unternehmer.

Das KP-Geschäftsmodell ist ein tief gestaffeltes System organisierter Kriminalität, das nur mit ausländischem Pass betreten werden sollte. Auch dann bleibt das Leben gefährlich. – Zhang Yin hingegen steht auf der Liste, mit 3,2 Milliarden Dollar auf Platz 32. Sie ist unauffällig, ohne Leibwächter, ohne Uhr, Schuhe zahlreich. Hier ist etwas anders als bei Kyrill I. oder bei Yang Dacai um die Ecke.

Das Eurokommissariat wird gar nicht gewählt. Es trachtet nach Zustimmung durch halbjährliche Umfragen, genannt „Eurobarometer". Die Aussage „Die EU zwingt Deutschland ihre Sicht auf" erhielt die mit Abstand höchste Zustimmung. Danach kehrte man zurück zu den positiven Europafragen, sinnfreien Erfolgsmeldungen oder Themen, von denen die Befragten zuverlässig keine Ahnung haben, etwa so: „Besonders hoch ist das Vertrauen in die Bürgerbeauftragten in Finnland." – Kennzeichnend seien eklatante Verstöße gegen die Regeln redlicher Umfrageforschung, so HÖPPNER und JURCZYK, also peinliche Propaganda. Aber was ist den Beteiligten, ob Brüssel oder Berlin, schon noch peinlich. – Der Wunsch nach einem Meinungskommissar ist alt. Es sollte mit einer Flugschrift „Neues Europa" begonnen werden. Die wird wöchentlich dem eingeschweißten Werbekonvolut beigelegt, 340 Millionen mal, ist ja bezahlt. Da zwei Drittel der Leute die Krise ohnehin nicht verstehen, hebt so ein Blatt mit lauter Zustimmungsfragen vielleicht hier und da die Stimmung. Deckblatt am besten mit Frontmann MARTIN SCHULZ.

MR. GEITHNER telefoniert fortlaufend mit Europa, am meisten mit Signore MARIO DRAGHI, in zwei Jahren achtundfünfzig mal, wie sein Terminkalender im Netz ausweist. Die Spur der Scheine ist gelegt, von anderen hält er wohl weniger, von JUNCKER, vom Spanier ROMPUY, OLLI REHN kann sich auch gehackt legen. – So hat das Hamburger Geschäftsmodell, welches das Meandern des Bürgers zwischen Bourgeois und Citoyen im Ensemble von Rathaus, Handelskammer und Börse abbildet, nichts an Bedeutung verloren: ein unbekannter Investmentbanker pflegt die mit Abstand häufigsten Kontakte zur Kanzlerin und Finanzminister, beauftragt von Goldman Sachs. Das Schweigen wird immer beredter.

Daß für einen Vortrag Honorar gezahlt wird, ist Gepflogenheit. Daß hohe Nachfrage sowie Bedeutung des Referenten preistreibend wirken, ist üblich. Daß die Stadtwerke Bochum, eine steuer- und gebührenfinanzierte Einrichtung, 25.000 an PEER STEINBRÜCK für derlei Ereignis überweisen, läßt aufhorchen. Sein höchstes Einzelhonorar, notiert Reiner Burger. Wer ist denn hier klamm! Solche Fragen werden überspielt durch den aparten Disput darüber, ob das Honorar als Spende zur Weiterleitung vereinbart war. Das hat die der Sozialdemokratischenparteizugehörigeaufsichtsratsvorsitzende jener Stadtwerke jetzt verneint. Die Frage nach etwa dreister Parteienfinanzierung bleibt in der Senke. – Der Kandidat wiederholt das Ganze kurz drauf bei der Gelsenwasser AG, einer hundertprozentigen Tochter der Erstgenannten. Der Kurs liegt hier bei nur 10.000, das Thema ist von gleichem Gewicht, die Zielsetzung ebenfalls, abgeschmackt, aber unter Verweis auf Kellerregale voller Blaupausen mit kalkuliertem Medialtheater und dem politisch dicken Fell durchzuhalten.

Das Korruptions- und Bestechungsmodell hat viele Namen, so auch den der Märchenonkel-Demokratie: ein CDU-Landesvorsitzender empfiehlt, „die erfolgreiche wirtschaftspolitische Erzählung (sic!) mit einer Erzählung (!) von Ökologie, Emanzipation und Gleichberechtigung (zu verbinden)." – Es ist unverantwortlich, Leute mit Allmachtsphantasien auch noch ins Toskana-Blockseminar zu schicken. Kein Orden ist danach vor ihnen sicher, sie nehmen alles und erklären sich mit brechend vollem Brustdekor zum Urheber jeglichen Glücks.

Wer vermag solchem Treiben sich zu entziehen, welches sich regelmäßig mit Geld pro Stimme selbst honoriert. Dieser Kreislauf gewinnt Stabilität, denn ein wachsender Anteil der Wähler, so die Untersuchung, ist der Muttersprache „nur bedingt mächtig", „sinnerfassendes Lesen und Schreiben" verliert sich in gleichem Maße. – Damit sinken die Anforderungen an die Märchenerzähler, Vorteil Parteikader. – Vom Staat Beschenkte sollten ohne Wahlrecht sein, lautet eine Empfehlung. – Das werden sich die Berliner Conquistas schön verbieten und die Autoren umgehend in die Ecke der Demokratiefeinde verweisen. – Mittelalterliche

Organisationsformen hatten da etwas von Klarheit und geradezu Berechenbarkeit, was Aktionsfeld und Schröpfen der Untertanen betraf.

Die Delegierten-Konferenz Sachsen-Anhalt der Grünen-Partei plädiert für die Senkung des Wahlalters auf vierzehn Jahre. Das folgt dem Anforderungsprofil sowie der Qualität des Angebots. Kinder sind Märchen gegenüber aufgeschlossener. – Der Vorstoß der SPD verstört hingegen: Analphabeten an die Urnen, lautet ihr Vorschlag. Der Grad der Alphabetisierung wird beim Wahlakt nicht überprüft, so meine Erinnerung. Der Impuls zeigt: es ist ihnen alles recht.

> Ich verliere immer wieder an Höhe. Vieles muß mehrfach durchgeschrieben werden, bis Faden und Form stimmig sind. Empörung wurde mir zur Natur und vermasselt den Text, trübt die Wahrnehmung und macht schlechte Stimmung. Mit dem Konzept ‚Geschäftsmodell' soll Ruhe reinkommen.

8.11. Im Griechenland-Schwurbel verteidigt der Finanzminister mit Abstand den ersten Platz, weit vor unserem Mann in der EZB, *called* JÖRG ASMUSSEN. Der redet ja auch wenig. – Mußten die Griechen früher ihr Zahlenwerk selbst frisieren, so assistieren heute die Euroretter samt EZB und IWF, resümiert HEIKE GOEBEL. Schon bevor WOLFGANG SCHÄUBLE kritische Worte ins Mikro geraten, opponieren MR. HOLLANDE und MME. LAGARDE in steinerner Gegnerschaft.

Das Bargeld des FNP (kein Brüssel-Institut sondern Kosename für „Friedensnobelpreis") der EU ist noch nicht verteilt, da wird der deutsche diplomatische Vertreter in Griechenland mit Wasser und Kaffee übergossen zu den Rufen „Zusammen Nazis rausschmeißen". Eine Linkspartei-Mitreisende erklärt ihr Verständnis, teilt die Wut und betont, man müsse Faschismus bekämpfen. Meine Verbindung zwischen Text und Ereignis reißt.

Bei der Spitzenkandidatenurwahl der Grünen-Partei hatte das Votum für zwei Männer die Ungültigkeit des Stimmzettels zur

Folge. Das ging weiblichen Kandidaten vor 94 Jahren ebenso.
– Die 50-Prozent-Frauenquote gilt in Kreuzberg-Friedrichshain
seit 2005. Bis zur Erfüllung werden Straßen nur nach Frauen
benannt, im Einzelfall die Ehefrau eines Namensgebers herangezogen. Man sollte sie einzäunen, die Spielstätten der Politik. –
Ich studiere den Fahrtbericht über den neuen 911. Der sportliche
Einstieg könnte mir unpäßlich werden.

Die Zahl der Parallelwelten ist weitläufig, die Clusterbildung zur
Abgrenzung von Wahrnehmungen noch stabil. – Ich übe mich
weiter in Geschäftsmodellen, der Freizeitpark am Nürburgring
hat heute gerichtlichen Auftritt.

Im Wintergarten liegt ein Interview mit FRITZ J. RADDATZ.
Ich wage nicht, das J wegzulassen und bin durch Teile des Dia-
loges meilenweit entfernt von dem, was er schildert an Usancen,
häuslichen Sitten und Auffassungen zu Kunst und Stil. Seine
Einteilungen mag ich nicht, etwa, wenn er einem 60-jährigen
Hausmeister nichts mehr (sic!) erklären würde, einem 25-jähri-
gen aber schon. Befremdliche Nützlichkeit, Quatsch, fühle mich
beleidigt, bin schließlich 67 – und kann auch Hausmeister! Den
Professorentitel hat er auf dem Klingelschild. Seine Verachtung
von HELMUT SCHMIDT hat Substanz. Der zelebriert imperiale
Arroganz, wohl auch außerhalb seines Fachs. Zum Verachten
fehlt mir etwas. Sein *dictum* zur Verwüstung der Sprache begeistert mich hingegen. Und sein Wort von der „Großzügigkeit
dem Leben gegenüber" nimmt mich mit. – Stil ist ihm Schutz.
Da ist er groß, ohne kokett zu werden. – Und sein Satz, „ich habe
immer gerne Geld verdient", erinnert an KEITH RICHARDS,
gefällt mir auch. Am Ende des Interviews ist da viel Sympathie,
mehr als nach seinen „Tagebüchern in Bildern". Damals dachte
ich, Interesse ja, aber vielleicht reicht „die kleine Ausgabe". –
Eigentor? Menschen lernst Du nicht in Stichworten sondern im
Fluß kennen. Das Umschlagbild jenes Bändchens, Teile seiner
Fotografie in drei getrennten Carés, bestätigt das. – GERHARD
ROTHS Kurzportrait von ELIAS CANETTI hat in seiner Reihung vernichtender Urteile über Kollegen Ähnlichkeit.

9.11. DDR: Das ZDF berichtet vom Schummeln beim Häftlingsfreikauf, jener Facette des sozialistischen Geschäftsmodells, geboren aus den Ruinen des Aufbaus. Dem Westen wurden schon freigelassene Häftlinge untergeschoben und dann nochmal kassiert. Es wurde eingesperrt, damit freigekauft wird, so eine Art Staatsgeiselnahme, wie sonst im „Tatort". „Es geht um Devisen für unsere Republik", sagt einer. – Dann das Spiel Dynamo Dresden gegen Bayern München, wofür mehrere Spieler fix als IM angeworben (!) werden und die Touristendelegation nach München zusammengestellt wird. Das heißt „Aktion Vorstoß", um feindlich-negative Tendenzen im Keim (konnten die doch Gedanken lesen?) zu ersticken, so der Stasi-Ductus. – Das Schlimmste, dem Spiel in München folgt das Rückspiel in Dresden. Karten werden eingezogen, um gezielte Ausgabe zu sichern. Das Stadion weiträumig abgeriegelt, wohl um Einzelverfolgungsfahren zu ermöglichen. Auf fünf Zuschauern sitzt ein Stasist. Der ißt Bananen, um die Nachbarn zu täuschen.

BERND HELLER: 42 Prozent der ersten Garde Volkskammer waren ehemalige PGs. – VERA LENGSFELD schildert das Politbüro als durchrasende Wagenkolonne. „Es entschied über Frauenbinden, Zigarretten u.ä. ...", HANS MODROW erzählt von den Vorbereitungen für WALTER ULBRICHTS Geburtstag 1953. Die Sache sei fünfmal auf die Tagesordnung gekommen, dann Abbruch wegen Volksaufstand. Die Grundfrage war: wer ist wie vertrauenswürdig, das war allesentscheidend, deshalb die „Kleinsinnigkeit". So nennt er es schamhaft. EGON KRENZ war persönlich zuständig für Verbot & Verhaftung von VERA LENGSFELD. – Das Politbüro ließ sich feiern, bis das Volk genug von ihm hatte, es war geduldig.

Mittags raus ins Lifo-Training, Sonnabend mittag zurück, erschöpft bei Anna.

Das Land leidet unter der defizitären Souveränität der Führung. Der Respekt vor den Alten ist von überschießendem Anteil verformt, ihrer Vision, Europa wie ihre Budgetpolitik fortzuführen. Das ist zweimal Abgrund.

11.11. Es klingt karnevalesk, ist aber nur das Bestechungsformat: die Regierung beschließt Betreuungsgeld, der Koalitionspartner nickt, gegen den Rest seiner Überzeugung, damit er den Erlaß der Praxisgebühr bekommt. Tausch von Faustpfändern, kleinsinnig im großen Stil. Die Klientel der Betreuungsgeldpartei braucht das am wenigsten, denn sie zählt zu den Wohlhabenden der Republik. Es ist wie häufig das Wildern im Beritt der Opposition, solche Unterhaltung wird im Berliner Kreißsaal getrieben, auf Kosten der Steuerschuldner.

Lineares Denken, welches Staat als Beute und Besetzungsuniversum fokussiert, ordnet „Staatsschutz" dieser schmalen Logik unter. Vorrangig ist der permanente Interventionsmodus, als Daseinsvorsorge, in Maßlosigkeit als Korrektur in jede private Vereinbarung. Im Keller der Vergangenheit steht der Schrank voller Vexierplatten, deren Summe die Herstellung materieller Gleichheit intoniert. Das zweite Lied'l kommt aus der Attitüde *„Save the Earth"* mit dem Kanon Klimaschutz, Natur-, Arten-, Pflanzen-, Landschafts- und-soweiter-Schutz. Das alles gebietet raumgreifendes Regulieren. – Erneut: das Mittelalter hatte da mehr an Klarheit und Verläßlichkeit, auch wenns härter zur Sache ging. – So könnte es der Preis längeren Lebens sein, sich tagaus, tagein von sowas berieseln, überreden, abkassieren, zwangsvorführen und/oder nebeln zu lassen? Das ist mit Geduld nicht leistbar, epigenetisch ohnehin nicht.

12.11. Um 4 Uhr nachmittags färbt ein mattes Gelb die Wand im Wohnzimmer, kurz hinter dem Wintergarten steht die Sonne unter dem Horizont.

Nahezu alle Banken der Londoner City bilden Rückstellungen aus gegebenen Anlässen, so wegen „falsch" (Druckfehler, gemeint ist gefälscht) verkaufter Kreditausfallversicherungen, ca. 13 Milliarden Pfund, für Strafen aus Korruption und Geldwäsche mehrere Milliarden Pfund. Da geht's etwa um das Drogengeschäft in Mexiko oder Terrorzellen in Arabien. Weiterhin für Strafen wegen Manipulation von Geldmarktsätzen und Energiepreisen, für Angebote von Jersey-Konten zur Steuervermeidung, von schwarzen Konten in Griechenland, wohl auch etliche Milliarden Pfund. – Das alles läßt sich als Paragraphenfolge von Straftatbeständen fassen. Selten gelingt es, derlei mit Rückstellungen zu „eskomptieren", so drückte sich der Broker bei Bache Halsey Stuart häufig aus, der Begriff hatte etwas geradezu Intimes. Er signalisierte gemeinsame Kennerschaft, während die Bestände abflossen. Die *highest ethical standards* gelten unverwandt. Niemand verhindert das in der einsamen Höhe. Änderung von Sitten & Gebräuchen scheint ohne den Knast nicht zu gelingen.

„Junkerland in Bauernhand", die KREISKY-Skizze von ROTH, genauer Kreiskys Kommentare zu den großen Landgütern, zu denen die beiden fuhren. Kaum hatten sie das Land, konnten sie es nicht bewirtschaften. „Hätte man das Land parzelliert, ständen jetzt hier Hotels."

Ein vordem-Umweltminister referiert unter dem Thema: „Wie können wir die Welt retten". Die Ortszeitung ist da ohne jede Ironie angesichts dieses Arbeitstitels. Den Mann umspielt ein mildes Lächeln. – „Die Menschheit ist dümmer geworden", zitiert die Zeitung weiter, der Gorillabestand hingegen erhole sich. Der Zusammenhang bildet sich wohl nur bei mir. Vielleicht lese ich die Zeitung auch falsch. Wo liegt bloß die Anleitung.

Handwerkern der Zünfte wurde der Ohrring herausgerissen, wenn sie sich Grobes zuschulden kommen ließen. Schlitzohren wurden sie nach der brutalen Maßregelung und Entehrung genannt.

Juristische Ausbildung hat mir den Dreischritt Tatbestand – Rechtswidrigkeit – Schuld bewahrt. Das soll mich vor eiligem Schluß bewahren, wenn ich den gesetzlichen Tatbestand des (Landes-)Verrats in den Vordergrund rücke.

14.11. ‚Teilhabe und Gerechtigkeit' heißt es bei der Grünen-Partei, wortgleich die SPD. Zum Privatvermögen von zehn Billionen sagt der Delegierte: „Wir müssen es nur richtig verteilen, das

Geld ist da." – Wachstum halten jetzt 43% der Bevölkerung nicht für nötig. Die weitere Ausdehnung der Staatstätigkeit fordern ausdrücklich 43 Prozent der Befragten. Freiheit ist ohnehin kein Thema, nicht sexy, Stolz aufs Land eher nationalistischer Rückfall. Die Elemente der Marktwirtschaft, der Zusammenhang eher unbekannt. Gute Signale für den Linksblock, für das Berliner Quintett, fürs Kommissariat ohnehin. Der „sich kümmernde Staat" ist der gerechtere, sein Verbotspotenzial gerne gesehen. Davon berichtet Ulrike Ackermann. „Die Verbotsneigung der Deutschen" sei aber leicht zurückgegangen seit dem Vorjahr, tröstet sie.

Erst wars nur die Gurke, dann das Dosenpfand, gefolgt von der Glühbirne, im EEG spielt der Staat nun ganz groß auf. Wenn Marchenstunden anhalten, sind Wolf und Weihnachtsmann feste Größen im Weltbild. – Das Dosenpfand-Dezenium ist Illustration solcher Unterhaltung. Die Zielsetzung ist weitestgehend verfehlt, Aufwand und Investition zur Bedienung der Regulierung waren enorm, ein ökologischer Effekt ist nicht meßbar. Der Akut-Umweltminister will die Daumenschrauben weiter anziehen, das gebietet das Weltbild!

Ein Treiber für die wachsende Anzahl guter und sehr guter Uni-Abschlüsse bei sinkendem Aufwand und sinkender Qualität sei der *disengagement compact*. Die Minderleistungsübereinkunft tauscht professoralen Forschungsvorrang gegen den Bologna-Hindernisparcours, dessen Hürden tief liegen. Diese Haltung lernte ich kennen.

Durch Südeuropa rollen Streikwellen gegen das Schrumpfen für den Euro, darunter der erste gesamtiberische Generalstreik, zu Milliardenkosten, der DGB fordert sozialen Ausgleich, das *blame game* mit Hakenkreuz hält an, das Transfersystem festigt sich. – Der spanische Sozialstaat sei durch die Politik der Regierung um 35 Jahre zurückgeworfen worden, sagt jemand. Er war der Gegenwart weit voraus, ließe sich erwidern. Wenngleich das korruptive Parteiengeflecht im Verein mit der Bauwirtschaft am freien Fall beteiligt gewesen sein mag.

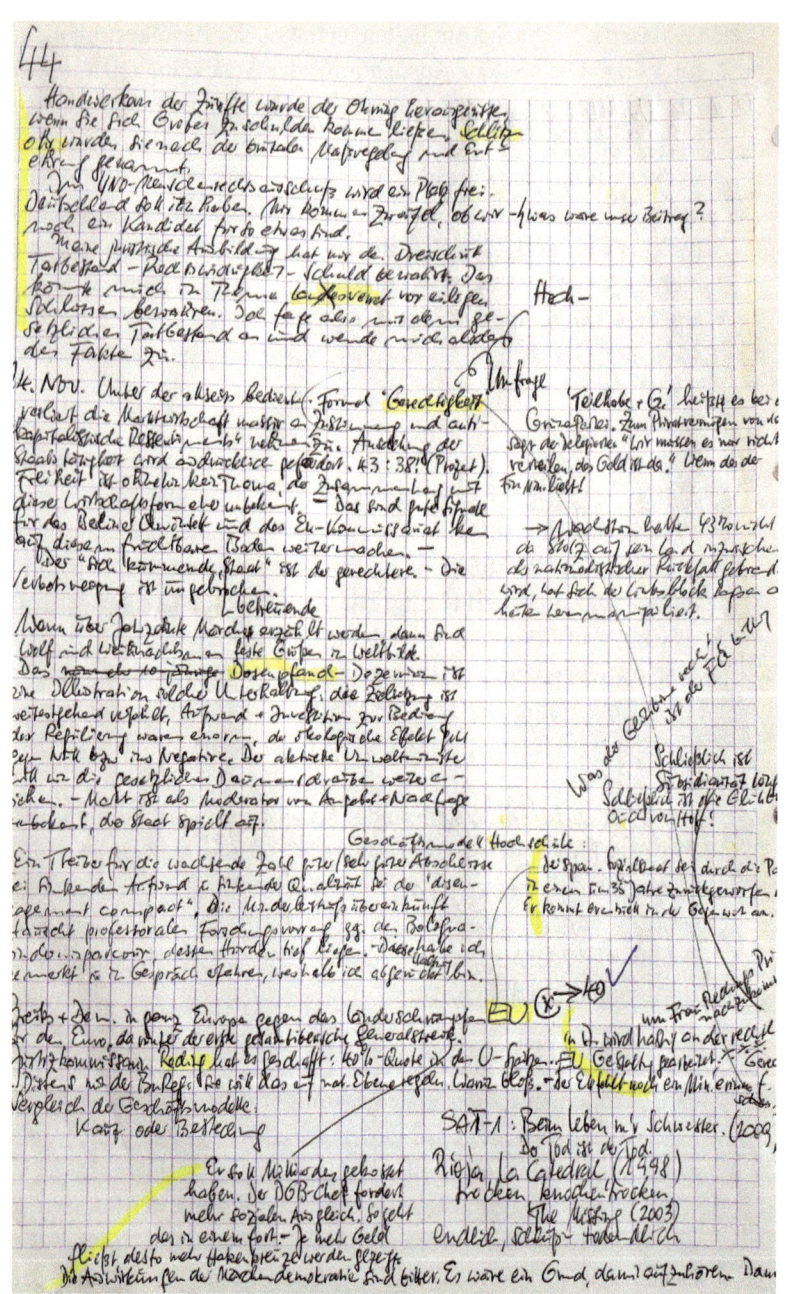

Tagebuch-Seite 2012

Justizkommissarin VIVIANE REDING ist pfiffig: zum Verbot des *bail out* nach Art. 125 EU-Vertrag höhnt sie, dieser deutsche Standpunkt sei „populärwissenschaftlich", eher naiver Volksmund, also so echt populistisch, oder wie? Sie hat ein Gespür dafür, was sie den deutschen Vertretern zumuten kann, zumal öffentlich. Die gleiche Süffisanz hat ja der Finanzminister ökonomischer Kritik gegenüber und wünscht mehr Kompetenz für den Währungskommissar. Da herrscht frappantes Einvernehmen: warum es eigentlich Preise für Ökonomen gäbe, geht die Rhetorik von WOLFGANG SCHÄUBLE. Die Empfänger glaubten dann noch mehr an das, was sie schrieben. – Unkenntnis, Ignoranz, Arroganz – der Macht, was liegt nahe? Jedenfalls eines: er glaubt seinem Schwurbel kein Wort – es ist eben alles Vorsatz, seine Arbeit am ‚Dunklen Raum'. Er ist Teil des maßgestrickten Vorhangs, hinter dem die Enteignung der Nationen erfolgt.

Er könnte verächtlich auf dieses Berliner Parlament schauen, welches nicht willenlos sondern willig diesem Weg folgt, verfassungswidrig! Sie wollen den Völkern ihren Staat, ihre Verfassung, ihre Grenzen nehmen, ohne sie dazu zu befragen – und haben nur ein Problem: bei dieser kalten Enteignung noch ihr Mandat zu behalten, erneut gewählt zu werden – das ist offensichtliche Verschwörung plus PEP©, Leute! Hört die Signale! Dann wird Straßburg noch etwas aufgehübscht und alle sind sich einig, dem sanften Weg in das Diktat steht nichts mehr im Weg, streng nach Gesetz! Der Freistellung von Anklage ebenso. Putineske Formatierung, sage ich, na gut, ohne Geheimdienst.

VIVIANE REDING will auch in anderer Herzensangelegenheit den Durchmarsch: die 40-Prozent als Frauenquote in den EU-Hochseilgärten! SR. BARROSO bittet um etwas mehr Eleganz anstelle dieses Politbürostils. – Deutschland verspricht schon mal, das auf nationaler Ebene zu regeln und arbeitet hastig an der rechtlichen Gestaltung, Gelegenheit für überparteiliche Koalitionen. – Und wie es den Mann trifft, zeigt das Europaparlament: „…ich muß bekennen: ich bin keine Frau", sagt YVES MERSCH dort, wo er fürs EZB-Direktorium abgelehnt wird, wegen Geschlechtergerechtigkeit, jubelt SVEN GIEGOLD. Was immer dort entschieden wird, bitte mit Quote. Es ist atavistisch. Die Welt kann eigentlich aus dem Staunen nicht herauskommen, oder aus dem Totlachen.

SAT 1: „Beim Leben meiner Schwester", dazu Rioja La Catedral (1998), trocken, knochentrocken.

15.11. Tausendfünfhundert Schüler in der Stadt Bremen „gegen das Schulsystem". Ein Gespräch mit der Bildungssenatorin lehnen sie ab. Es sei sinnlos, denn sie kennten die Antworten. Vor dem Roland skandiert eine Gruppe: „Hoch – die – internationale Solidarität", aktuell bleiben da aber nur noch asiatische ZKs, ach so, und olle Castro natürlich, ok, plus falling Maduro in Venezuela.

Das Imperium macht Bankenregulierung: das haftende Eigenkapital soll mehr werden. Dieses löbliche Ansinnen übersetzen die Bankrotteure mit eleganter Eigenfinanzierung: die eingebuchten Staatsanleihen könnten doch herhalten. Vor fünf Jahren trug solches zum finanziellen Gewaltschlag bei und höhnische Reden über Unverstand und Bankergier versorgen seither den medialen Markt mit Zuspruch. – Das Spiel mit der Vergeßlichkeit des Publikums gehört zum Brüsseler Handwerkskasten.

Auch in Osteuropa, im <u>Litauischen</u>, fehlts an Eleganz. Stimmenkauf findet mit System nur in Gefängnissen statt, ansonsten im kriminellen Kleingewerbe. Da sind die Leute von der Arbeits-Partei des Millionärs VIKTOR USPASKICH an der Arbeit (sic!). Dem Parteichef werden die Umleitung von Fördergeldern, Reptilienkasse und leichtfertiger Erwerb des Magisterdiploms angehängt. Soweit sind keine besonderen Abweichungen von allgemeinen Usancen auszumachen. Seine Flucht nach Eröffnung eines Verfahrens deklariert er als politische Verfolgung, kommt aber zurück und mittels Deponat von 430.000 Euro (Stichwort Fördergelder) von allem frei. Er weiß von nichts.

Yakuza heißt die Mafia in <u>Japan</u>, vorzugsweise im klassischen Geschäftsfeld Finanzen und Umfeld-Korruption tätig. Altgedienten

Yakuza fehlen oft einige Fingerkuppen. Keishi Tanaka fehlen zwar keine, doch hat der Justizminister Kontakte. Drei Wochen nach Amtsantritt tritt er daher zurück und begibt sich direkt ins Krankenhaus, also ohne über ‚Los' zu gehen. Das Umfragetief bleibt stabil. Wie die traditionell engen Verbindungen zur Unterwelt. Die Mitgliedschaft im organisierten Verbrechen ist *eo ipso* kein Straftatbestand. Die Titulierung ‚Wertlose' signalisiert, bei allem Respekt vor Tradition, *understatement.* – Der neu ins Amt gelangte Finanzminister ist mit Leuten solchen Schlages bekannt. Er amtiert einstweilen. Seiji Maehara hingegen hats erwischt, den Minister für Wirtschafts- und Finanzstrategie. Sein Arbeitsgebiet gebot geradezu Kontakt. – Verbrecher seien, so ein Teilnehmer, stärker als andere Menschen nutzenorientiert und achteten darauf, daß ihren Interessen Genüge getan wird. Welch Feinsinn.

16.11.   Um 9 Uhr beginnen die Gespräche, eine Frau kommt herein, und es fällt mir schwer. Wahrscheinlich schon im Zustand von Joe Cocker. Sprich mal 90 Minuten mit einem Gesicht voller Schönheit, bin ständig im Zwischendeck. Isso. Ich erreiche den gebotenen Abstand. Ein Rest von Glanz fällt auf meine Eleganz.

Abends, Leon ist weg, Jonas kam zum Gratulieren, gucken wir organisiertes Verbrechen bis zum verfaulten Fleisch, an dem die Ratten nagen – und knabbern alten Gouda, nach dem Bocksbeutel, nach dem trockenen Rieslingsekt. Ich kreuze die Bilder an, die ich im Januar bei Kraft Foods hängen will. Ich werde Geld reinstecken, damit es Spaß macht.

17.11.   Peet & Yves sind schon auf der Autobahn! – Das Wochenende ist voll von ihnen. Ich kenne jetzt alle Bremer Stadtmusikanten. Das abgebrannte CircusCircus raucht noch, als wir vorbeigehen. Peet beherrscht Loopin Loui und Yves nennt Elvis ‚Meister'. Von wem sie das wohl hat.

Der neuerdings eingesetzte Flankenschutzfahnder (*shorty* FSF) erscheint unangekündigt an der Tür des Steuerschuldners, um etwa ein Arbeitszimmer oder eine doppelte Haushaltsführung in Augenschein zu nehmen. Das wird Teil des politischen Klimas im klammen Staat. Steuervollzug und Strafverfolgung bekommen Symbiotisches. – Der im nachgebauten Ost-Fiat wartende Häscher hielt noch Abstand, wohingegen der FSF die Wohnung betritt und den Steuervorteil Begehrenden befragt, sich umsieht und Notizen macht.

Zwei neue Interpretationsmuster des Daseins tauchen übers Wochenende auf, die ein fahles Licht auf die Ereignisse werfen können, von Erhellung keine Spur: die Schwarmintelligenz und die Komplexitätsfalle. Ich glaube, der erste folgt dem zweiten Gesichtspunkt, dessen Basis der „Komplexitäts-Gau auf mehreren Ebenen" ist. Der dem nun entgegentretende Regulierungsfuror deckt ein verbreitetes Bedürfnis ab, ist aber sinnlos. Ich zweifle, ob die Schwarmintelligenz mehr als dieses ruhelose Bedürfnis abdeckt, auch wenn ideengeschichtlich Aristoteles bereits am Tresen stand.

Zielführender scheint mir die Betrachtung der Komplexitäts-Gewinner. Das sind die Leute, die mit ihrem Regelungseifer das System von Profit und Privilegien dichtziehen. – Was G̲o̲l̲d̲m̲a̲n̲ S̲a̲c̲h̲s̲ strategisch anlegt, wird im Anschluß reguliert, na ja wie auch sonst. *Mer kann de Loid ja ned alles verbiete!* Hier die Handreichung des Finanzhauses:

Goldman Sachs beschäftigte Physiker, Quants genannt. Deren Aufgabe war die Schaffung extrem komplexer Derivate, die nur noch sie selbst verstanden. Ihr Ziel war die Erzeugung von Komplexitätsfallen, im Jargon *„Black Boxes"* genannt, mit denen die *„Muppets"*, auch Jargon, geschröpft wurden. Muppets sind die Kunden. Dagegen ist das Geschäftsmodell der Mafia traditionell. Schwarmintelligenz heißt hier nur, alle machen dasselbe. – Immerhin, GS machte Vergleich mit der Bankenaufsicht und erlegte 550 Millionen, will sich aber wehren. Ungeachtet des auf 6 Milliarden verdoppelten Gewinns. Danach kommt der Verbraucherschutz.

Der Zusammenschluß solcher Organisationen zur Vereinbarung des Libor-Zinses ist dann System-2 daraus. Dagegen ist Dr. No eine Niete. Wenn solche Monster von Regierungsseite als relevant fürs System erkannt werden, ist das fein beobachtet. Systemrelevanz ist so was wie Artenschutz, macht das Muppet-System zum Vorbild, mit Frauenquote bitte, gell Frau Roth. Das Wahlrecht der Muppets wird dann nur noch für die Stabilität solcher Systemrelevanz benötigt, sollen sie haben. Als Goldman Sachs-Boß müßte ich solche Regierung zur Muppet-Show erklären. Hauptsache, der Rechtsfrieden hält. Geht eine Komplexitätsfalle irgendwann hoch, wird sie naturalisiert und alle gehen ans Aufräumen.

LESER:
Sie retten sich in Sarkasmus?

SCHREIBER:
Ich spüre Geschäftsmodellen nach und zitiere.

LESER:
Was glauben Sie zu finden?

SCHREIBER:
Tatsachen, die einfach sind und Beziehungen abbilden.

LESER:
Ihre Wertung!

SCHREIBER:
Mein Angebot, entscheiden Sie, was trägt! Stimmenkauf über die Mafia? oder die Beziehung der „Systemrelevanz"?

LESER:
Haben Sie eine Hypothese?

SCHREIBER:
Ja, die „Liebe" zum Geld.

LESER:
Ist das nicht langweilig?

SCHREIBER:

Keineswegs, hinter der Liebe steckt ja der Mensch, er hat sich dieses „Zentrum" geschaffen, aus praktischen Erwägungen, und jetzt wird es zur umfassenden Projektionsfläche, Füllhorn nicht nur seines geschäftlichen Erfolgs sondern auch aller anderen Dinge, zuvörderst seiner Sehnsucht, Fluchtpunkt seiner Fehlschläge usw. Das ist aufregend im Aufbau wie im Scheitern. Der Klassiker von den versteinerten Verhältnissen, die nach ihrer eigenen Melodie tanzen. Das ist der Klang der Münzen.

LESER:

Schön, der Fetisch-Charakter, das kennen wir ... aber Bargeld soll ja abgeschafft werden!

SCHREIBER:

Schade! Faszinierender erscheint mir das Paradox der Komplexitäts-Falle, die bleibt ja unberührt. – Die Komplexitätsgewinner sind die Treiber des Desasters.

LESER:

... die Banken ...

SCHREIBER:

Nein, viel mehr die Politiker. Diese Leute guten Willens blicken nicht durch, und: sie wollen nicht vereinfachen. Es sichert ihre Existenz. Sie leben davon, das Volk in Angst und Schrecken zu halten, um es alsdann – unter Griff in seine Taschen – aus der Katastrophe zu führen, Pardon, ein sehr altes Zitat. Dabei machen die Fraktionen gemeinsame Sache.

LESER:

Inwiefern!

SCHREIBER:

Die Regulierer guten Willens setzen den Markt mit seinen direkten Korrekturen außer Kraft. Die anderen verschanzen sich, ihre Existenz, hinter permanentem Eingriff, beide liquidieren fortschreitend das Marktsystem und produzieren Zusammenbrüche größten Ausmaßes. Ihre Maßnahmen, verbunden mit ausuferndem Fiat-Money, Bürokratie, wachsender Staatsquote und Gezeter in einem wirkungslosen Parlament, sind Treiber der Katastrophe. – Das hier für die Bankenfreistellung und -rettung Gesagte gilt ebenso für den Ökologie-Komplex, für die Staatsverschuldung, im weiteren für die Verkehrs- und Energieinfrastruktur, die Bildungspolitik usw. Da steckt viel Diktatur-Potenzial drin, sei es über den fiskalischen oder den ökologischen Weg. Lesen Sie die Pläne eines HANS JOACHIM SCHELLNHUBER.

SUSANNE LOTHAR hat bis zum letzten Tag gespielt: Die Gurkenkönigin, auch bis zum letzten Tag ihres Mannes ULRICH MÜHE, der 2007 starb: Nemesis, Staub auf unseren Herzen (2013).

20.11. Zur Eröffnung eines online-Girokontos packt das Institut achtundvierzig Seiten bedruckten Papiers auf den Tisch. Die teilen sich auf in Verbraucherschutz und Verbrauchererfassung, so will es die Klarglas Republik. Von der notariellen Beurkundung des Vorgangs hat der Gesetzgeber einstweilen abgesehen. Dann müßte der so Versorgte die 48 Seiten auch noch anhören – denn der Notar liest vor.

Die Grafik zur Illustration der Finanzierung Griechenlands gleicht dem notorischen Brigitte-Schnittmuster. Verschlüsselungen können aufklären, das zeigte MARC LOMBARDI. Die zahllosen Verbindungen erweisen das Steuerungspotenzial als Fiktion. In einer solchen sitzt auch WOLFGANG SCHÄUBLE, im Gouverneursrat des Europäischen Stabilisierungsmechanismus. Von der Schweigepflicht, die seinen Mitgliedern aus guten Gründen obliegt, hat ihn das Verfassungsgericht entbunden, ein Eingriff, der ihm zusetzen kann, wenn einst das gesprochene Wort bekannt wird – es sei denn, die Dokumente werden rechtzeitig vernichtet. – Zu EFSF, EZB und ESM kommen transitorische Buchungsräume, so jüngst die *„Enhanced Conditions Credit Line"*, kurz ECCL. – Was einer dieser korrespondierenden Organisationen verboten sein mag, reicht sie durch an die zweite, die es verbrieft und der dritten zubucht. – Im europäischen Buchungsmechanismus wiederholt sich das System der Black Boxes, eventuell wird es nachgerade kopiert, weil es für die verschuldeten Apparate ebenso systemrelevant ist. Einen ABHF© könnte ich mir zusätzlich vorstellen: *Advanced Black Hole Fund.*

– Was Griechenland betrifft, so erweist sich der Schuldenschnitt in Plan und Umsetzung als Garantiemaßnahme für Privatgläubiger, ihr Geld außer Landes zu bringen. Wenns dann passiert, triffts nur noch den nordeuropäischen Steuerzahler. Den trifft als nächstes der Forderungsverzicht. Mit dem kann mans machen, gell Herr Finanzminister & Consorten. Denn alle Aussichten sind planmäßiges Irreführen. Das Lügen gewinnt Institutionelles.

Im Falle einer Sezession Bayerns wäre die Schaffung eines Lokalgeldes Teil der ersten Maßnahmen.

Um Einzahler, Empfänger und Geldmenge besser zu verfolgen, sollen Barzahlungen über 50 € in Italien verboten werden. Die Grenze lag bisher bei 1000. Bargeld sei ein intransparentes Zahlungsmittel, verlautet Herr SCHÄUBLE. Das Volk ist einfach verdächtig. Nahe Rom werden alle dokumentierten Transaktionen bereits in der Anlage „Serpico", welche Offenherzigkeit, zusammengeführt. – FRANZ KAFKA und MICHAIL BULGAKOW sind aktueller denn je.

21.11. Beim Bundesfinanzminister wurde eingebrochen. Das kann im Einzelfall helfen, ist für Millionen aber keine Lösung.

Die Landesregierung hat den Urlaubsanspruch für alle niedersächsischen Beamten auf dreißig Tage erhöht, einer gerichtlichen Gleichbehandlungsforderung folgend. Das erhöht die Abwesenheitsquote im Amt – und kann im Einzelfall helfen. Lösungen sind nicht gefordert.

Angela Merkel warnt vor dem „dunklen Raum" ... STOPP!! Merken Sie was? drei Tage Protokoll und Black Boxes, schwarzes Loch, dunkler Raum sind die Ankerbegriffe zur Beschreibung der Verhältnisse. Wir befinden uns in West-Europa! – ... also, in den dunklen Raum gerate man ohne weiteres Geld für Griechenland. Weil man dann nicht mehr sehen könne, wie es weitergeht. Das ist der fromme Schein des Fiat-Money. Dabei haben Viele das Schwarz-Sehen bereits drauf! (die GEZ lassen wir jetzt links liegen). – Als ließe sich mit Geld Licht, gar Erleuchtung kaufen! Aber vor dem dunklen Raum graust es uns schließlich seit Kindes Beinen. – THOMAS OPPERMANN (Opposit) hingegen: alles Geld in die Richtung sei verloren, er fordert reinen Wein und die Wahrheit und: nirgends werde so gelogen wie in diesem Thema. Wodurch also unterscheidet sich der dunkle vom hellen Raum!

Grexit: unabhängig von den Lichtverhältnissen wird die weitere Entwicklung negativ beurteilt, Schuldenquote auf 190% hoch. Die Angst vor dem dunklen Raum ist heilbar, man muß den schwarzen Vorhang wegziehen.

„Blaubeerblau", Hannes geht. Und gleich drauf im anderen Programm „Marias letzte Reise" (2005), beide mit NINA KUNZENDORF und MONIKA BLEIBTREU: „wenn ich das Sterben gestalten kann und dabei bleibe, wird es Teil des Lebens." – Und der Satz berührte mich: „Sagen Sie ihr, daß sie gehen kann." – Weil die Zurückbleibenden das Sterben nicht akzeptieren, haben es die Sterbenden schwer.

Das Studium der Tagebücher wird von Mal zu Mal anstrengender. Nach vierzig Jahren, gemeinhin Mitte des Lebens, stellt sich etwas so Unfertiges, Suchendes vor, das nur als Existenz zu fassen ist. – Vom Nukleus des Scheiterns: das ist die atomare Struktur der rasenden Bewegung auf engstem Raum: der Weg zur Deutschen Bank, der Weg zur Pizza Roma, das Telefongespräch mit dem Vater.

22.11.   Teilnahme am ManagementPlus Tag in der Sparkasse. Der Vorstand liest die Leviten. Wir planen den Neustart von L.earn.

Die Opposition: die Regierung spare zu wenig. Aber grade wurde ein Wahl-(sic!)Programm mit einem Dutzend weiterer Leistungsangebote rausgehauen, fürs Gerechte, fürs Klima und mehr. Es fehlt nur das Finanzierungsprogramm, das so unlauter im Dunklen bleibt. Da sie mit Geld nicht umgehen wollen, werden es Steuererhöhungen vom Feinsten sein. Der neue Leistungskatalog (welche Begriffsverwirrung!) macht auf einen Schlag 1,5

Millionen Menschen zu Bedürftigen mit Aufstockungsanspruch. – Sie sollten eine Umfrage zur Bedürftigkeit machen, sie bekämen einen 100%-Wert.

Staat als Beute: „Im Apparat (Baden-Württemberg) wird flächendeckend nur noch nach Parteibuch entschieden", wird kritisiert. Dehalb bleibt alles in öffentlicher Hand, so auch Totto & Lotto. Der Job geht an die Genossin.

Die „Theorie der Schweigespirale" nennt ELISABETH NOELLE-NEUMANN das System von Billigung und Mißbilligung der öffentlichen Meinung.

> Manchmal machen sie Fotos, wie ich fahre. Es blitzt, obwohl Tag ist! Ich fahre weiter. Später kommt Post. Darin steht, daß sie Geld haben wollen. Dann liegt ein Foto bei, daß sie geschossen haben, mit Vergrößerung. Der Mann am Steuer ist erkennbar: ich. Was noch, die Kontonummer, wo das Geld hinsoll. Das hat dann befreiende Wirkung. Ich sei zu schnell gewesen, steht am Anfang.

24.11. Skandal lebt von der Fallhöhe. Wird er zum Standard, ist ein Wechsel des Standorts geboten, sonst verschwindet die Wahrnehmung. DRAGHI hat den Dispo für Griechenland auf neun Milliarden hochgezogen, weil die Brüsseler Entourage zögert. Viele regen sich auf, MICHAEL MEISTER spricht trotzig Vertrauen aus, er hat wohl genug davon.

25.11. SONNTAG
Sie werden einen Giftschrank einweihen, wenn der Bau der EZB bezugsfertig ist, ein Fall für den Umweltminister. Ob das Gehäuse dann ein geschäftsfähiges Innenleben hat, darf bezweifelt werden bei der Geschwindigkeit, mit der sich die Tresore mit toxischem Material füllen. Der „Kauf" – besser die Annahme – nicht marktgängiger Papiere läuft auf Hochtouren, im März 2013 wird Italien Papiere für 100 Milliarden abgeliefert haben. Würde EADS so „arbeiten", würde Draghi Flugzeuge kaufen, schmunzelt GABOR STEINGART. – Dazu gleicht das Modell dem Ablauf

vor vier Jahren: wankende Staaten klammern sich jetzt an wankende Banken, bei denen sie zu 6% in der Kreide stehen. Letztere finanzieren das Bombengeschäft mit den Staatsanleihen zu 1% bei der EZB. Bislang sind 1,38 Billionen Euros „ausgeliehen", so heißt der Begriff, hinter dem in der Wirtschaft „Kredit" steht. Da das Einstehen für Ausfälle, gemeinhin Haftung, die Fähigkeit der meisten Einzelinstitute übersteigt, wird der Auffangrahmen ins Gigantische gehebelt. Das heißt freundlich Bankenunion, bei deren Teilnehmern derzeit 9,3 Billionen Miese lagern. Die Aufsicht – die Feder spreizt sich – möchte der Cheffinancier mit seinem Apparat persönlich in Händen halten, des kurzen Weges wegen, steht zu vermuten – mit *balance of power* unvereinbar. Wie alles. Den Banken wird das recht sein, diese Strategie des „Triple Z": Zeit (kaufen, damit später knallt), Zentralisation (forcieren, damit woanders knallt), zügig (umsetzen, bevor es knallt), besser noch ZZ^2: Zeit, Zentralisation + ziemlich zügig – das ist das Programm.

Der Kollaps findet dann auf einer Ebene statt, wo kein nationaler Politiker mehr verantwortlich ist. Zugleich werden Motive zum Gegensteuern auf allen Ebenen beseitigt:
- bei den Banken, (Motto: wir sind doch nicht blöd!)
- bei den Finanzministern, (Motto Meister: wir erklären beständig unser volles Vertrauen in die EZB)
- bei der Mehrheit im EZB-Rat, daher auch bei den PIGS.

Die seit Jahren staatlich organisierte „Asymmetrie von Gewinnchancen und Verlustrisiko verführe (sic!) Banken zum Glücksspiel", stellt H.W.SINN lapidar fest. Dieses Schauspiel ist in der Welt einzigartig. Bei Kollaps geht's ans Vermögen der beteiligten Völker (Beteiligung meint hier die Passivseite: ‚im staatlichen Zugriff hausend') – Im privaten Bereich ist die Klassifizierung als organisiertes Verbrechen üblich, strafrechtlich ein Vermögensdelikt von galaktischem Ausmaß: erst wird das Volksvermögen in die überschuldeten Staaten transferiert. Beim Kollaps tragen die Zurückgebliebenen den Löwenanteil. Es wäre „hilfreich", einmal das Volk und sein Vermögen als „systemrelevant" zu betrachten. Das wäre zugleich näher an der Verfassung

(Eidesformel) und am Regierungsauftrag (Eidesformel) – Was droht den derzeitigen He-Mans im Kollaps-Falle? Nix, Abflug in den Bungalow.

Standortwechsel schärft den Blick – an <u>China</u>s „Großem Sprung" hebt der Rezensent der gewaltigen Dokumentation folgende Aspekte hervor:

1. Handwerk der propagandistischen Nachrichtenverfertigung,
2. die Mechanik der Realitätsabschottung und des Verschweigens,
3. das Prinzip voluntaristischer Wirklichkeitsüberwindung,
4. die Bezeichnung der Kritiker als ‚verkappte Rechtsabweichler'
5. die Bezeichnung der Gegner des Personenkults als ‚Relativisten' und ‚neunmalkluge Verhinderer',
6. die doppelte Bilanzierungsweise; neben den offiziellen Planzahlen formulierte das ZK sogenannte ‚erhoffte Planziele',
7. den zum Ideal erhobenen Dilettantismus,
8. die Plünderung von Lebensmitteltransporten,
9. die Aufstandsbewegungen,
10. den Kannibalismus und Leichenfledderei,
11. die ca. 40 Millionen Toten, überwiegend Verhungerte.

Wenn diese Zusammenstellung Stufen eines Prozesses umreißt, dann ließe sich vermuten, auf welcher Stufe sich der EZB-Chef, seine Gefolgsleute und sein Apparat befinden. – Mein Informationsstand beruht nur auf allgemein zugänglichen Quellen. Das würde aber für die Vergabe einer 6 allemal reichen, vor der 7 zögere ich ein wenig, Einsprengsel von 8 sind vorhanden (Verbrennen der EU-Flagge in Madrid). – Ich schicke das der Zeitung, die verweigert den Abdruck, einstweilen. – Das verstehe ich, schließlich gibt's hier keine Toten! Über die Punkte 10. und 11. läßt sich tatsächlich streiten.

Was China betrifft, so waren der Große Sprung wie vier Jahre nach dem Scheitern die Kulturrevolution große Manifestationen des Satzes in den „Zeiten des abnehmenden Lichts": der Kommunismus frißt Blut. Dem Vorbild kasernierter Wohnverhältnisse, der Besserungsarbeitslager, der Spezialobjekte, des Siblag, des Reschlag. In Sowjet-Rußland glich die Voll-Kollektivierung der Genossenschaften der in China: eine Form der Leibeigenschaft, die noch hinter die mittelalterliche bis in den Kannibalismus zurückfiel.

Eine Rezension treibt mich weiter auf: die Khmer räumtem 1975 Pnom Penh. Das hieß für die Geräumten Umerziehung oder Vernichtung, in der Regel als Abfolge in den Völkermord, von dem Delegationen aus Schweden und Deutschland (KBW) nichts wahrnahmen. Ich lese Marion einen Satz aus der Rezension vor, poetisch meint sie. Ich meine poetologisch. Der Rezensent, so alt wie der seinerzeitige Genosse JOSCHKA FISCHER, ist nur noch als Autor in Erinnerung, JOSCHA SCHMIERER. Ich erkenne mich in seinem Formulier-Kunstwerk, worin vieles „vermittelt" erscheint, selbst das Gröbste. Das war dieses strukturelle Denken, Reden und Schreiben ohne moralischen Anker mit eingepreisten Opfern ohne Grenze. Er spricht von Betroffenheit. – Was dort geschah ab April 1975, folgte knapp vier Wochen nach der Flucht der US-Militärs vom Dach der Saigoner Botschaft. Dreieinhalb Jahre später, nach dem dichtesten Massenmord auf kleinstem Raum, wurde das „Experiment", eine Standardversion mit Ausprägungen, durch die vietnamesische Intervention beendet.

Zur gleichen Zeit bahnte sich in Afghanistan eine weitere Variante dieses korporativen Terrorismus an, den das Moskauer Politbüro nicht auf Regierbares reduzieren konnte. – Weiter westlich versank das Schah-Regime im islamischen Fundamentalismus.

Der Kommunismus ist Auslöschung des Lebens, Sehnsucht nach archaischer Existenz, nach jener im Angesicht blanker Not und nackten Überlebensdrangs gegebenen Gleichheit. Der Kommunismus negiert die Geschichte aus imperialer Anmaßung, ihr Ende zu kennen. Er guckt aus der Zukunft, d.h. immer rückblickend. Er ist schlimmer als ein Börsen-Future. Er nimmt nicht Menschen sondern Kräfteverhältnisse wahr. Sein Versprechen eines Reichs der Freiheit ist religiös, wie das des fundamentalistischen Islam. Es ist nicht von dieser Welt. Es ist naiv und demagogisch. – Der K. verweigert die Auseinandersetzung mit dem Leben, er mißachtet das Einzige und stößt seinen Träger in die Masse. Die hält und überwacht er im Status äußerster Regression. Dieses ganze Programm vollzog die Pol Pot-Horde am „neuen Volk" der Stadt, das dem „alten Volk" auf dem Land zudeportiert wurde zur Umerziehung bzw. Liquidation.

Unter dem Siegel des Anti-Imperialismus zog diese regredierende Form der Vergesellschaftung ihre Blutspur über den Planeten. – Es kam daher die Zeit der realen imperialen Macht, ein neues Gewicht in die Auseinandersetzung einzubringen: ihre technologische Überlegenheit als Strategic Defence Initiative, SDI. Mit diesem Wahn-Programm brachte RONALD REAGAN das Lager-System in die Knie.

Leser: (da isser wieder!)
Was beschäftigt Sie so, daß Sie zum wiederholten Mal die Weltgeschichte durchsortieren?

Schreiber:
Es ist mein Weg, den ich suche und verstehen will. Ich war Teil der Moskau-Fraktion, ohne Genaues zu wissen. Es gibt keine Entschuldigung für Getanes, auch nach 24 Jahren nicht. Es war Orientierungssuche ohne Weitblick. Heute ist es unfaßbar. Was quält, ist diese schrille Distanz von intellektuellem Zauber, mit der Gloriole „Weltsystem" versehen und marodierender Praxis dieses hofierten Systems. Das sollte beim Urteil über die heute Verführten im Kopf bleiben.

ROBERT MENASSE reiste durch die Brüsseler Etagen. Dem Rezensenten zufolge erkennt er in Europa „die Möglichkeit zu etwas ganz Neuem". – Ich finde in dem auf breiter Front eingeschlagenen Weg keinen Anhaltspunkt für diese Aussicht. Was treibt ihn?

Der Bundesnachrichtendienst baut in der Hauptstadt. Die Bruttogeschoßfläche beträgt eine Viertelmillion Quadratmeter. Das läßt auf mehr schließen als Sammeln und Jagen. – „Stundenlang dauert dieses an der BND-Baustelle Vorbeifahren", bemerkt die Zeitung.

GERHARD SCHRÖDER begrub seine 99-jährige Mutter. Er ist auch ein aufgeladener Sohn (oder ist es nur mein Neid). PILGRIMS „Muttersöhne" beginnt leider so diffus polemisch, daß ich es meide. – GERHARD ROTHS Figuren, nach GIACOMETTI und Kanzler KREISKY, sind auch aufgeladene Menschen. Ihre Prägungen geben ihrem Leben, das heißt ihrer Auseinandersetzung mit dem Normalen, einen dramatisch komplexen Ausdruck. Vielleicht beginnt Wahrnehmung erst mit Abweichung, jedenfalls wird es da interessant.

26.11. Enthusiasmus und Recht hängen zusammen. So basiere die „antike Akklamation" auf der Annahme „einer Art Inspiration der Vox Populi", notiert der Rezensent von ERIK PETERSONS „Heis Theos". Das war die Steilvorlage für CARL SCHMITTS Politische Theologie, zumal nach 1935, „als die Akklamation des Führers" liturgische Formen annahm. Das Charismatische, von vielen formuliert, wurde zelebriert.

27.11. Spk-Coaching, Sport und zurück. – Ich habe meine Kontoauszüge von 1981 der Broker studiert und saldiert, es kommt auf 99 Tausend, die nach NY gingen, keine neuen Erkenntnisse, die Monatssalden führe ich schließlich seit 1983. Eine Flasche Rioja hat es aber schon gebraucht.

GERHARD ROTH über BRUNO GIRONCALI, einen Mann von tiefem Ernst.

In „Swimmingpool" bleibt der Gärtner vor einem Flecken stehen, stutzig, denn hier ist die Erde aufgeworfen. Als er das näher untersuchen will, hört er die Stimme der Schriftstellerin von der Terrasse. Er blickt auf und sie zeigt ihre schönen Brüste, bleibt stehen, ihm zugewandt – und geht zurück ins Haus. Der Gärtner ist alt, aber seine Beine setzen ihn in Bewegung, er steigt die Treppe hoch und findet das Zimmer. Dort liegt die Schriftstellerin auf dem Bett, gänzlich unbekleidet. Er setzt sich und seine gekrümmte Hand fährt ihr Bein hoch, ein Zittern geht durch ihr Gesicht – Cut. So bleibt das Geheimnis des Fleckens im Garten gewahrt.

28.11. Gefangene außerhalb des Gefängnisses tragen eine elektronische Fessel. Damit ist ihre Ortung jederzeit möglich. Frauen in <u>Saudi-Arabien</u> tragen das jetzt auch. Das Geschlechterverhältnis folgt dort eher sachenrechtlicher Regelung, wenngleich nächstens ein eigener Personalausweis mit Foto mitgeführt werden darf. Auslandsreisen bedürfen weiterhin der Genehmigung, die Berufsaufnahme ebenfalls. Das ist hier seit 54 Jahren anders. Auch ist es hier verbreitet, daß Frauen Auto fahren. Abstand und Aufregung halten sich in Grenzen. – Rußland findet da ganz andere Regeln: ab Januar 2015 wird dort Personen mit „gestörten sexuellen Vorlieben" der Führerschein verwehrt. Exhibitionisten, Voyeuristen, Pädophile, Sados & Masos sowie die gesamte Trans-Palette sind auf den Regelerwerbsgrund Schmiergeld verwiesen.

Der Tanz Europas auf dem Vulkan erweitert sich im Wochenabstand um neue Figuren. So wird das aktuelle Hilfspaket für Griechenland ohne Einigung im illustren Kreis geschnürt. So frei wie im Beschaffen, Drucken, Verschieben oder einfach Gutschreiben von Milliarden geht es auch im rechtlichen Raum zu. Was nutzt etwa die juristische Betrachtung des ESM-Konstruktes, wenn Signore D. fünf andere Hebel zur Hand hat. Was nutzt ein „Ende Gelände!" des nationalen Verfassungsgerichts, wenn es für die europäische Wäsche gar nicht zuständig ist, weil dem „Anwendungsvorrang" unterliegend?! Oder wenigstens doch an jene kryptischen *dicta* des Europäischen Hofes gebunden ist? Da inzwischen alles doppelt oder mehrfach ist in Europa, hilft bei Widerstand schon ein smarter Wechsel des Instruments, um weiter zu machen. Ökonomen rätseln derweil, wo die letzte Rutsche Geld geblieben ist, die Griechenland erhielt. Der Schuldenschnitt, Verzicht auf 107 Milliarden gegen Zusage frischer 50, habe die Schuldenquote nicht gesenkt, heißt es. „Verpufft", heißt der Fachausdruck. – Ein Bilderbuch dieser Vielfalt würde helfen, worin etwa der AEUV illustriert sein könnte: der Vertrag über die Arbeitsweise der Europäischen Union. Auch ein paar Bilder zum ECCL wären hilfreich, das Kreditlinienverfahren erläuternd. Oder einfach die Notfall-Direkt-Subito-Unterstützung, wenn Gefahr im Verzug ist, d.h. alle Stricke reißen, der Keller voll ist, die Hütte brennt oder weiß der Teufel was, also das Hase + Igel-Spiel auf höchstem Niveau. – Grade bekommt Griechenland in diesem kreativen *perpetuum mobile* Zeit bis 2044.

Mit den Ruinen der West-LB geht das einen auffallend ähnlichen Gang. Ihrem Kollaps folgten Transfergründungen mit viel Transfergeld. Die Erste Abwicklungsanstalt (immerhin, der Ort ist präzise benannt) wurde also mit Steuermitteln befüllt, Silomaß aus der Landwirtschaft. Phönix-Vermögen haben die Spaßvögel aus der Anstalt den Schrott genannt, 27 Milliarden nominell. Bei der Nachbefüllung hätten die „leistungsgestörten Aktiva", wenn Sie bitte verstehen wollen, noch bei 5% gelegen, frohlockt es weiter. Gestatten Sie mir den Hinweis auf den semantischen Genuss, der ein Schrottpapier mit dem Suffix „Aktivum" zu versehen vermag. Auf den Namen der Nachfolgegesellschaft sollte ein altgriechisches und/oder lateinisches Seminar angesetzt werden, vielleicht ist es auch ein Fall für die Hells Angels, Hannover (von Ansehen bekannt).

Die überlieferte Praxis des Gesundbetens hat sich vor derlei kreativem Umgang mit Nichts wohl erledigt. Jedenfalls hat ‚Portigon' deftige 100 Milliarden weitergereicht -?- zur Abwicklung! Die Größenordnung daraus prozessierender Staatsschulden, der Wähler in Haftkleidung, sei einstweilen unbekannt. Die Komplexität des Vorgangs kennt keine Lösung, nur Schieben.

All das stört nicht das Gleichmaß schöpferischer Staatätigkeit im griechischen Amt: knapp zwei Jahre später wird offenbar, daß 5260 Staatätige in vier Jahren an die 1,5 Milliarden ins befreundete Ausland transferiert haben, darunter die eifrigsten 330 je mehr als 600.000. Da das die doch spärlichen Saläre ums Zigfache übersteigt, lautet die Diagnose ‚Zugriff' und ‚Schmiergeld'. Bleibt nur ein fröhliches ‚Gott vergelts'! Schließlich handelt es sich bei den Geldströmen aus Brüssel um nichts anderes! – Der Minister für Verwaltungsreform wird im Oktober 2014 in die Einzelfallbetrachtung gehen.

Handfest wird's beim Zahnarzt: eine Stunde arbeitet der Mann an einem Krater, für den ein Lavakrümel am Fuße des Ätna den Anstoß gab. Ich meinte, das ginge wieder weg, blieb aber. Kein Schmerz! – Ich starte den Prolog zum ersten Band: wie die Bank in mein Leben tritt – und nicht mehr von mir weicht.

29.11. Gestern gabs für Griechenland, heute für <u>Spanien</u>. Die „Euro-Partner" *(nett hamses hier!)* geben 37 Milliarden, frohsinnt das Ortsblatt. Davon nimmt die 45-Grad-Bank die Hälfte. Nächstes Jahr will sie wieder grade stehen. – Der EuGH läßt verlauten, alles sei rechtens, Haftungsverbot und Staatsfinanzierung nicht berührt. Geldchef SCHÄUBLE möchte nicht versprechen, daß dieses das letzte Hilfspaket für Griechenland war. Der französische Kollege sekundiert, die Zugeständnisse an Athen seien in „konstruktiver Unklarheit" gehalten. – Das Euro-Syndikat läßt Zweifel nicht gelten. Da das Geld keinen Wert hat, gibt's das zum Nullzinssatz, Rückzahlungskonditionen verlieren sich in der Jahrhundertmitte. Gleichwohl: allein die Zinslast wird auf 245 Milliarden taxiert, Rückzahlung soll im 11. Jahr beginnen. Die richtige Formulierung beansprucht den größten Aufwand.

Zurück aus der SPK, meldet sich Marion: „Hunger" – „oh je, wann?" – „10 Minuten". Sie erzählt von der Fortbildung in Hude mit den Alt-Chemikern. Die erzählten von früher: vom ersten Taschengeld Streichhölzer gekauft, danach durch alle Apotheken, wegen Chemikalien für den Bombenbau. – Das kann ich bestätigen. Der Sohn vom Zahnarzt hat seinerzeit den Garten umgepflügt mit Rohren voller Schwarzpulver. – Sein Lehrer, erzählt der Chemiker-Trainer weiter, hatte eine Zwille. Da kam ein Stück Natrium rein und ab auf den See. Der stand in Flammen. Einmal wurde es heikel, als er einen Mann beim Entenfüttern übersah. Der brannte fast weg und hat ihn angezeigt. Die Zeit sei vorbei, weil heute alles verboten ist, was Risiko birgt. Schon das Kennenlernen wird vermieden. Kopfkino soll reichen. Auf „Arte" gebe es eine Chemiesendung, wo die Ehemaligen so richtig braten, daß es knallt. Marion freut sich über den Tag.

Leider ist der köstliche Rioja 2004 aus. Marion fährt heute, Absprache mit Manni, zum Chor nach Scharmbeckstotel. – Später abends spricht sie den FRITZ HABER an. JOSEPH BORKIN nennt ihn in seiner ‚Unheiligen Allianz der I.G. Farben' den Vater des Gaskrieges, dem 1919 der Nobelpreis verliehen wurde. Bereits das 19. Jahrhundert kannte dieses Tötungsmittel, so diverse Kolonialkriege und der Krimkrieg. FH war jüdischer Herkunft und entwickelte auch das Zyklon-B, eine Gestalt der Tragik des Jahrhunderts.

30.11. Zur SPK für zwei Coachings, dann kommt Jonas über die Weser und wir reden eine Stunde im Café4you. Er ist etwas beruhigt und versteht das schwere Thema von Geduld und Disziplin. Für mich gab es seinerzeit diese Frage nicht.

1.12. Coaching-Protokolle, nachmittags fahren wir zum Tortenessen zur Gemeinde, dabei wird gesungen. Ein schöner Text von DIETER HÜSCH übers Einpacken ist dabei.

2.12. Den prozessierenden Finanzdschungel zieht HANS-WERNER SINN ins gleißende Licht eines 47-Milliarden-Geschenks an Griechenland. SIGMAR GABRIEL empfiehlt ihm daraufhin die Auswanderung, schlägt vor „... er wechselt den Wohnort, er wird Professor in Athen." Dazu soziale Attitüde, es ist unfassbar, wie WOLFGANG SCHÄUBLE neulich ... Die Hütchenspieler möchten unter sich bleiben, das Volk hält schließlich still. Im Verlauf von fünfundzwanzig Bewertungen Griechenlands zeigt sich der Finanzminister als Meister der Nuance, ohne das 360-Grad-Profil möglicher Positionen zu ignorieren. – Derweil ertrinkt Zypern, dessen kolossaler Bankenapparat täglich bedürftiger wird. Wenn der Russe erst das Schwarzgeld abzieht, wird's zappenduster.

LÁSLÓ ANDOR, Brüsseler Genosse, möchte den Prozeß sozialer Ruinierung Südeuropas jetzt flott mit einer „Jugendgarantie" finanzieren, abbinden, deckeln oder so, jedenfalls Jugendarbeitslosigkeit verbieten – Schluß!. – „Europas Jugend ohne Perspektive", wird die Zeitung im Mai 2013 titeln. Der Auftritt der Kommissare ähnelt MONTY PYTHONS FLYING CIRCUS, hat jedenfalls viel schwarzen Humor.

3.12. Die Herren GABRIEL und SCHÄUBLE verbindet, niemals auf eigene Rechnung und eigenes Risiko gearbeitet zu haben. Mit planetarischen Aussagen beständig auf fremde Rechnung zu disponieren mit der Gewißheit im Rücken, nie zur Verantwortung gezogen zu werden, von Haftung zu schweigen, kann nur in Deprivation führen. Deren Ausdruck mag variieren. – Das ist wohl systemisch. – Der bayrische Bund der Steuerzahler zeigt Mut und Kampfeslust.

Little Richard wird 80.

4.12. 1945: Kaltenbrunner und Eichmann im Rückzugsquartier der Alpenfestung. Jede solcher SS-Größen hatte ihren Goldschatz, Toplitzsee bei Hallstadt. ,Hier verkehrt der Nationalsozialist', wirbt ein Wirtshaus. SS-Sturmbannführer Bernhard Krüger ließ im KZ Sachsenhausen englische Pfundnoten herstellen. Die wurden in den See gekippt, als die Einsatzmöglichkeiten schwanden. In dem See verschwand vieles. 30.4.45 München wird eingenommen, 2.5.45 KARL WOLF, Stellvertreter Himmlers, kapituliert in Italien, WERNHER VON BRAUN gerät in Garmisch-Partenkirchen in Gefangenschaft. ADOLF EICHMANN verschwindet aus Althaus. KALTENBRUNNER wird mit 76 Kilogramm Gold im Salatbeet bei Altaussee erwischt, SKORZERNY verwaltete die Kriegskasse, verschwindet nach drei Jahren Gefangenschaft und wird ein reicher Geschäftsmann in Spanien, im Netz eines SS-Rings. Die Kriegskasse bleibt verschwunden. Im Interview (1973) bereut er nichts, was sollte er auch, und stirbt 1975. – Ein Angestellter knickt ein und so werden zehn Tonnen Reichsbankgold geborgen.

5.12. Das Wahlergebnis der CDU-Vorsitzenden erreicht „kubanisch anmutende Höhen", auf dem Parteitag. Sie ist alternativlos. Wenns denn mal zuviel wird wie bei URSULA von der LEYENS Frauenquote, fügt sie an: „Meine Geduld in dem Thema geht zu Ende." – Das ist Abstand! ERICH HONNECKER wußte in solchen Fällen anzufügen: wer weitermacht, um den kümmern sich dann andere, newa, Genosse Mielke.

Und dann ‚Antibales', die Gruppe gibt's schon ewig, das Schärfste aus Brooklyn. – Als unverständlich-unverstandener N.Y.-Anhänger würde ich gleich die letzten fünfzehn Filme von MARTIN SCORSESE dazu kaufen. – Und dann lägen sie da wie Pink, AMY WINEHOUSE, Freude, daß sie da sind. Angucken gelingt nicht. Ich fasse es nicht.

Dave Brubeck starb (91).

DON DE LILLOS „Unterwelt" steht seit 1998 hinterm Bett. Ich setze die Lektüre fort.

6.12. China: Vor dem chinesischen Geschäftsmodell schrumpft die Camorra zum Kleinhandwerker. Ein Clan der 25 (aktuell 24, einer wurde verhaftet) setzt die Vorstände der zur Zeit 73 Parteiunternehmen ein. Deren Umsatz erreicht grade vier Billionen Dollar. Vorstände sind zugleich Partei- und Betriebszelle. Zu den von der ‚ehrenwerten Politbürofamilie' angeleiteten und über den Parteieintrittsschwur verpflichteten Zentralunternehmen zählt weiterhin der Staatsfonds mit aktuell drei Billionen Dollar Devisenreserven, planetares Spielgeld für unbotmäßige Staaten, Flächenerschließung in Afrika und anderswo. JÖRG M. RUDOLPH stellt die Mechanik dieses ‚Geheimbundes' von Vorständen dar. Große Banken und die Billionenfonds werden direkt aus der Parteiexekutive geführt. – Auf den Lan-Club der Frau Zhang mögen die Herren nicht angewiesen sein.

8.12. Ich habe Texte gefunden, benannt: Lebensumstände, die meinen Vater machten, Umstände, die mich ins Leben brachten, das Telefongespräch vom 2. September 1984, von dem ab das Schweigen datierte. Abrechnungen eines Vierzigjährigen. Und dann die Ordner der Prozesse, die dieser mit dem Vater führte, ein Schreckensszenario antagonistischen Kampfes in der Entfremdung, in der Fremde. Nichts Denkbares wurde ausgelassen. – Eine Woche später fügt sich etwas. Wir sprechen wieder übers Jahrhundert und Mimi sagt: Seit der Trennung von Renate und bis zu ihrem Tod hat Jochen an sie gedacht, lange gehofft, sie käme zurück – und hat immer mit einem Teil an ihr gehangen. Sie spricht es mit fester Stimme aus, und dann: „… er nahm Dich, denn Du warst ein Teil von ihr." – Das war wohl meine Aufgabe.

Das rührt mich wie ein Donner, vor dem ich mich immer ängstigte. – 1988 malte ich ein Bild. Darauf steht Jochen vor einem Fensterkreuz und rasiert sich. Im Kreuzpunkt des Fensters, welches nahezu den gesamten Raum einnimmt, hängt ein kleiner Spiegel *(guxdu Band 1, Seite 132)*. Jochen, von hinten zu sehen, trägt militärischen Kurzhaarschnitt und einen angedeuteten steifen Kragen. Der Oberkörper bildet ein auf der Spitze stehendes Dreieck, das aus kleinen Platten genietet zu sein scheint, Ziegelsteinformat. Darunter folgen Gürtel und Schafthose ohne Unterbeine. Der Körper steht auf Stäben. Rechts oben marschiert eine militärische Kapelle im Stechschritt durch das Fensterquadrat, darunter ist durchs Fenster eine Tuba auf einem Holztisch zu sehen. Neben Jochen steht unterhalb des Gürtels ein Vogel, wohl jener Kormoran, den ich in dieser Angelegenheit häufig gab. Die Tapete „trägt" wiederkehrende Blumenmuster. – Das Bild gibt die früheste Erinnerung an meinen Vater wieder – aus der Sicht des Sohnes mit 43 Jahren. Warum dieses Bild nach Mimis Worten zuerst auftaucht, bleibt unklar. Treffender ist eine andere Formulierung, in der ich mich als Intarsie in seine Krawatte setzte. Faustpfand. Ich gedenke dieses Mannes, meines Vaters, der durch den Schmerz gegangen ist. Und Demut erfaßt mich vor Mimi, vor ihrer Klarheit, mit der sie ohne jede Larmoyanz, ohne Klage ihren Schmerz anspricht. So war es einfach, so einfach war es.

Vier weitere Ordner hole ich aus dem Keller. Sie füllen den Kampf ums Geld, sein Verschwinden und die Schuldfragen, die ein halbes Jahrzehnt dieses Lebens in Anspruch nahmen.

Mittags zum Baum-Schenken der Sparkasse nach Lilienthal, wo alte Bekannte stehen, Janina von Kraft Foods, Carsten, den ich 2005 in London kennen lernte, auf dem Weg zur 1000. Aufführung der ‚Mouse Trap'. Bei kleiner Kälte 3,5 oder 7 Glühwein und Würstchen zerkleinert.

9.12. Der Kanzlerkandidat mit aufdringlich breitem Tuch über dem Mantel, am Tisch vor einem großen Spiegel mit Goldrahmung sitzend, die ihn zugleich einfaßt. Die linke Hand liegt flach auf dem Tisch, die rechte in Höhe der Schläfe mit gerecktem Zeigefinger, dazu noch ein Kugelschreiber in paralleler Haltung, unterstreicht den Vortrag. Was wird die Wahlklientel in dieser Pose sehen, daß sie ihm, PEER STEINBRÜCK, die Stimme gibt. Rückblickend wirkt GERHARD SCHRÖDER im Vergleich gradezu entspannt.

10.12. PEER STEINBRÜCK vom Parteitag nahe 100 Prozent bestätigt. Der deutsche Wohlfahrtsstaat sei ein sozialdemokratisches Projekt. – Wer wollte das bestreiten, es muß nur noch bezahlt werden. Seit 1970 steigt der Staatskredit steil an, Klein-Griechenland, alias Bremen, markiert das Maximum pro Schuldner. Die Urheberschaft zum Thema zu machen, zieht für einen Moment die weiteren Täter aus dem Rampenlicht. Unter Privaten sind solche Deals zulasten Dritter unzulässig. Sich als ex-Finanzminister dafür feiern zu lassen, beweist stupenden Humor. – Auf Frauenquote und Europa kommts ihm weiter an. Er sei der Regierende Buchautor von Berlin, frozzelt die Zeitung, Hausbesuch mit Blaumann und GÜNTER GRASS.

Die Europäische Union, wie jetzt, erhält heute den Friedensnobelpreis. Wer den Hals hinhält, wird noch festgelegt. BERLUSCONI rüstet derweil auf. Der italienische Beitritt zu dem Verein sei dem Land zu schlechtem Kurs abgepreßt worden, es habe daher die deutsche Einheit finanziert. Im Übrigen verlangt er eine Zentralbankgarantie fürs Schuldenmachen. Auch er ist also für mehr Europa und nennt gleich den Grund. Die Kommissare kommen dem Anliegen auf breiter Front entgegen.

Ratspräsi HERMAN VAN ROMPUY, heute noch mit der Vermarktung des Preises befaßt, möchte Wege zu mehr „Solidarität und Kontrolle" gehen, das ist genuin sozialdemokratisch, könnte aber auch aus dem Munde von ANGELA M. kommen. Eine „Fiskalkapazität", obszönes Anliegen?, zur „Abfederung länderspezifischer ökonomischer Schocks" will er aufbauen. Wo will er denn anfangen, Schock schwere Not! Wer zahlt und wer bekommt, steht fest, die Schocks stehen ja bereits an der Kasse. Die Kanzlerin unterstützt im SCHÄUBLE-Modus. – Wichtiger ist die Bankenunion als Vergesellschaftung der Bankenschulden, dreimal so hoch wie die Staatsschulden. Der Finanzminister auf der Höhe seiner Fabulierkunst.

Sheikh Khalid bin Abdel Rehman al Hussainan alias Abu Zaid al Kuweiti ist tot. Eine Rakete schlug in seinem Haus in Pakistan ein, wie schon in das seines Vorgängers.

Vor Weihnachten wird es wieder pyroklastisch: Workshop in Kassel, drei Tage Gross Seelte, Coachinganfrage von Tesa. Fünf Jahre liegt der letzte Auftrag zurück, also ab in die Unnastraße.

Es ist alles gut, verabschiedete ihn der Vater auf dem Sterbebett. Um drei Uhr nachts wachte er auf, in Mallorca und weinte bitterlich. – Wieder zurück, erfuhr er, um 5 Uhr des nachts sei der Vater gestorben. – Der reine Tisch nur läßt uns leben.

„Das Gebet ist eine Strategie der Praxis. Es schafft einen zeitlichen Vorteil auf den Kapitalmärkten von Sünde und Vergebung." DON DELILLO, S. 278.

12.12.   NINA HAGEN (57) nimmt ein Gospelalbum auf, unglaublich stark. Danach serviert GRACE JONES (64) das ‚latest album‘, das ist genauso abgefahren, nicht wegzusehen. Ein sichelförmiges Eisenblatt steht in Fahrt- und Sichtrichtung über ihrem Kopf, im Nacken und unter der Nase festgreifend, fatal überschießend. Sie ist Jamaica. – Zum nächsten sound ‚AVO Session‘, so komplett neu aufgezogen, *walkin thru out in search by Jamaican Guy! After that talkin ‚bout her friend Astor Piazzola, down the way out of New York, all that thing on the Reggae tuned. And there's n'other song from the Hurricane.* – Französisch. zart, groß, *en crie*, in Körpergestalt! Gesicht bedeckt von Zierrat, die großen Schenkel, bräunlich,

Masse, elegant. Sechs Meter hinter ihr hängt ihr an so ein Tuch, nicht endend. Bis zum Ende. *Je t'aime*, verzweifelt. *Dedicated to Michael Jackson*. Ein Fest. Ein weißer Strahl von Licht trifft ihren paillierten Kopfschmuck und spritzt durch den Raum. Es ist so.

Die Zeitung ist voll des Desasters bei Thyssen-Krupp und Aufsichtsratschef CROMME. Fünfhundert Polizei durchsucht die Räume der Deutschen Bank und geht mit fünf Verhaftungen vom Schreibtisch weg. Plötzlich hört das Einstürzen nicht auf. „Kein Geschäft ist es wert, den Ruf der Bank zu ruinieren", hat ACKERMANN gesagt. Angesichts des Vorwurfs der Kredit- und Bilanzmanipulation sowie des Umsatzsteuerbetruges ein klassischer Fall fehlender Synchronisation von Innen- und Außenwelt. Soweit die technische Seite. Libor wird anderenorts verhandelt. –

Porsche stabil, 58. – Abends DE LILLO, „wenn die Hölle zu voll wird, laufen die Toten durch die Straßen".

13.12. Drei Mahnbescheide geholt, um etwas Zug in meine Hauswirtschaft zu bringen, zur Sparkasse für zwei Coachings, zum Weinhändler, die letzten Kisten ‚Vino de Vero' eingepackt. Das ist gut so. – Mimi ruft an, „ich höre nichts von Dir!", wir reden eine Stunde lang über das letzte Jahrhundert.

An der FHS Würzburg-Schweinfurt wird „CO_2-neutral" studiert. Durch allerlei Projektunterstützung hoffen die Studierenden, sich „von ihrer CO_2-Schuld freizukaufen", schreibt die ‚Mainpost'. Zusätzlich wird konsequent Müll getrennt, auf Fleisch verzichtet und Rad gefahren, von der Energiesparlampe ganz zu schweigen. Die Rede ist nicht von einem FDJ-Camp, einem Sektenzentrum oder einem Kloster – sondern von einer staatlichen Einrichtung hierzulande.

Bei weiteren Euro-Beitritten, Polen steht an, verliert Deutschland infolge Rotation phasenweise, genauer jeden fünften Monat, das Stimmrecht, als größter Zahler und Hafter zu 27%. Das ist die Hinterlist des Demokratismus in Geldfragen. Leider werden die

Dokumente dieses Abenteurer-Projektes wohl erst in 100 Jahren freigegeben. Die Lebenden schweigen lieber. – Nicht mal die eine Stimme bleibt. Darauf machte die bayrische Regierung aufmerksam, in Berlin gehört das zur Schweigespirale.

BENNO OHNESORG wurde von einem Stasi-Agenten in West-Berliner Polizeiuniform erschossen. ERICH HONNECKER ordnete an, daß bei der Überführung des Sarges

> „je 1000 FDJ-ler in Blauhemden mit Fahnen, Losungen und Bildern des Ermordeten Ehrenspalier bilden. Beim Vorbeifahren des Trauerkonvois werden sie stumm die Fahnen senken. Jeweils am Anfang der Spaliere ist ein Mitarbeiter des Zentralkomitees postiert, dem durch Kradmelder der Volkspolizei das Nahen des Konvois eine ¼-Stunde vorher mitzuteilen ist."

14.12. Morgens Auto – Zug – S-Bahn – Bus zum Coaching-Gespräch in Eimsbüttel, wo der Kollege von 1995 Personalchef ist. – Nachmittags ein paar Banktermine und zurück aufs Land. Jonas ruft Marion zu: „Mama, wenn ich mal Betriebsrat bin, kannst Du mich erschießen!" – Das hat er nun wirklich nicht von mir, aber genug anderes, woraus solche Sätze gemacht sein müssen. – Noch zwei Aufträge per Telefon, die Nachfrage wächst mit dem Alter. Sie sollte zurückgehen.

14.12. Der *deal* Griechenland-Goldman Sachs wird untersucht, in der EZB – das Ergebnis nicht publiziert: CHEFE DRAGHI könnte die Finger im Spiel gehabt haben beim großen Manöver, vulgo Frisur der Bilanz im Milliardenumfang, damit die Euro-Aufnahme des Landes gelang. Der EZB-Chef war Goldman-Vice-Europe von 2002 bis 2005. – K.-P. WILLSCH (CDU-Haushalt) fordert Aufklärung – FRANK SCHAEFFLER (FDP-Haushalt) fordert Aufklärung, CARSTEN SCHNEIDER (SPD-Haushalt) fordert Aufklärung, nur MICHAEL MEISTER (CDU) deckt.

Bloomberg / NYC hatte die Herausgabe der Dokumente verlangt und war im November 2011 vom Gericht der EU abgewiesen worden. Das hätte alle Beteiligten beeinträchtigt, hieß es ungefähr. Die Dokumente beschreiben den Weg der Manipulation über fein gestrickte Währungs-Swaps und eine 2009 gegründete griechische Briefkastenfirma, welche die Swaps von Goldman ankaufte und in der EZB abgab – gegen frisches Geld, falls Sie folgen können. – Die Entscheidungsgründe des Hohen Gerichts sind ein Ausbund an verstrahltem Schwurbel, den sich der ganze Apparat ja zu eigen gemacht hat. – Bloomberg erwägt den Gang zum EuGH. Der schreibt das Urteil ab!

15.12. Wann stirbt man? – Mit 85, Charles Rosen, mit 86, Galina Wischnewskaja, mit 92, Ravi Shankar, mit 86, Maria Josefine Werhahn, mit 58, Berthold Albrecht, mit 59, Peter Struck. Als könnte ich meine Zeit berechnen, die bleibt. Das ist auch eine Flucht nach vorne. Es gibt sie nicht mal, „meine Zeit", nicht mal Tageszeit.

Goldman-Sachs präparierte die Papiere, mit denen <u>Griechenland</u> in den Euroraum entern konnte. Goldman DRAGHI war da Europa-Chef, er ist erfahren in der Übernahme von Verantwortung auf beiden Seiten. Als Anrede taugte auch ‚Goldfinger', das ist anzüglicher, aber verdienter Titel. Was er anfaßt, wird zu Gold – für den, dem es zukommen soll. Der Gerichtshof der EU weist an Aufklärung von Zusammenhängen interessierte Abgeordnete ab, eine Klage der Nachrichtenagentur Bloomberg auf Herausgabe von Dokumenten ebenso. Das findet Michael Meister aus der CDU-Fraktion gut so. Die Herausgabe von Dokumenten könnten Griechenland schaden – soviel ist gewiß, ebenso der EU und im Besonderen der EZB und Chefe, die ja wie schließlich auch der ESM statutengemäß unkontrollierbar sind. – Das der mit allem Recht vereinbar und keine Staatsfinanzierung ist, beglaubigt der Europäische Gerichtshof im Eilmodus.

Gegen solch Klumpenrisiko von Immunität tritt selbst der Richterbund auf. – Hingegen fühlt sich der Chef des EuGH, VASILIOS SKOUROS, berufen, vom deutschen Verfassungsgericht mehr Zurückhaltung bei der Wahrnehmung seiner Aufgaben zu fordern. Er steht dem rechts- und kontrollfreien Raum offensichtlich näher als dem Beharren auf Recht & Gesetz. Solche Schamlosigkeit mag irritieren. Immerhin kommt dagegen vom deutschen Gericht ein ‚Ordnungsruf' des Richters PETER MI-CHAEL HUBER. – Das Projekt hat den Modus der Verschwö-rung verlassen, die Fiskaldiktatur scheint als geschlossenes Sys-tem perfekt. Auch dieser Status ist transitorisch, denn es han-delt sich hier um Repräsentanten der um den Globus liegenden Finanzstränge, wenn von Draghi & Consorten die Rede ist. Die Zeit ist reif für ein neues Muster nach dem Vorbild von MARC LOMBARDI, dessen Werk Feuer fing und auf ihn übergriff. Kunstgefährdung.

PS.: SIGNORE DRAGHI hat einen Sohn – GIACOMO ist seit elf Jahren im Londoner Zinspapiergeschäft tätig, bei Morgan Stanley. Man kennt sich dort, insbesondere die Zeitpunkte für beherztes Agieren. Das familiäre Geflecht im Londoner Finanz-platz hat hohe Dichte. Verweise darauf kommentieren EZB und EuGH salbungsvoll, eben wie geschmiert.

Die Schwesterfamilie reist aus Wolfenbüttel an und wir schieben mit Freund und Freundin über den Weihnachts-markt an der Schlachte. In einer der gefährlichen Almhüt-ten belegen wir das gleiche Viereck wie im Vorjahr. Nebenan sitzen ebenfalls die Gleichen, das irritiert dann doch. Man hat mit uns gerechnet, sagt mein Ego. Es wird dann unter kontinuierlichem Glühweinfluß lustig, auf Bank und Stuhl, naja, wir halten eben mit unter Schlachtgesängen aus Ski und Stadion.

16.12.   Nach kurzer Erholung heute auf den Weihnachtsmarkt im Dorf, wo sich alles mit größerer Ruhe wiederholt: Glühwein, ein Schmied mit alter Esse, Rostbrat, Christmas Songs, mit dem aus dem US-‚rat pack', Lions Club Verkäufe, Freddys Weihnachtslieder von 1965 auf Platte für einen Euro, hier bin ich Mensch, hier darf ichs sein, mein Gegengift.

Auch Illusion, denn das System DRAGHI marschiert auf NN, nur nicht in meinem Dorf. Hinterläßt täglich Fußabdruck in Griechenland, Spanien, Italien, Portugal, dazu Irland, wo die Leute an den Mülltonnen stehen. Davon wollten sie wegkommen. Darüber sitzen ihre Parlamente, wo die Leute sich anschreien, sich anklagen, schon mal verprügeln und gut versorgt sind. Darüber Regierungen, wo sich die nationale Stimme mit den Gewährsleuten, Kommissaren, Anweisungen und Milliarden mischt, die möglich & verloren sind. Erst darüber beginnt der Luftraum, der Weltraum, wo das Unfaßbare geschieht, regiert und mit seinesgleichen in Sekundenbruchteilen kopuliert. So täuscht mein Eindruck am Boden nicht, er ist Teil einer großen Illusion.

Das ‚Tal der Könige' ist die föderale Zuteilung von slots, von Landesteilen zu Beschaffungszwecken. – Im Zuteilungsraum <u>NRW</u> kommts zu parlamentarischer Unruhe. Das Unmaß einschlägiger Beschaffungskriminalität gebietet gleich zwei U-Ausschüsse. Da alle politischen Haufen des genehmigten Kartells betroffen sind und beteiligt sein wollen, bieten nur zwei Ausschüsse die Gewähr, daß es keine Seite übertreibt. So steht jetzt die Beschaffungsorganisation „Bau- und Liegenschaftsbetrieb NRW" im trüben Licht, im Feuer schon länger. – Der Rechnungshof attestiert Ignoranz „in besonderem Maße gegen das Gebot der Wirtschaftlichkeit und Sparsamkeit". Das ist Standard, die Aufregung eher gekünstelt!

Zum Weiteren die werte <u>West-LB</u> selbst, mit den *aperçus* von Reiner Burger – „das Machtinstrument … in der Ära JOHANNES RAU im Verein mit dem „roten FRIEDEL NEUBER". *Connected* war weiter HEINZ SCHLEUSSER, der als Finanzminister den Bank-Controlletti gab und ein Herr STEINBRÜCK, PEER. Das Institut „systematisch von parlamentarischer Kontrolle freizuhalten" und engste Verzahnung mit der Regierung war Grundlage für gewaltige Aquisition – Preussag AG, TUI, LTU, Babcock-Borsig, Holzmann AG, Projekt Landesarchiv Duisburg von 33 auf 200.000.000 gekeult – „mit billigem Geld … in hochriskante Papiere investiert", über Jahrzehnte, – *ai, wemmer was bewehsche will, gell!* – schließlich die Krönung mit der Wohnungsbauförderungsanstalt – die Kollision mit der EU bringt das staatliche ‚Privileg von Anstaltslast und Gewährträgerhaftung' zu Fall, damit das Geschäftsmodell. Erst schlägt der Rechnungshof die Hände überm Kopf zusammen – dann springt die StA auf im Komplex Bestechung, Vorteilsgewährung, Untreue, Steuern & Co., 27 im Visier.

Auf grüne Nachfrage, was da eigentlich los sei, reagiert die Regierungspartei „verärgert"! Die Opposition verweist auf Rettungsbemühungen, die durch zu forsches Nachfragen leiden könnten. Beide Seiten sind so hoch interessiert, daß es auch heißen könnte, konvulsiv zusammenwirkend. Der parlamentarische Betrieb ist hoch ritualisierter Ablauf, in dem sich Umtriebe mit hohem Respekt voreinander in strengen Grenzen halten. PEER STEINBRÜCK machte sich rechtzeitig vom Acker. – Im April 2013 werden Steinmetze das Namensschild in der Herzogstraße abschlagen, auf Wunsch der EU-Kommission, Vermeidung falschen Eindrucks. Taxe für die Abwicklungsperspektive aktuell bei 18 Milliarden. Erwogen wird nunmehr als Begleitformation ein Querschnitts-Untersuchungsausschuß, sozusagen vollparlamentarisch. – Damit keiner was Falsches sagt.

Der Katalog „Geschlossene Gesellschaft" kommt, das kann kein Zufall sein! DDR-Fotografie für die Ungläubigen. Ich bin einer.

17.12. SONNTAG
Ein Genuss, das Verkosten der Bohnen, die Herstellung des Käses und die Reifung des Weins in den Felshöhlen von Triest – zu lesen. Ich „kannte" den Ort bisher nur als Rückzugsgebiet der SS-Mannschaften der vier Massenmord-Konzentrationslager. Führe ich hin, suchte ich nach verborgenen Anhaltspunkten aus THOMAS HARLANS haltloser Dokumentation. So werden Orte besetzt, unwiederbringlich. Der Wein wäre mit Sicherheit schal.

Acht Weihnachtsgrüße fertig gemacht und auf die Straße ins „Drei-Mädel-Haus" im Süden Bremens.

Bankberatung ist umfangreicher Dokumentation unterworfen worden. Undurchsichtige Produkte sollen dem Kunden klarer werden. Der Aufwand bewirkt den Rückgang des Bankangebots, vorrangig in Aktien, der transparentesten Anlageform.

Mit Fonds und Zertifikaten verbleiben vorrangig Produkte im Angebot, vor denen Schutz gewährt werden sollte. – Was sie anfassen, wird zu Schrott, König Midas macht eine weitere Rolle im Grab.

Die Zeitung zerlegt den K.-Mann PS, sorry „Kanzler-Kandidat", mit System. ENZENSBERGERS alterweise Humorigkeit hilft mit einem Zitatenrätsel. Den Kandidaten umgibt ein Konglomerat Vergangenheit, das jeden Auftritt konterkariert. sein Lob des Universalbankensystems, das er zerschlagen will, die 170.000 Euro aus drei Jahren Thyssen-Krupp Aufsichtsrat bei spärlicher Anwesenheit, wo ihm nichts auffiel, wie PLATZEK bei BER-Airport.

18.12. Der erste Workshop „L.earn Reloaded" im Drei-Madel-Haus nahe Bremen.

Die Ereignisse füllen meine Fiktionen. Der Freund aus der Kochgruppe liegt noch. Der Tumor in der Niere, bösartig, maß erst drei Zentimeter, zufällig entdeckt nach einer Lungenembolie. Der verhaltene Schmerz linkerhand über dem Becken bringt mich ins Grübeln. Verdacht? – Mehr noch diese sogenannten Mieter. Die ziehen ein, geben dem Verwalter etwas Geld und das wars. Ich hasse die Leute mit ihrem Mieterschutz, die Gutmenschkrieger mit stabilem Geschäft, möchte ihnen die Tür zumauern, das ganze Haus, diese Low-Budget-Filiale. „Wechsel die Schlösser aus", heißt die sms. So ein kleiner Mietnomade bringt alles in mir hoch, was mühsam hochgemauert ist. Ich bin Teil der Spezies der Mauerbauer. Kann der es sich erlauben, weil nichts passiert? Laufen die Ratten immer noch zwischen meinen Beinen durchs Haus, das ich monatlich abzahle? – „Wir treffen uns vorm Haus", sage ich dem Verwalter und sitzen dann vor dem Mieter. Sein schwarzes Kind spielt auf dem Boden. Wir sagen abwechselnd, er hätte einen Mietvertrag, der Vermieter Kosten und andere langweilige Sätze. Es ist lächerlich. Und der Schwarze hat einen sanften Blick, aus Afrika, einem dieser LDC's, *less developped countries*. Dorthin bringen große

Schiffe aus Europa Elektroschrott zum Ausschlachten, ge-
fahren-geneigte Handarbeit, der er sich entzog und ins HDC
übersiedelte. Hier bestehe ich auf Mietzahlung. Er verspricht
und wir gehen.

19.12. Sie ist apart. Hat ein feines Gesicht, leicht hochstehende Wan-
gen. Der Mund öffnet und schließt sich zögerlich, zwei offen
schöne Zahnreihen stehen darin. Die Augenoberlider gehen
von Natur in Silber über, die Hände lang und feingliedrig, die
Augen voller Größe, direkter Blick, die Lider folgen verzögert, absichtslos. Ihre Schenkel sind ein Prachtbau. Ich trinke
aus und gehe. Zweieinhalb Tage habe ich daran vorbeigese-
hen, irgendwo in dieser Welt.

21.12. Den Hedge Fonds bekommt die „EU-Ideologie" (THILO SAR-
RAZIN) vorzüglich, aktuell in Sonderheit die delirierenden
griechischen Staatsanleihen. Mit dem Anleihe-Rückkauf-Pro-
gramm der Akropolis hat allein „Third Point" eine halbe Mil-
liarde gemacht. Finanziert ist das durch ein weiteres EZB-Feu-
erwerk. Angeschrieben wird – immer über drei Ecken – bei
den teilnehmenden Staaten des Schauspiels. Die Fonds haben
Verständnis dafür, daß anschließend über sie hergefallen wird:
sie bereichern sich an der Krise. Dem ist nicht zu widersprechen. Dieses „Haltet den Dieb" läßt die weiteren Teilnehmer
ungeschoren. So wird Goldman Draghis Sohn Giacomo einen
ähnlichen Schnitt gemacht haben. Ein äußerst werthaltiges Va-
ter-Sohn-Verhältnis. Zudem ist die Erklärungsnot der Akteure
groß, zu groß. – DRAGHI ist ein Fuchs, der nach dem Geschäft
den Retter gibt. Er kennt die Mechanik, die sein Satz vom 6.
September auslöste und den WOLFGANG SCHÄUBLE im Oktober wiederholte.

Griechenland: FRANK WESTERMANN zitiert KENNETH RO-
GOFF, nachmaliges IWF-Mitglied. Der wußte vor 25 Jahren, daß
Schuldenrückkauf als reine Gläubiger-Subvention dem Schuldner nicht hilft. Er führte mit Chile, Brasilien und Bolivien im-
ponierende Beispiele an. Das kann der Goldman-Sachs-Trainee
nicht vergessen haben. Sein Satz brachte 8%, WOLFGANG

SCHÄUBLES Vorschlag, das Geld des EFSM für den Rückkauf zu nehmen, zog einen Kurssprung von 18 auf 35% Wertzuwachs der Anleihen. Das ist weder ein Versehen noch Dummheit, es ist Vorsatz. Die Konkursverschleppung des Landes wird fortgesetzt, „whatever it takes" – die Staatsschuld des Landes ist unverändert hoch – der Steuerzahler wird zur Gewinnerstattung an die Gläubiger herangezogen.

Deren Ursache an der Quelle anzugehen ist längst „uncool". Der wirtschaftlichen Auszehrung liegen ca. 200 Milliarden Euro auf Schweizer Konten gegenüber. In das marode Staatssystem flossen die Freiland-Kredite vorwiegend als konsumtive Stütze, nicht zuletzt zum Zwecke personeller Aufstockung. Herr PAPANDREOU etwa ließ zwischen Oktober 2011 und März 2012 weitere 70.000 ins große Haus, wie Hansestadt Bremen, als der öffentliche Dienst mal um 50% auf 44.000 aufgestockt wurde. Möglicherweise ein Schachzug des Herrn P., um die Verhandlungsmasse zu erweitern, denn die Troika war angekündigt.

Zurück in den Süden: um wenigstens die Steuern auf die kapitale Schwindsucht zu fassen, erhielt EVANGELOS VENIZELOS eine Liste griechischer Kontoinhaber in der Schweiz. Die blieben jedoch verschont von Nachfragen, aus gutem Grund. EV wird die Leute kennen, Parteigenossen, zudem wird Griechenland „so oder so" gerettet. Das weiß der ex-Finanzminister seit 2010. Schließlich, an anderes Geld kommt er schneller. Sein Finanzminister PAPACONSTANTINOU verwahrte das werthaltige Stück daher bis zur Unauffindbarkeit. Als sie dennoch an die Öffentlichkeit gelangt, fehlen drei der über 2000 Namen – aus des Staatsdieners Verwandtenkreis. Ganz untätig blieb er also nicht.

TONI BORG folgt JOHN DALLI im Gesundheitskommissariat: Er führt die Figur des Kreuzritters in das Raucher-Thema ein mit Raucherlunge und kaputtem Zahn auf der Packung. Es verschwände jährlich eine Stadt wie Frankfurt, illustriert er die Zahl der Raucher-Toten. Ups, dann wäre ja auch die EZB weg. Noch besser wäre der Vergleich mit Brüssel.

Mit den Tausender-Packen von Liren hatte man noch wirklich das Gefühl im Ausland zu sein, erinnert sich EUGEN RUGE. – Stimmt, jetzt treffe ich überall das gleiche Signum des politischen, wirtschaftlichen und sozialen Elends. Gleichwohl, er schreibt larmoyant. Sein Buch war besser. Es geht ihm nicht gut, denke ich.

„Man kann auch sagen: das liebe Gott", meint Ministerin KRISTINA SCHRÖDER im Interview. Das ist der Trübsinn des *gender mainstream*- und Gleichstellungswahns, über den Berliner Kohorten sinnieren. „Verkopfter Quatsch", meint Frau Haderthauer aus Bayern. Die findet wenigstens noch Worte.

22.12. Im Euro-Lager findet zum Neujahrstag ein sogenannter Gehaltssprung statt. Mangels Einigung auf ein neues sog. „Beamten-Statut", die Wohnsitzländer Belgien und Luxemburg zieren sich, gibt's für die 45.000 außerterminlich zusätzliche 5,5% vom Gott vergelts. Das reguläre Gehaltsplus folgt. Hier stellt sich die Kommission einer Veränderung der gewöhnlichen Prozedur entgegen. Den Unmut der Zahler, die in ihrem nationalen Einflußbereich kürzen, nimmt sie gewohnt gelassen. Die Krise sei nicht groß genug, erklärt sie. Sie reagiert nur auf Stockschläge oder Austritt. Kurz drauf bricht sich die Empörung Bahn: in Brüssel stehen Tausende gegen die Senkung ihrer Gehälter unter der Parole „Verteidigung Europas". Das muß erstmal verstanden werden. Der Autismus feiert fröhliches Beisammensein.

Der EU-Zuckermarkt, dieser Euphemismus, als Teil des jährlichen 45-Milliarden-Deals sei ein Ausbund an Intransparenz. Kennzeichnend sei neben der Oligopol-Struktur ein beispielloser Mangel an statistischem Material, tut ein Ökonom kund. Wegen Zucker habe es schon Kriege gegeben, halten die Hochdotierten dagegen. Diese Kriegsmetapher scheint Standardtext auf den Beipackzetteln finanzieller Medikation in Brüssel zu sein. Daß der Laden mit derartigem Philosophentum zum Friedensnobelpreis kommt, bleibt beachtlich. Das friedenserhaltende Tun wird daher auch von den Verbänden der Rübenbauern und christlichen Parteien unterstützt. Dank dieser Mission gaben in den letzten fünf Jahren 130.000 aus dem Bauernstand ihre letzte Rübe ab.

GÉRARD DEPARDIEU, in die Gruppe der „Erbärmlichen" gestoßen, antwortet MR. AYRAULT, französischer Premier. PUTIN nimmt ihn feierlich in Rußland auf, ein Produzent ist skeptisch. Zuvörderst sei es seine rote Nase, die ihn für den Übergang ins Russentum qualifiziere.

<u>Italien</u>: SRE. BERLUSCONI verlangt die Renationalisierung der Lizenz zum Gelddrucken. Verständlich, denn mit zwei Drittel der 1600 Milliarden werden derzeit die Banken ummantelt. Italien könne auch austreten, setzt er nach. Mit dem Satz wurde schon viel erreicht. Auch er ein Fuchs, könnte er sich andererseits an die Spitze einer neuen Bewegung setzen! – Alternativ zum Austritt schlägt er kurz drauf Freund MARIO DRAGHI als Ministerpräsidenten seines sonnigen Landes vor. Der würde es wohl richten. Doch lehnt der dankend ab, er muß das Euroregime durchziehen und daher bis 2019 den Turm Frankfurt halten. Er wird von dort Wege für sein Vaterland finden.

Das staatsmonopolistische Geschäftsmodell „Energiewende" teilt sich in die Bescherung von Gewinnen und das Anwachsen von Aufwendungen für Energie. Letzteres trifft die niedrigsten Einkommen am stärksten, zwingend bei dieser Kostenart. Daß Solarzellenmonteure ihren jährlichen Überschuß „erwirtschaftet" haben sollen, widerspricht betriebswirtschaftlicher Betrachtung, da der Überschuß zu 100% aus staatlicher Subventionsgarantie besteht. Nach den Gewinnern sollen nun auch die Verlierer subventioniert werden. Dann folgt noch die dritte Form der Subvention als Freistellung von aktuell 1500 Unternehmen von den umlagegetriebenen Erhöhungen. Da das auch umgelegt wird, erhöht sich die Subventionierung der Armen erneut. Das sind phantastische Regelkreisläufe, in denen das Abendland seine Zukunft gestaltet. Schon wieder ein Brigitte-Schnittmuster. Wie beim Projekt des Wohlfahrtsstaats (PS) gilt auch im ökologischen Zauberland: es muß noch bezahlt werden. Fortschritt hier ist, daß es den Leuten gleich aus der Tasche gezogen wird. – Bleiben noch bummelige sechs Milliarden oben drauf fürs Staatsschauspiel. Das ist die Mehrwertsteuer, die seit 2000 nur durch den Anstieg der Abgaben beim Finanzhüterli aufgelaufen sind.

Nachmittags sitze ich auf Jochens Stuhl neben Mimi, der Blick geht raus ins Schneetreiben. – Wie leben Menschen nach zehn Jahren Krieg und Gefangenschaft weiter, frage ich. – Wir waren in einem Zustand wie die Maus kurz vor ihrem Ende im Maul der Katze. – Die schüttelt die Maus heftig, die einen Stoff absondert, ich glaube, es ist das Serotonin. Das läßt sie ihr Ende weniger erleiden und der Katze schmeckt sie besser. – Weiter erzählt Mimi: ich ging mit meiner Mutter ins nächste Dorf um Kartoffen zu besorgen, kurz bevor die Russen Köpenick erreichten. Ein Mädchen kam uns entgegen, den Judenstern am Arm. Als sie vorbei war, sagte ich (23) zu meiner Mutter: Na, die wird jetzt auch zu Seife gemacht. – Ich frage mich heute, wie ich sowas sagen konnte. Das waren nicht etwa die Eltern. – Tags drauf nehmen wir wieder Abschied, Tränen, der gleiche Gedanke. Wiedersehen wird immer ungewisser, weil Du gehen wirst, an Jochens Seite zu liegen.

24.12. Grundversorgung: der sicherste Ort für kontrollfreies Konzerngebahren ist das staatlich gewährte Monopol. Seine Gebühr ist Gesetz. So die von ARD und ZDF, deren Marktsegment bei 70+ liegt und deren Anteil im Markt um die 12 Prozent oszilliert. Kein Wunder, daß SANDRA MAISCHBERGERS Honorare mit der Quote steigen. Die Grundversorgung kann sich gehackt legen, ja! KATHARINA WITT ist die Quote. Auch die Gehälter der Komissare sind ergebnisunabhängig, so etwa 308.000 von MONIKA PIEL. Die WDR-Intendantin ist zuständig für die Kugeln des staatlich organisierten Glücksspiels. Ihre Handsalbe liegt um 450 Tausend Euro. Hier einen Fall verschärften Leistungslohns anzunehmen geht fehl, eher handelt es sich – angesichts von ständig sechs Richtigen – um ein weiteres Opfer von Spielsucht, unterhalten von der Haushaltsabgabe des Volkes. Diese sei eine Art Kurtaxe, fabuliert der Verfassungsjurist und Erfinder. Das verschlägt den Atem. Den Raum der Kurtaxe kann ich schadlos durchqueren, den Raum der Haushaltsabgabe nur durch Auswanderung meiden. – Die Geflechte zwischen Sendern und Produktionsfirmen, in Summe 146 Beteiligungen, lassen Spielraum für jegliche Vermutung oder Unterstellung. Vergleiche mit dem Euro-Finanzsystem sind geboten und hilfreich. Das Konglomerat ist ein Fall fürs Kartellamt.

Die EU gibt die Ausdehnung ihres Einflußbereiches nach Osten hin als Freiheit aus, das kann so sein. – Das Geschäftsmodell von Schlepperorganisationen und Matratzenwucher (300 € pro Monat) hat sein Niederlassungszentrum in Mannheims Hafenstraße. Hier kommen 200 pro Woche an und warten auf Unterkunft, Krankenversicherung und Weiteres. Kalkuliert werden 20 Millionen Euro pro Jahr. Wenn für Rumänen und Bulgaren 2014 die „völlige" Niederlassungsfreiheit beginnt – wer hat eigentlich die Papiere für den Beitritt präpariert – soll sich das einschlägige Geschäft, vorzugsweise als Parallelgesellschaft organisiert, vervielfachen. Zuletzt kamen immerhin schon 147 Tausend, oft eine ganze Siedlung oder Dorfgemeinschaft. Findige Hauseigner bringen in zehn Wohnungen gerne 160 unter. Versprochen wird ein Auskommen nach Hartz IV. Dafür muß der Kontraktor fünf Jahre durchhalten. Ihn kennzeichnet, daß er sich nicht beschwert, weil er sich erinnert. Im Stadtteil schießen Müllkippen aus dem Boden.

Nun soll „ständiger Infoaustausch" von Bauamt – Jugendamt – Ausländeramt – Sozialamt – Steuerfahndung – Fahndungsstelle Schwarzarbeit des Finanzamts – Zoll – Polizei – Staatsanwaltschaft, ein Konglomerat schizoider Komplexkommunikation, dem florierenden Geschäft gegensteuern. Das ist herausfordernd. Die lokalen Behörden suchen den organisatorischen Anschluß an die obskuren Verhältnisse mit hohem Aufwand. So gründeten die Stadt, Polizei, Zoll und Finanzverwaltung eine „Arge Südosteuropa", die Polizei kurz drauf gar eine „Besondere Aufbauorganisation Osteuropa". Dann stehen sich hochgerüstete Parallelgesellschaften gegenüber, für eines der vielen Räuber-und-Gendarm-Spiele, copyright Brüssel. Die tatsachennahe Formulierung der Niederlassungsfreiheit lautet Armutsmigration. – Das Modell des „spargelstechenden Analphabeten mit Matratzenlager" mag gleichwohl dem MultiKulti-Reflex und Inklusionsfanatismus Motivation für allerlei Wahlkampfallüre sein. Ein sicher grobes Beispiel von „Einschließung".

Wo, bitteschön, bleibt der Standard-Aufschrei „menschenverachtend" von CLAUDIA ROTH! Er findet seinen Angeklagten nicht, was hingegen bei THILO SARRAZIN ein Leichtes ist. Die Kollateralschädensanierung ist eben aufwendig. Darauf nimmt der Verursacher großer Ereignisse keine Rücksicht. Schade dennoch, daß die Armutstrupps nicht bis zum Luxemburger Kirchberg oder gar bis Brüssel vordringen und dort einige der 1300 Mülldeponien hinterlassen, etwa als Dank für die Niederlassungsfreiheit. Manchmal geht's nur geschmacklos. – Tröstlich: pünktlich mit Ablauf des fünften Jahres stehen diese EU-Bürger vor der Tür des Sozialamtes. Sie wollen den ersten Tag ihres Anspruchs nutzen. – Irgendwie ist es mit der EU wie bei der Titanic: hier waren die Schotts nicht bis oben hin durchgezogen und das Schiff lief voll. Im EU-Konstrukt scheinen die Schotts parallell zur Bodenfläche eingezogen: so bleiben die europatrunkenen Kreise von den Gerüchen und Ereignissen am Boden der Mitgliedsländer verschont. Nur die Durchreiche fürs Geld wird geschmiert.

Das Großereignis ist schönes Beispiel, wie das ‚Europa der Freizügigkeit' die Architektur nationalen Verfassungsrechts beschädigt: wenn Innenminister HANS-PETER FRIEDRICH die Unzuständigkeit des Bundes betont, entspricht das den föderalen Zuständigkeitsregeln. Denn der Bund hat diesen Immigrationsprozeß nicht verursacht. Der kommt aus dem ‚mehr Eurohba'-Himmel, aus dem die Herren, darauf angesprochen, erstmal müde abwinken. Denn die Pfründe sind ja gebunden in Landwirtschaft und Kohäsi'. So stehen die Migrationszielpunkte Frankfurt, Mannheim, Dortmund, München, Hannover, Hamburg, Duisburg vor oft Tausenden Hereinkommenden, für die Wohnraum, Grundversorgung, ja Aufenthalt beschafft werden muß, ohne Aussicht auf Arbeit – die ja nicht das Ziel ist. Das Leben in solchen Brennpunkten verändert sich radikal. Da ist nichts mehr mit ‚gut und gerne leben in Deutschland' – wofür die Kanzlerin neulich sogar eine Kommission einberief!

REINHOLD GALL, Ba-Wü-Innen, meint, in Brüssel hätte man erstmal „ausgeglichene wirtschaftliche und soziale Verhältnisse ... in den Mitgliedstaaten ... schaffen (sollen)." – Er muß ein Freund der Druckerpresse sein, die Ergebnisse sind zu besichtigen in Südeuropa. Und nach Europa kommt Afrika oder wie. Das ist Brüsseler Abenteurertum, Leute. Vielleicht wars ja Signal für eine Bewerbung.

18 Uhr 10: „Liebe ist die Antwort, auch wenn sie die Fragen nicht aufhebt", sagt die Pastorin. – „Wir sind kopfunter gekreuzigt", sagt der syrisch-orthodoxe Erzbischof von Aleppo GREGORIOS YOHANNA IBRAHIM in seiner Botschaft an JESUS CHRISTUS.

„Ich weiß nicht, warum eine Frau überhaupt heiraten muß", sagt die englische Elisabeth, bevor sie weiß wird. Der päpstliche Gesandte (DANIEL CRAIG) kommt mit den Worten „Jeder, der sie tötet, wird von den Engeln freundlich in den Himmel geleitet werden". So formulieren aktuell die Taliban. – Ein unglaublich konziser Film. – Unwirklich.

H.M.ENZENSBERGER (83) bändigt nach THILO SARRAZIN und H.W.SINN das Wahngebilde in einem 40-Fragen-Quiz. Das kommt ins nächste Vorwort für JOACHIM STARBATTY.

Kommandant HANS LANGSDORFF schickte die Mannschaften der ‚Graf Spee‘ beim Auslaufen von Bord, versenkte das Schiff und kehrte nach Montevideo zurück. Eine tatsachenbasierte Entscheidung, etwas wie ROMMEL. Es gab sie.

26.12. Irina hat zwei Hochschulabschlüsse, vier Jahre Pädagogik und fünf Jahre Biochemie. Sie lebt illegal in Berlin. Ihre Kinder versorgt die Mutter in der Ukraine. Den Decknamen trägt sie seit acht Jahren. Das übrig bleibende Geld bringt gegen Gebühr ein Fahrer zur Mutter. Irina erstarrt, wenn Polizisten auftauchen – und einen Döner essen. „Mama, immer lügst Du! Dieses Jahr, nächstes Jahr. Wann kommst Du nach Hause, ich will auch eine Mama." – Im Tatort ‚Scheinwelten‘ erklärt die Kommissarin:

„Eine illegale Fachkraft hat in Deutschland nur diese Möglichkeiten: Putzen, Puff oder einen deutschen Mann heiraten." Wie sie das sagt, liegen die Alternativen dicht beieinander. Fast klingt es, als gehörten sie zueinander.

In Charkiw (Ukraine) wurden ein Richter und seine Familie enthauptet. Die Schädel sind verschwunden, große Teile seiner kostbaren Sammlungen auch. Auftragsmord oder Raubmord werden angenommen. Der Trost bleibt schwach angesichts des doch zivilisatorischen Abstands. Die Nähe des Geschäftsmodells läßt Ahnungen frei.

In einem Bus haben sechs indische Männer bei laufendem Betrieb eine Frau vergewaltigt. Ausgeflogen, verstarb sie in einem indonesischen Krankenhaus.

> Der Abend wird fröhlich, bisweilen abgründig. Valentin kommt, Leons Freundin auch und wir haben einen Spieleabend zu sechst. Das beginnt mit Loopin' Loui. In dem Moment, als der Vorschlag aufkommt, entdeckt Jonas das seit dem letzten Einsatz mit Peet und Yves fehlende „Huhn" unter dem Überzug der Armlehne. Yve hatte es versteckt. Frenetischer Beifall erfüllt den Wintergarten. Nach dem Abessen des Puters folgt ein Techno-Brettspiel, danach Doppelkopf – ohne Geld, wofür Marion kämpft. Valentin schlägt vor, um Blut zu spielen. Ein reines Vergnügen.

27.12. Das Gleiche ab dem späten Nachmittag. Abends „Bodyguard" mit Kevin Kostner und Whitney Houston, die im Februar ging. – DON DE LILLOS Unterwelt aus der gleichen Zeit.

ROLF HOPPE (82), ein Gesicht wie ein Gebirge, von der in Rollen übersetzten Welt gezeichnet. „Ich bin immer noch ein bißchen in der Pubertät", sagt er, ganz vorsichtig. Charmant.

28.12. Porsche springt höher als die EU-Einkommen: 6,5%. Hedgefonds wurden in NY in erster Instanz abgewiesen, Verwaltungsvolumen aktuell bei 1,76 Billionen Dollar. – Das Schauspiel der

amerikanischen Finanzpolitik stößt am Montag, den 31. an den Schuldendeckel von 16,4 Billionen.

29.12. Zigaretten und Alkohol sind keine Steuersparmodelle. Die beständig steigende Steuerlast auf diese Produkte des täglichen Bedarfs wird als gesundheitsfördernd bezeichnet, in Deutschland bei den Zigaretten, in Rußland beim Alkohol. Die Steuerlast tragen vorzugsweise die einkommensarmen Massen, die an solchen Erklärungen verzweifeln. Schließlich brauchen die das Zeug zum Ertragen des einen oder anderen Übels. Dabei ist der Grund beim Kassier ein einfacher: Stütze des fiskalischen Desasters. – Der Preis des russischen Alkohols, des harten, geht um ein Drittel hoch. Das kommt auf die 60% drauf, die schon bisher den Preis unterfüttern: „Verbrauchs- (sic!) und Mehrwertsteuer". Das Volk werde vermehrt zu Industrie-Alkohol und Frostschutzmitteln greifen, wird mitgeteilt. Das fördert die Gesundheit nicht. Mit 15,7 Liter reinen Alkohols übersteigt der Konsum jeglichen Weltdurchschnitt um 100%. Die letalen Folgen erhöhen sich im Umfang mehrerer Hunderttausend p. a., so die Schätzung.

Zum 50. Jahrestag der Spiegelaffäre wird das beteiligte Personal auf den Kopf gestellt. Heraus kommt eine Garde von SS-Prätori-

271

anern und alten Militärs, die Rache nahmen an einem Verteidi-
gungsminister (gest. 1988), der so nie dazu gehört hatte.

Das Magazin ‚Forbes‘ macht ANGELA MERKEL nach OBAMA
zur mächtigsten Frau auf dem Planeten – das ist offensichtlich,
bedenkt man, was sie hier alles umsetzt, so ohne Rückfrage.

30.12. „Geschäftsmodell" wird auch der Titel des Abschlußkapi-
tels. Nichts ist präziser und wohltuender. – Ein feines und
im Verlauf stürmisches Geburtstagsmahl bei Harald entläßt
uns einigermaßen besoffen. Leon kommt gelaufen und fährt
uns zurück.

31.12. Der letzte Artikel des Jahres stellt Person und persönliche Verantwortung den Gebirgen von Compliance, von Corporate So-
cial Responsibility, Randgruppenquoten und ʻumfangreichen
Tugendkatalogenʻ gegenüber. HANS-JÖRG HENNECKE sieht Persönlichkeit in einem System von Domestifikation und Einhegung
festgesetzt. Der Brüsseler Institutionenkomplex geradezu darauf
angelegt, „Verantwortung für politische Entscheidungen zu ver-
schleiern". Was mit fortgesetzten „Verstößen gegen Rechtsstaat-
lichkeit, Demokratie und Subsidiarität" verbunden sei.

7 Uhr: GARY MOORE
8 Uhr MUDDY WATERS & Rolling Stones
8.45 Uhr The Doors
9.30 Uhr The Doobie Brothers
10.30 ALAN PARSONS, Chefe im Pollunder, ELTON JOHN
und PAUL McCARTNEY (70): kammerliches Jazzkonzert,
starring FATS WALLER, My Valentine, Blackbird, featuring
FRANK SINATRAS ‚My One and Only Love‘ (1953), *I give
myself a sweet surrender – The touch of your hand is like hea-
ven.* Selten liegt Schönheit so blank. – Der wissende Blick der
famosen DIANA (am Piano) nach dem letzten nicht mehr
hörbaren Anschlag zu PAUL MC.
PAUL SIMON *starts his guitar and the tears run down,* isso.
‚Are you goin to Scarborough Fair‘. Mit Augen des Erstaunens
singt er in die riesige Menge, reines Glück in Großaufnahme.

ART GARFUNKEL: „*Thank You so much for treating us so great*".

Alte Sterne gehören zur *Asymtotic Giant Branch*. Es folgt Sylvester.

Cover Antibales

Ende 2012

Namensverzeichnis

Abendroth, Wolfgang | 32, 163, 181
Ackermann, Josef | 255
Ackermann, Ulrike | 229
Adoboli, Kweku | 217
Ahrendt, Hannah | 210
Altmaier, Peter | 121
Amato, Giuliano | 145
Ammann, Horst | 204
Anderson, Ian | 70
Andor, László | 153, 161, 249
Asmussen, Jörg | 38, 99, 130, 135, 149, 172, 219, 224
Assauer, Rudi | 22
Baberowski, Jörg | 34
Balotelli, Mario | 76, 77, 78
Barroso, J. Manuel | 122, 231
Barschel, Uwe | 6, 25, 84, 129 f., 170
Barthes, Roland | 17
Bauer, Fritz | 51
Beck, Kurt | 88, 90, 129, 169
Becker, Jurek | 167
Becker, Verona | 79
Benn, Gottfried | 151
Berben, Iris | 13
Berlusconi, Silvio | 155, 160, 253, 265
Beust, Ole von | 95
Bierbichler, Josef | 89
Biermann, Wolf | 23
Blankart, Charles B. | 113
Bleibtreu, Monika | 239
Blüm, Norbert | 60
Bohrer, Karl Heinz | 167
Borkin, Joseph | 249
Bormann, Martin | 25 f.
Botero, Fernando | 45
Browder, Bill | 158
Buback, Siegfried | 42
Büchner, Georg | 32
Carlos' | 161
Charms, Daniil | 20

Choltitz, Dietrich von | 148
Clason, George | 91
Clinton, Bill | 167
Corn, Tony | 12
Cromme, Josef | 255
DeLillo, ‚Don‘ | 147, 254 f.
Delius, F.C. | 168
Depardieu, Gérard | 265
Dönitz, Karl | 40, 128
Draghi, Giacomo | 258
Draghi, Mario | 3, 75, 143 f., 146, 150, 153, 207, 222, 240, 256 f., 262 f.
Duchamp, Marcel | 83
Dussillol, Gérard | 93
Dylan, Bob | 61, 146
Eastwood, Clint | 5, 71
Ederer, Günter | 193 f., 196
Eichmann, Adolf | 250
Enzensberger, Hans M. | 73, 142, 269
Fassbinder, R. Werner | 162
Fischer, Joschka | 243
Fischer, Otfried | 19
Fischer, Saskia | 54
Ford, Henry | 80
Forsthoff, Ernst | 193, 196
Frank, Niklas | 64
Frisch, Max | 100
Gabriel, Sigmar | 101 f., 249
Garaudy, Roger | 166
Garrett, David | 89
Gauck, Joachim | 25 f., 35
Gauweiler, Peter | 122
Gehler, Fred | 133
Geinitz, Christian | 221
Geithner, Timothy | 95, 102 ff., 222
Genscher, H.-D. | 35, 69, 84
George, Götz | 89
Giegold, Sven | 232
Ginsberg, Allen | 123
Globocnik, Odilo | 18

Göbel, Heike | 20, 224
Goldschmidt, Arthur | 196
Göring, Albert | 55
Göring, Bettina | 64
Göring, Hermann | 69
Gorki, Maxim | 57
Göth, Monika | 64
Grass, Günter | 43, 162, 253
Gröschner, Annett | 45
Gurlitt, Cornelius | 81
Haffner, Sebastian | 122
Harlan, Veit | 60
Hein, Dieter | 210
Heinsohn, Gunnar | 12, 121, 151
Heller, Bernd | 226
Hemingway, Ernest | 100 f., 108 f.,
   111, 113
Henkel, Olaf | 44, 46
Hennecke, Hans-Jörg | 272
Herrhausen, Alfred | 79
Herzog, Werner | 133
Himmler, Heinrich | 26
Himmler, Kathrin | 64
Hitler, Adolf | 80
Hoffmann, Nico | 210
Höfle, Hermann | 18
Höhler, Gertrud | 150
Holm, Kerstin | 158
Homburg, Stefan | 93
Homm, Florian | 217
Honnecker, Erich | 35, 250, 256
Honnecker, Margot | 41, 54, 98
Hoover, Edgar | 14
Hoppe, Rolf | 270 f.
Höss, Reiner | 64
Huber, Peter Michael | 258
Hülsmann, Guido | 86
Ingendaay, Paul | 74
Jagdfeld, Anno A. | 67
Janukowitsch, Wiktor | 125

Jelinek, Elfriede | 65
Jinping, Xi | 13, 206
Jobs, Steve | 35, 143
Jonathan, Goodluck | 8
Jones, Grace | 254 f.
Jones, Joan | 119
Juncker, Jean Claude | 75, 95, 122,
   145, 219 ff.
Jünger, Ernst | 92
Kaltenbrunner, Ernst | 250
Kamphausen, Georg | 133
Kershaw, Ian | 6, 19, 22, 32
Kerviel, Jérôme | 216
Kielmannsegg, P. Graf von | 8, 113
Kiesinger, Georg | 30, 32, 34
Kinski, Klaus | 89, 133
Kipping, Katja | 50, 55
Klarsfeld, Beate | 30, 163
Klingholz, Reiner | 53
Kluge, Alexander | 68, 76, 80, 89, 92,
   111, 131, 147, 166, 185 f.
Kluge, Günther von | 211
Kohl, Helmut | 30, 69, 90, 98 f., 167
Kraft, Hannelore | 35, 151
Kraushaar, Wolfgang | 163
Kreisky, Bruno | 228, 245
Krolow, Karl | 11
Krug, Manfred | 23
Künast, Renate | 64, 119, 141
Kunzendorf, Nina | 239
Kyrill I | 158
Lafontaine, Oskar | 55, 147
Lagarde, Christine | 166, 224
Lambsdorff, A. Graf | 81, 153
Lars, David | 23
Lengsfeld, Vera | 226
Leyen, Ursula v. d. | 98, 250
Liebermann, Martha | 196 f.
Liszt, Friedrich | 12
Littell, Jonathan | 84

LOMBARDI, MARC | 98, 120, 258
LOTHAR, SUSANNE | 92, 237
LÖTZSCH, GESINE | 34 f.
MAGNITSKIJ, SERGEI | 147
MAHLER, HORST | 163
MANN, THOMAS | 18
MAPPUS, STEFAN | 94
MARX, KARL | 16, 176
MEISTER, MICHAEL | 240 f., 256 f.
MENASSE, ROBERT | 143, 244
MERKEL, ANGELA | 35, 38, 53, 79, 92, 95,
    102, 141, 167, 198 f., 238, 250, 272
MERLEAU-PONTY, MAURICE | 66
MIEGEL, REINHARD | 134
MIEHLING, RONALD | 214
MITSCHERLICH, MARGARETE | 67, 77
MODROW, HANS | 226
MONROE, MARYLIN | 85
MORALES, CRISTOBAL DE | 10
MÜHE, ULRICH | 28, 92, 237
MÜLLER, PETER | 95
NASARBAJEW, NURSULTAN | 126
NEGER, ERNST | 21
NEUBER, FRIEDEL | 259
NIXON, RICHARD | 152
NIZAN, PAUL | 74
NOELLE-NEUMANN, E. | 240
NORDEN, ALBERT | 30, 32
OETTINGER, GÜNTHER | 65 f., 78
OHNESORG, BENNO | 163 f., 256
OPPENHEIMER, ROBERT | 6, 32, 46, 61,
    120, 152, 159
OPPERMANN, THOMAS | 237
PAPANDREOU, GEORGIOS | 239
PICASSO, PABLO | 114
PINTSCHOVIUS, JOSKA | 18
PLATTHAUS, ANDREAS | 42
PLATZECK, MATTHIAS | 204
PUTIN WLADIMIR W. | 6, 115, 121, 126,
    265

QUAST, THOMAS | 10
RADDATZ, FRITZ J. | 225
RAJOY, MARIANO | 150, 160
RAU, JOHANNES | 259
RAUCH, NEO | 61
REDING, VIVIANE | 153, 231
REHN, OLLI | 150, 160
REICH-RANICKI, M. | 18
RICHARDS, KEITH | 83, 214, 225
ROGOFF, KENNETH | 209, 262
ROMMEL, ERWIN | 210 f., 269
ROMPUY, HERMAN VAN | 75, 253
ROTH, CLAUDIA | 166
ROTH, GERHARD | 99, 228, 245
RÖTTGEN, NORBERT | 53, 129
RUDOLPH, JÖRG-M. | 251
RUGE, EUGEN | 10, 16, 128, 264
SANTOS, EDUARDO DOS | 125, 132, 205
SARKOZY, NIKOLAS | 6
SARRAZIN, THILO | 64, 68, 90, 93, 141, 262
SAVIANO, ROBERTO | 79
SCHÄFER, PAUL | 161
SCHÄUBLE, WOLFGANG | 27, 83, 95, 116 ff.,
    143 ff., 231, 237 f., 248, 262
SCHELLNHUBER, HANS J. | 237
SCHIRRMACHER, FRANK | 43, 162 f.
SCHLESINGER, HELMUT | 54
SCHLEYER, HANNS-MARTIN | 79, 168
SCHMIDT, HELMUT | 69, 84, 141, 147,
    172 f., 225
SCHMIERER, JOSCHA | 243
SCHMITT, CARL | 12, 113, 245
SCHRÖDER, GERHARD | 84, 245, 253
SCHRÖDER, KRISTINA | 264
SCHULZ, MARTIN | 81, 198
SCHWARZ, RAINER | 203 f.
SCHWARZER, ALICE | 77
SETSCHIN, IGOR | 159
SHANKAR, RAVI | 123
SINN, HANS-WERNER | 64, 241, 249

276

THEMENVERZEICHNIS

SODANN, PETER | 178
SOMBART, NIKOLAUS | 114
SOROS, GEORGE | 151
SPIES, WERNER | 114 f.
STÄCHELE, WILLI | 90
STAUFFENBERG, B. SCHENK VON | 96
STEINBRÜCK, PEER / PS | 147, 172,
   174, 223, 253, 259 f., 261
STEINGART, GABOR | 7, 240
STOIBER, DOMINIC | 33
STOLPE, MANFRED | 95
STÖRTEBEKER, KLAUS | 69
STRAUSS, FRANZ J. | 178, 182
STRITTMATTER, ERWIN | 59
STROBEL, JACOB Y S. | 48
TAYLOR, CHARLES | 48
TELLKAMP, UWE | 176
TOCQUEVILLE, A. DE | 12
TÖPFER, KLAUS | 191
TREMONTI, GIULIO | 10 f.
TRITTIN, JÜRGEN | 84, 98
ULBRICHT, WALTER | 32, 177, 226
VIK, ALEXANDER | 217
WAIGEL, THEO | 69, 84
WALSER, MARTIN | 118 f.
WEINMÜLLER, ADOLF | 197
WETTE, WOLFRAM | 16
WIDDER, JONATHAN | 11
WINEHOUSE, AMY | 89, 251
WOLFSON, S. LORD | 14
WOWEREIT, KLAUS | 203 ff.
WULFF, CHRISTIAN | 6, 168
XI, JINPING | 13, 206
YPSILANTI, ANDREA | 50
ZULAUF, FELIX | 124

NAZI | 16, 10, 17, 27, 40, 55, 60, 62, 80 f.,
   87, 104, 115, 118, 146, 167, 173, 193 f.,
   210 f., 250

EU-RO-BRÜSSEL | 12, 30, 38, 45, 53, 69 f.,
   75, 92 ff., 99 f., 105 f., 111, 113, 115 ff.,
   135 f., 146, 150 f., 153, 160, 164, 166 f.,
   175 ff., 178, 181 ff., 222, 229, 231, 240 f.,
   246, 253 f., 256 ff., 262 f., 267 f.

BREMEN | 20 f., 24, 46, 68, 78, 126 ff.,
   176, 183

BERLIN | 28, 56, 127 f., 140 f., 185, 203 ff.

STALIN STASI | 28, 57, 118, 226, 243

PRIMA KLIMA | 22 f., 38, 159, 216, 265

ITALIEN | 9, 106 ff., 102, 110 f., 140, 153 ff.,
   160, 183, 207, 238, 240, 265

GRIECHENLAND | 8, 19, 23, 27 f., 37, 133,
   140, 166, 237, 246 f., 248 f., 256 ff., 262 f.

CHINA | 12 f., 87, 145, 159, 173, 206 f.,
   221 f., 242 f., 251

BILDUNGSREPUBLIK | 69, 132 f., 184 f.,
   207 f.

RUSSLAND | 158 ff., 243, 246, 271